Michael Sachreuther

Peter Rosegger

Als ich zum Pfluge kam

Jugendgeschichten aus der Waldheimat

L. STAACKMANN VERLAG KG · MÜNCHEN

Das Klebebild zeigt einen Ausschnitt aus einem Gemälde von
Adolf Eberle »Kartenkunststücke«;
der Vor- und Nachsatz: »Auf der Alm« (Stich von E. Dertinger)

Eine Gemeinschaftsausgabe von L. Staackmann Verlag KG · München
und Österreichischer Agrarverlag, Wien

Gesamtherstellung: Wiener Verlag, Himberg bei Wien
ISBN 3 88675-026-4

INHALT

Die Kindheitserinnerungen Roseggers an die »Waldheimat« sind in dem gleichzeitig erschienenen Band »Als ich noch der Waldbauernbub war« enthalten.

Fremd gemacht!

Denen, welche so liebevoll waren, diese Erzählungen aus meinem Lebenslaufe zu verfolgen, muß ich noch in Erinnerung bringen, daß — als ich aus der Waldheimat in die Welt ging — mich mein Lehrmeister mit einigem Mißmute entlassen hatte.

Er hielt mich nicht auf, aber da er mich in sein Handwerk eingeweiht und mir selbst das Geheimnis vertraut hatte, wie man Maß nehme, ohne daß ein anderer nach diesem Maß arbeiten könne, so mußte er sich wohl ein immerwährendes Anrecht auf den Schneider in mir erworben haben.

Ich erinnere mich an eine Geschichte, welche mein Vater oft erzählt und die sich zu Zeiten seines Großvaters zugetragen hatte. Dieser Großvater hatte einen Nachbar, welcher einmal in einer Nacht den Grenzstein versetzte, so daß dadurch der Großvater um einige Klafter Wiesengrund benachteiligt wurde. Der Nachbar starb, ohne sein Unrecht gutgemacht zu haben, und was geschah? Jede und jede Nacht mußte er aus seinem Grabe steigen und den Grenzstein auf seinen ursprünglichen Platz zurücktragen. Der Großvater meines Vaters selbst hatte den Geist des Nachbars mehrmals gesehen, wie dieser an der Grenzscheide hin und her ging, bis der Großvater den Grenzstein amtlich richtigstellen ließ und zum Zeichen seiner Verzeihung für den Nachbar eine Messe opferte. Von dieser Zeit an war der Geist nicht mehr zu sehen, er war erlöst, er konnte ruhen.

Nicht viel besser wie diesem Nachbar ist es auch mir ergangen. Ich war denn fortgezogen von meinem Meister und seinem Handwerk. Ich habe in der Welt gelebt und gestrebt — und habe doch noch bei ihm sitzen und nähen müssen. Viele Jahre sind vorbei, seit ich von meinem Lehrmeister gegangen bin; viele Jahre ist es, seit ich jeden Tag an der geistigen Ausbildung und Vollendung meines Wesens arbeite, Hunderte und Hunderte von Büchern lese und selbst welche schreibe; und seit vielen Jahren war es, daß ich gar manche Nacht neben meinem Lehrmeister in irgendeinem Bauernhause saß und schneiderte.

Ich erzähle Träume und sage Wahrheit. Ich erfreue mich sonst eines gesunden Schlummers, aber ich habe die Ruhe von so mancher Nacht eingebüßt, ich habe neben meinem bescheidenen Studenten- und Literatendasein den Schatten meines Schneiderlebens durch die langen Jahre geschleppt, wie ein Gespenst, ohne seiner loswerden zu können.

Es ist nicht wahr, daß ich mich tagsüber in Gedanken so häufig und lebhaft mit meiner Vergangenheit beschäftigt hätte. Ein der Haut eines Handwerkers entsprungener Welt- und Himmelsstürmer hat anderes zu tun. Aber auch an seine nächtlichen Träume wird der flottgewordene Bursche kaum gedacht haben; erst später, als ich gewohnt worden war, über alles nachzudenken, oder auch, als sich der Philister in mir zu regen begann, fiel es mir auf, wieso ich denn — wenn ich überhaupt träumte — allemal der Schneidergesell' sei, und daß ich solchergestalt schon so lange Zeit bei meinem Lehrmeister unentgeltlich in der Werkstatt arbeite. Ich war mir, wenn ich so neben ihm saß und nähte und bügelte, recht wohl bewußt, daß ich eigentlich nicht mehr dorthin gehöre, daß ich mich jetzt mit ganz anderen Dingen zu befassen hätte; doch hatte ich stets Ferien, war stets auf der Sommerfrische, und so saß ich zur Aushilfe beim Lehrmeister. Es war mir oft gar unbehaglich, ich bedauerte den Verlust der Zeit, in welcher ich mich besser und nützlicher zu beschäftigen gewußt hätte. Vom Lehrmeister mußte ich mir mitunter, wenn etwas nicht ganz nach Maß und Schnitt ausfallen wollte, eine Rüge gefallen lassen; von einem Wochenlohn jedoch war gar niemals die Rede; oft, wenn ich mit gekrümmtem Rücken in der dunklen Werkstatt so dasaß, nahm ich mir vor, die Arbeit zu kündigen und mich fremd zu machen. Einmal tat ich's sogar, jedoch der Meister nahm keine Notiz davon, und nächstens saß ich doch wieder bei ihm und nähte.

Wie mich nach solch langweiligen Stunden das Erwachen beglückte! Und da nahm ich mir vor, wenn dieser zudringliche Traum sich wieder einmal einstellen sollte, ihn mit Gewalt von mir zu werfen und laut auszurufen: Es ist nur Gaukelspiel, ich liege im Bett und will schlafen! — Und in der nächsten Nacht saß ich doch wieder in der Schneiderwerkstatt.

So ging es jahrelang in unheimlicher Regelmäßigkeit fort. Da war es einmal, als wir, der Meister und ich, beim Alpelhofer arbeiteten, bei jenem Bauer, wo ich in die Lehre getreten war, daß sich mein Meister besonders unzufrieden mit meinen Arbeiten zeigte. »Möcht' nur wissen, wo du deine Gedanken hast!« sagte er und sah mich finster an. Ich dachte, das Vernünftigste wäre, wenn ich jetzt aufstünde, dem Meister bedeutete, daß ich nur aus Gefälligkeit bei ihm sei, und wenn ich dann davonginge. Aber ich tat es nicht. Ich ließ es mir gefallen, als der Meister einen Lehrling aufnahm und mir befahl, demselben auf der Bank Platz zu machen. Ich rückte in den Winkel und nähte. An demselben Tage wurde auch noch ein Geselle aufgenommen — bigott, es war der Böhm, welcher vor vielen Jahren bei uns gearbeitet hatte und damals auf dem Wege vom Wirtshause in den Bach gefallen war. Als er sich setzen wollte, war kein Platz da. Ich blickte den Meister fragend an, und dieser sagte zu mir: »Du hast ja doch keinen Schick zur Schneiderei, *du kannst gehen, du bist fremd gemacht.«* — So übermächtig war hierüber mein Schreck, daß ich erwachte.

Das Morgengrauen schimmerte zu den klaren Fenstern herein in mein trautes Heim. Gegenstände der Kunst umgaben mich; im stilvollen Bücherschranke harrte meiner der ewige Homer, der gigantische Dante, der unvergleichliche Shakespeare, der glorreiche Goethe — die Herrlichen, die Unsterblichen alle. Vom Nebenzimmer her klangen die hellen Stimmchen der erwachenden und mit ihrer Mutter schäkernden Kinder. Mir war zumute, als hätte ich dieses süße, dieses friedensmilde und poesiereiche, helldurchgeistigte Leben, in welchem ich das Glück der Beschaulichkeit so oft und tief empfand, von neuem wieder gefunden. Und doch wurmte es mich, daß ich mit der Kündigung meinem Meister nicht zuvorgekommen, sondern von ihm abgedankt worden war.

Und wie merkwürdig ist mir das: Seit jener Nacht, da mich der Meister »fremd gemacht« hatte, genieße ich Ruhe, träume nicht mehr von meiner in ferner Vergangenheit liegenden Schneiderzeit, die in ihrer Anspruchslosigkeit ja so kindlich froh gewesen, und die doch einen so langen Schatten in meine späteren Lebensjahre hineingeworfen hat.

Als ich zum Pfluge kam

Das ist eines der allerkürzesten, aber der allerwichtigsten Kapitel, es führt mich aus der ersten kindlichen Jugend und aus der Hirtenzeit hinaus zur zielbewußten Arbeit und zur jungen Mannbarkeit.

Es bedurfte vieler Ränke, bis ich's vom Rinderhirten zum Pflüger brachte. Ich mußte mir den Fuß verstauchen, daß ich den Tieren nicht mehr entsprechend nachlaufen konnte; ich mußte auf der Weide Vogelnester entdecken, wodurch mein jüngerer Bruder geneigt wurde, an meiner Statt das Hirtenamt zu übernehmen; ich mußte endlich den Knecht Markus, der sonst den Pflug geleitet hatte, gewinnen, daß dieser versicherte: 's wär ein bequemes Zeug, ließe sich handhaben wie ein Taschenfeitel, und ich, der junge Bub, sei leidlich genug stark und geschickt, den Pflug zu führen.

Und ich stand da und streckte mich, daß ich dem langen Markus mindestens bis an die Achsel langte, und ich schüttelte einen Zaunstecken, daß er ächzte — zum Beweis meiner Reife für den Pflug. Aber mein Vater lachte und rief: »Geh, du bist ein kleiner Prahlhansel! Wär not, es tät dir noch alle Tag ein anderer dein Hösel stäuben. Na ja, und jetzt will er den Ausgewachsenen spielen. Ist recht, pack nur an, wird nicht lang dauern!«

Auf dem Acker war's gesprochen. Der Markus stand zurück, und ich packte den Pflug bei den Hörnern.

Der Pflug in der Gegend meiner Heimat ist zwar nicht mehr der gekrümmte Baumast der Wilden, sonst jedoch ein unvollkommenes, plumpes Werkzeug. Der Bauer zimmert ihn selbst aus Birkenholz, die Eisenteile dazu holt er sich vom Schmied und die Räder vom Wagner. Die Hauptstücke des Pfluges sind: das Sech, das Pflugmesser, welches den Rasen senkrecht durchschneidet, der Arling oder die Schar, welche denselben waagrecht abledigt, so daß eine Rasensohle entsteht, welche vierseitig und etwa eine Spanne breit und eine halbe Spanne dick ist. Dann ist das Mulloder Tauchbrett, welches die abgeschnittene Sohle aus der Furche emporhebt und umlegt, so daß die Rasenseite nach unterwärts zu liegen kommt. Weitere Teile, vermittels welchen diese Hauptstücke am Grindel befestigt sind, heißen die Grießsäule, die Sohlschwelle, die »Katze«. All diese Vorrichtungen müssen doppelt vorhanden sein, da die wechselseitige Hin- und Herfahrt auf bergigem Acker solches bedingt. Voran liegt der Pfluggrindel auf der Räderachse, an welche zumeist ein Paar Ochsen gespannt ist. An der Rückseite des Pfluges stehen drei Hörner oder Sterzen, die Handhaben, hervor, durch welche der Pflug von einem kräftigen Manne geleitet wird. An der Leitung dieses »Pflughabers« liegt es, die Rasensohle breit oder schmal, die Furche tief oder seicht zu machen; diesem Manne obliegt es, am Rande des Ackers den Pflug gut einzusetzen und auszuheben, auch muß er es vermögen, auf steinigem Boden vor jedem größeren Stein den Pflug herauszureißen, denn die Ochsen sind nicht plötzlich zum Stehen zu bringen, und der unbewachte Pflug würde gar bald in Trümmer gehen.

Außer diesem Pflughaber ist zum Gefährt auch noch ein Fuhrmann nötig, der die Ochsen leitet, so daß im Paare der eine stets in der Furche, der andere auf dem Rasen schreitet. Dann muß endlich ein »Nachhauer« sein; das ist zumeist eine Magd, welche mit einer Haue dem Pfluge folgt, nicht gut umgelegte Sohlen niederdrückt, fehlerhafte Furchen aushaut — kurz, den Korrektor des Pfluges abgibt.

Man sieht, daß die Sache nicht einfach ist. Es gehört ein langer Tag dazu, um mit einem Pflug ein Joch hängigen Ackerlandes umzukehren. Nun, und wie ist's dabei dem jungen Pflughaber ergangen?

Fest hatte ich den Stier bei den Hörnern gefaßt. Es war aber wahrhaftig ein Stier. Vom Markus hatte sich das Zeug wie ein Spielwerk handhaben lassen; es war, als hielte er sich nur des Vergnügens wegen an die Handhaben. Jetzt war's eine andere Art. Die Rinder zogen an. Mich schleuderten die Handhaben nach rechts und nach links, der Pflug wollte aus dem Geleise steigen, und meine Barfüßlein kamen etlichemal unter die Erdsohle. »Er ist zu gering beim Steiß!« hörte ich den Vater und den Knecht noch lachen; das Wort weckte mich. Es handelte sich um meine Ehre, um meine Mannbarkeit. Nicht mehr der Halterbub wollte ich sein, der am Tisch bei der untersten Ecke sitzen mußte, der nirgends ein Wörtlein mitsprechen durfte, der, wußte er was Gescheites, dasselbe mit den Kälbern und Schafen bereden konnte. Mein Sinn stand nach dem Höchsten; groß, stark und selbständig wollte ich sein wie der Weidknecht. Und siehe, der Mensch wächst mit seinen höheren Zielen! Ich führte den Pflug und schnitt eine leidliche Furche. Die ausgeackerten Regenwürmer hoben verwundert ihre Köpfe, zu sehen, wer heute ackere!

Die Äcker meines Vaters hatten zähe, gelbrote, mit Graswurzeln durchflochtene Erde, und die Sohlen waren ein endloser Darm und brachen auf der ganzen Pflugstrecke kaum ein einziges Mal ab. Mich freute das, denn so blieb der Pflug stets gleichmäßig in seiner Lage, und die Furche war regelmäßiger als Teichgräberarbeit. Meinen Vater freute das nicht; er hätte viel lieber schwarze und mürbe Erdsohlen gehabt. »Schwarze Erde, weißes Brot!« sagte der Spruch.

Als ich den Pflug das drittemal über den Acker leitete, lugte ich nach der Sonnenhöhe. Ach, diese Uhr stand! Es waren Wolken davor. Und wenn der Herrgott boshaft sein will und es heute nicht Mittag werden läßt . . .!

Es dauerte lange, bis endlich zur Mahlzeit oben beim Hause die Mutter auf dem Söller stand, wie einst die Ahne, zwei Finger in den Mund hielt und einen Pfiff ausstieß, den der Waldschachen so prächtig nachmachte. Ich ließ die Handhaben los und gestand mir's: so schön habe die Mutter noch gar nie gepfiffen.

Dann ging's zum Mittagessen. Ich hütete mich wohl, mir die

Erde von den Händen zu reiben, denn ebendiese Kruste gab mir das Ansehen: ich war nicht mehr der Halterbub, ich war der Pflughaber, hatte die gleichen Rechte mit den Knechten; ich saß neben dem Vorknecht und bestrebte mich, gewichtige Reden zu führen. Man sprach über meine Leistung; da schwieg ich, denn meine Leistung verstand sich von selber.

Es ist ein kleines Ding aus der Jugendzeit, es ist kaum groß genug, daß man's so laut erzählt; aber für den Landmann ist's ein wichtiger Tag, wenn er das erstemal seine Hand an den Pflug legt; es ist eine heilige Tat. Das Schwert, das Kreuz ist Gegegenstand großer Ehren — ich halte auch den Pflug für ein Symbol der Welterlösung. Den grauen Erdstaub, der damals an meiner Hand klebenblieb und mit dem ich zum Mittagessen ging, ich habe ihn bis heute nicht weggewischt, er ist mir das, was dem Schmetterling der Goldstaub.

Und so mag ich's wohl noch sagen, daß ich im selben Jahr den ganzen Acker umgebaut habe, daß mein Vater mit frommer Hand das Korn in die Erde gestreut hat und daß im nächsten Frühjahr das Korn in schönster, erfreulichster Grüne gestanden ist.

»Seit zehn Jahren hab ich kein solches Kornfeld mehr gehabt«, hat mein Vater hierauf gesagt.

Im Hochsommer, als die schweren Halme zur Reife neigten, schlug der Hagel die ganze Frucht tief in den Erdboden hinein.

So war mein erstes Ackern ausgefallen. Es war lange nicht mein letztes gewesen, aber endlich ist uns die Lust vergangen, in ewiger Mühsal dort zu bauen, wo fast jedes Jahr gröber oder leichter die Schloßen dreinfuhren. Mein Vater hatte darüber niemals geflucht, jedoch, durch mannigfaltige Mißgeschicke entmutigt, allmählich den Streit mit den Elementen aufgegeben.

Heute steht auf jenem Feld, über das ich den Pflug geleitet, ein schöner junger Lärchenwald; ich kann mit meiner Hand die Wipfel nicht mehr erreichen. Frisch aufwuchert es allerwärts, wo früher meines Vaters und seiner Kinder Pflug und Spaten gewühlt, frisch auf zu einem neuen Hochwald. Allmählich sind wir teils fortgedrängt worden, teils willig davongezogen von der sandigen Scholle der Vorfahren. Meine Geschwister kamen zu fremden Bauern. Ich lernte ein Handwerk und ging dann in die Fremde, um es wieder zu vergessen. Die Mutter wurde nach manchem Jahr herber Mühsal durch den Tod erlöst. Nur der alte Vater ist am längsten noch geblieben in einem Häuschen mitten im sprossenden Wald.

Endlich, da ihm die Wildhühner unter dem Dach genistet und

die Eichhörnchen zu den Fenstern hineingelugt haben, ist er aufgestanden und, gestützt auf einen Stock des Wacholders, niedergestiegen in das sonnige Tal der Mürz.

Auf der Alm gibt's ka Sünd

Ich sag's ja immer, für einen zehnjährigen Hirtenknaben auf der Alm ist es schwer, Mensch zu sein.

Ich meine nicht etwa mich, denn ich war damals zwölf oder dreizehn Jahre alt, oder vielleicht schon vierzehn, kurzum, in dem Alter, wo der Mensch am allergescheitesten ist.

Daher steckte ich an jenem heißen Sommertag beim Kornschneiden die Sichel in eine Garbe und versicherte dem Oberknecht, daß es sehr nötig sei, auf die Alm zu gehen und nachzusehen, ob bei einer solchen Hitze die Kühe nicht etwa schon die Klauenseuche hätten.

Der Oberknecht gab noch der Befürchtung Ausdruck, ob nicht etwa ich die Seuche an den Klauen hätte, weil mir in denselben die Sichel auf einmal so unbequem geworden wäre! Ich dachte, dumm ist auch unser Oberknecht nicht, und ging meines Weges.

Als ich hernach oben über die Almen hinging in der weichen, sonnigen Luft, da sah ich vor mir im Federgras plötzlich den Giglgoggbuben liegen. Er lag auf dem Rücken, reckte die Knie empor und sah in den Himmel hinein. Das war der mit den zehn Jahren.

»Giglgoggbub!« rief ich ihn an. Da drehte er sich erschrocken her.

»Was hast du denn jetzt gedacht?« fragte ich ihn.

»So!« entgegnete er träge, »habe ich was gedacht?«

»Mein Lieber!« verbesserte er sich dann, »ich hab freilich zu denken genug. Vielleicht kannst du mir sagen, was ich anfangen soll.« Und indem er sich halb aufrichtete und mit einem Ruck des Hauptes das braune Haar aus der Stirn schnellte, daß man seine blauen, treuherzigen und gar schalkhaften Augen sehen konnte, sagte er: »Weißt, Lenzischer (vom Lenz der Sohn), daß ich eine Todsünd haben muß?«

»Zu was brauchst denn du, kleinwinziger Knirpsl, eine Todsünd?« war mein Aufbegehren.

»Ja, bis morgen früh brauch ich eine Todsünd! Ich werd zur

Firmung nicht angenommen, wenn ich nicht früher beichten geh. Läßliche Sünden hab ich mir schon einen Haufen zusammenstudiert, aber läßliche Sünden wären nur für Kinder was, sagt unser Michel — man soll auch ein paar Todsünden darunter haben. So simulier ich jetzt schon hin und her, und bis morgen früh muß ich Todsünden haben.«

»Da ist noch eine ganze Nacht dazwischen«, tröstete ich.

»Woher nehmen und nicht stehlen!« rief der Junge, der ein besonders dreistes, fürwitziges und wiederum überaus einfältiges Bürschlein war. »Wie hast denn du's angestellt?«

»Wie werd ich's angestellt haben?« war meine Entgegnung, »ich hab den Katechismus hergenommen und hab mir fürs erste einmal die sieben Todsünden herausgelesen. Wenn man sie nur einmal beim Namen kennt, nachher geht's schon; weißt, Giglgoggbub, das ist wie bei deinen Kühen, wenn du sie beim Namen lockst, so kommen sie.«

»Gelt, Lenzischer«, sagte er jetzt und berührte mit den Fingerspitzen meinen Arm, »gelt, du hilfst mir ein wenig, schau, weil ich alleweil auf der Alm sein muß und nichts lernen kann. Und wenn ich schon einmal beichten geh, so will ich kein kleiner Bub nimmer sein. Und da hätt ich ganz recht, sagt der Michel.«

Da hat er ganz recht, dachte ich mir, und einen halberwachsenen Burschen muß man schon ein bissel aufputzen — eine Feder auf dem Hut und ein paar frische Todsündlein in der Haut. Über Nacht werden sie ihm wohl nicht schaden, und morgen legt er sie ja doch wieder ab.

»Zum Beispiel die Hoffart«, meinte ich, »was sagst denn dazu?«

»Du bist unten bei den Leuten und hast leicht reden«, sagte er mißmutig, »vor wem soll ich denn da heroben hoffärtig sein?«

»Du kannst dir's eben nicht anschicken«, war meine Entgegnung, »so wollt ich mich an deiner Stell doch einmal kerzengrad hinstemmen vor meine Küh und sagen: Ihr Hascherln, ihr! Da habt ihr einen so großen Schädel und keinen Verstand drin! Ich herentgegen hab ein kleinwinziges Köpfel und treib euch hin, wo ich will, und trink euch das Euter aus, wann ich will, und bin ein Herrgottssakermenter gegen euch Kreaturen, weil ich ein Ebenbild Gottes bin und ihr seids Vieher! — Das ist eine Hoffart, wie du sie auch unten nicht schöner finden wirst.«

»Ist mir zu dumm«, sagte der Giglgoggbub drauf..

»Oder der Geiz!« schlug ich vor, »was sagst du denn zum Geiz?«

»Vom Geiz hab ich schon was gehört«, meinte der Bub, »aber das ist eine Sünd, so mehr für reiche Leut.«

»Da hast du recht«, gab ich zu, »bei einem Halterbuben möcht der Geiz in der ersten Nacht schon verhungern. Diese Todsünd frißt zu viel, die lassen wir den Reichen. Aber friß einmal *du*, ist ein lustiges Geschäft und hast gleich Fraß und Völlerei beisammen — eine prächtige Todsünd!«

»Du Narr!« sagte der Giglgoggbub, »das müßt nicht einmal eine Todsünd sein; die täte ich, und wenn sie eine dreigöttliche Tugend wär! Und hätt sie schon lang getan, wenn die Schwaigerin (Sennin) den Schlüssel zur Butterkammer nicht allweil im Kittelsack hätt.«

»So nimm ihr den Schlüssel weg«, rief ich, »kannst gleich raufen mit ihr, über und über wild werden, und kehr die Hand um — hast den Zorn!«

»Der Zorn wäre auch wieder eine«, überlegte er, »da hätt ich nachher gleich zwei auf einmal.«

»Drei kannst haben auf einmal, wenn du g'scheit bist.«

»Drei sind mir zu viel«, sagte der Bursche entschieden.

»Also willst du mich in der Butterkammer mithalten lassen?« war meine etwas unredlich einlenkende Frage.

»Ja Schnecken, wenn du magst!« spottete mein Bürschlein, »wenn ich mit der Schwaigerin schon einmal um den Schlüssel raufen muß, so will ich nachher das Butterschlecken auch allein haben und keinen Menschen mithalten lassen — gar keinen!«

»Was sag ich denn? Dann hast die vierte — den Neid.«

Der Giglgoggbub besann sich ein wenig, dann sagte er: »Nein, die Butterkammer spar ich mir auf ein andermal. Der Michel sagt, wenn der Mensch einmal ausgewachsen ist, nachher braucht er um den Schlüssel nicht mehr zu raufen.«

»Freilich nicht, weil die Schwaigerin im voraus weiß, daß sie unterliegt.«

Nach einer Weile, als er, mit einem abgerissenen Rispenhalm spielend, so ein wenig um seine Nase herumgefuchtelt hatte, bis er niesen mußte, sagte ich: »Helf Gott, Giglgoggbub!«

Dagegen hatte er nichts einzuwenden.

»Was hast sonst noch für Sünden, Lenzischer?« fragte er.

»Ja, mein Lieber, jetzt sind nicht mehr viel da. Etwan noch die Unkeuschheit?«

»Pfui!« rief der Giglgoggbub und spuckte vor sich hin.

»Weißt du wohl auch, was damit gemeint ist?« gab ich ihm zu bedenken.

»Du wirst mir's nicht sagen müssen, Gott sei Dank!« versetzte er entrüstet. »Wie z'nachst im Herbst die Christenlehr war, hab ich's schon gelernt. Die Unkeuschheit ist das, wenn der Mensch zu der Stalldirn geht.«

Nun begriff ich seinen Abscheu, denn die Stalldirn im Giglgogghause war wohl sicherlich sechsmal so alt als der Halterbub, war auch etwas unsäuberlich in ihrem Aussehen, trotzdem fand sie es nötig, alljährlich am Fronleichnamstag durch einen grünen Kranz auf dem Kopftüchel — denn Haar hatte sie keines mehr — öffentlich zu bezeugen, daß es ihr bislang noch gelungen sei, ihre Jungfrauenwürde zu bewahren.

Also abgelehnt.

»Jetzt haben wir nur noch eine, und das ist die — Faulheit.«

»Auf die bin ich selber gekommen«, antwortete der Bub, »deswegen hab ich mich da ins Gras gelegt, und wenn du mich nicht davon hättest aufgestört, kunnt ich jetzt schon die schönste Sünd fertig haben. Bei der dummen Rederei kommt doch nichts heraus.« —

Dieses Gespräch ist an jenem heißen Sommertag auf der Alm sozusagen geführt worden von mir Altklugem halb im Spaß, vom Giglgoggbuben halb im Ernst gemeint. Es ist zu nichts gekommen, weiß auch nicht, wie er sich die Nacht über vorbereitet hat, und vermute fast, daß bei der Sache der Wille fürs Werk hat gelten müssen.

Darum sage ich, für einen Hirtenjungen auf der Alm ist es schwer, Mensch zu sein, weil er nicht Schick und Gelegenheit dazu hat. Er wächst auf wie ein Tannling und lebt so gottlos unschuldig wie das liebe Vieh. Trotz aller Begierden, die in ihm brennen, kann er kein Gesetz übertreten, weil außer den einfältigen Aufträgen des Almbesitzers keines da ist. Also ist mir bei jener Begegnung mit dem Giglgoggbuben das Wahrwort klargeworden, daß es »auf der Alm ka Sünd gibt«.

Keine schwere wenigstens, denn solche vermögen es nicht, in die Höhe zu steigen, sie bleiben in den Tälern und Ebenen und nisten sich in großen Städten ein. Unter vielen Menschen kommen sie am besten fort und wachsen sich oft zu wahren Prachtexemplaren aus. Bei den allermeisten Sünden ist es wie mit dem Heiraten: »Eins kann's nit richten, 's müssen zwei dazu sein.« Wenigstens zwei, so beim Lügen und Betrügen, beim Stehlen und Morden und so weiter. Es müssen zwei dazu sein. »Der A—dam war ein Gerechter; als die Eva kam, wurde es schlechter!« dichtete ein alter Dorfschulmeister, und dieses Gedicht, welches unser gottbegnadetes

Geschlecht ein für allemal von A bis zum Z behandelt, schließt: »Der Vorletzte mag auf der Hut sein, der Z—dam wird wieder gut sein.«

Ich will in einer so gefährlichen Sache nicht weiter dozieren; kein Mensch glaubt's, wie schwer es ist, sich zwischen lauter Sünden durchzuwinden, ohne sich das Röcklein unsauber zu machen. Aber noch erzählen muß ich, daß ich erst vor kurzer Zeit meinen Giglgoggbuben wiedergesehen habe.

Das war aber kein dummer Giglgogg mehr, das war ein kräftiger hübscher Mann, der neun Jahre bei den Soldaten gewesen und jetzt Förster in den Graf Meranschen Revieren ist. Seine blauen munteren Augen hat er immer noch. Wir wurden bei einem Glase Wein bald wieder gut Freund und ergötzten uns an den Erinnerungen, »wie es dazumal halt so lustig gewesen«. Unsere Stimmung war endlich so weit gekommen, daß ich ihn fragen zu dürfen glaubte, ob er seither draußen in der Welt das wohl gefunden, woran er damals auf der Alm so großen Mangel gelitten.

»Todsünden meinst?« lachte er. »Wie die Maikäfer fliegen sie da draußen herum; 's mag wohl sein, daß mir eine oder die andere bisweilen anbumst (angeprallt) ist. Wie das schon geht, du weißt es ja.«

»Ich weiß es«, war meine Antwort, »sie bumsen nur an, und wenn man sie nicht selber fängt, so fahren sie wieder zurück. Akkurat wie die Maikäfer.«

»Und eine habe ich doch gefangen«, vertraute er mir schelmisch, »das ist dir aber schon eine ganz picksüße!«

»So? — Wo denn?«

Beugte er sich zu mir vor, machte mit dem Finger einen kurzen Deuter, so ein wenig über die Achsel zurück, und schmunzelte: »Da oben auf der Alm!«

Am ersten Tage

Wir lebten noch alle beisammen, wie uns Gott zusammengetan hatte. Aber das sollte nun ein Ende haben. Versuche waren genug gemacht, es ging so nicht, und es ging so nicht.

»Für einen Bauersmenschen ist er zu kleber (zart, schwächlich), wird halt ein Pfarrer oder ein Schneider müssen werden.« Das war das Endziel der Beratung, welche eines Abends in der Stube des Waldbauern abgehalten wurde und wobei ich, auf dem umgelegten Melkzuber reitend, den Vorsitz führte.

»Zu kleber nicht«, meinte ich, wurde aber sogleich zurückgewiesen, als mein Vater sagte: »Was hilft denn 's Reden! Wenn so ein siebzehn Jahr alter Stock einmal auf einem alten Melksechter (Melkeimer) kann reiten, ohne daß die Daubeln einbrechen, nachher weiß man's eh.«

Ich schnellte vom Zuber empor; als sich später mein jüngerer Bruder daraufsetzte, knack, waren die Daubeln eingeknickt. — Mein Bruder blieb in der Wirtschaft, und ich als »Schwächling« mußte nach einem harten Gesetz, welches der Kampf ums Dasein aufgebracht hat, aus dem Hause.

Meine Mutter ging nun bei den Geistlichen um, Hilfe heischend, daß ich »in die Studie« kommen könnte. Der alte Dechant von Birkfeld war ein ehrlicher Mann, der sagte meiner Mutter folgendes: »Tu die Waldbäuerin das bleiben lassen. Wenn der Bub sonst keine Anzeichen für den Priester hat als just, daß er schwach ist, so soll er was anderes werden. Schwache Priester haben wir eh genug.«

»Aber zum Beichthören und Predigen, meint der Bub, wollt er nicht zu kleber sein«, bemerkte die Mutter.

»Was weiß der jung Lapp vom Beichthören und Predigen! — fürs eine gehört ein guter Magen, fürs andere eine gute Stimm. Er soll ein Handwerk lernen.«

Beichthören und Predigen! Ich bin heute noch der Meinung, meine Natur hätte beides ausgehalten; bin sogar der Meinung, daß ein wahrhaftig Pfäfflein in mir steckte, welches ja in meinen ersten poetischen Erzeugnissen genügende Spuren hinterlassen hat und welches erst viel später unter meinen Welterfahrungen zeitweilig umgebracht worden ist.

Nun, so ging denn meine Mutter von jenem Herrn Dechanten zum Schneidermeister in Hauenstein: sie hätte einen Buben, der ein Schneider möcht werden.

Was ihn auf diesen Gedanken brächte?

Na, weil er halt soviel kleber wäre.

Stand der Meister auf und sagte: »Jeder Mist will heutzutage Schneider werden. Ich will der Waldbäuerin nur sagen, daß der richtige Schneider ein kerngesunder Mensch sein muß. Einmal das viele Sitzen; nachher zur Feierabendzeit, wenn sich andere Leut ausruhen können, das weite Gehen über Berg und Tal, wie es in unserer Gegend schon sein muß, und den ganzen Zeug mitschleppen, wie der Soldat seine Rüstung. Hernach die unterschiedliche

Kost: bei einem Bauer mager, beim anderen feist; in einem Haus lauter Mehlspeisen, im anderen wieder alles von Fleisch; heut nichts als Erdäpfel und Grünzeug, morgen wieder alles Suppen und Brei. Ein Magen, der das aushält, muß in b'sonderer Gnade Gottes stehen. Und red ich erst von den unterschiedlichen Leuten, mit denen man sich abgeben muß: da eine bissige, brummige Bäuerin, der kein ordentlicher Zwirn feil ist; dort ein geiziger Bauer, der mit seinen närrischen Späßen den Handwerker erheitern und satt machen will. Wieder woanders ein Betbruder, der einem mit dem Hausgesinde die längsten Abende Psalter über Psalter vorleiert. Drauf ein alter Polterer, ein jähzorniger Kopf oder sonst ein unsauberer Patron. Und die ungezogenen Bauernknecht und die ungekämmten Weibsleut — in jedem Haus eine andere Schwachheit. Und all die Leut soll der Schneider mit *einem* Maß messen! Es ist viel verlangt. Ja, meine liebe Waldbäuerin, und was die Hauptsach ist: Kopf muß einer haben! Was der Schöpfer an einem krummen, buckeligen, einseitigen Menschenkind verdorben hat, das soll der Schneider wiedergutmachen. Die Leute verlangen von ihren Kleidern nicht allein, daß sie den Adam zudecken, sondern auch, daß sie eine saubere Gestalt herstellen. Und der Schneider muß nicht allein den Körper seines Kunden, er muß auch seinen Charakter kennenlernen, muß, sozusagen, das ganze Wesen erfassen, um ihm ein Kleid zu geben, das paßt! Und wie er den Menschen kennen muß, den er nach außen hin vollendet, so muß er den Stoff kennen, von dem er den Anzug zu verfertigen hat. Manches Tuch dehnt sich, manches kriecht zusammen, dieses hält Farbe, das andere schießt ab. Wer das im vorhinein nicht weiß, der macht ein Unding zusammen. Kurz, der Kleidermacher muß Menschen- und Weltkenner sein. Ja, meine gute Waldbäuerin, ein Kleberer tut's sicherlich nicht.«

»Ist aber sonst ausbündig (vernünftig), der Bub«, wagte meine Mutter zu bemerken.

»Macht er ein bissel Figur?«

»Letzt Zeit her ist er rechtschaffen in d' Höh geschossen, aber halt soviel g'füg (dünn, schlank), soviel ein g'füg Bürschel.«

»Na«, sprach der Meister, »werde ihn halt einmal anschauen. Nächsten Erchtag (Dienstag) soll er zum Alpelhofer kommen; dort wird er mich finden.«

»Bitt gar schön, wenn's es tät. Bitt gar schön!«

»Wird sich schon weisen. B'hüt Gott, Waldbäuerin.« —

So bin ich am nächsten Erchtag in heller Morgenfrüh zum Alpelhofer gegangen. Lange stand ich auf dem Antrittstein der

Haustür und dachte: Wie wird es sein, wenn ich wieder heraustrete? Eine fast feierliche Stimmung lag um das Haus, welches auf dem Berge zwischen Eschen und Kirschbäumen stand und in welchem die Entscheidung meines Schicksals saß.

Sie saß am großen Tisch, saß in Gestalt eines kleinen, feinen Männleins in schwarzem Anzug und weißer Wäsche: ein Männlein mit feinrasiertem Gesicht und einer Glatze, die gerade so groß war, daß sie dieses Gesicht recht offen und würdig gestaltete. Das war der Meister. Er war ein Hagestolz und lebte ganz allein in einem Berghäuschen, wo er für sich selbst kochte und sich pflegte, oder er arbeitete in irgendeinem Bauernhause der Gegend, und war so im Lauf des Jahres in vierzig oder fünfzig Bauernhäusern daheim. Ziemlich weitab, in der Fischbacher Pfarre, hatte er seine alte Mutter, die er jährlich mehrmals besuchte und ihr Geld brachte. Er selbst war auch nicht mehr jung, war aber in Ehren und Sitten ein Freund der Frauen. Ja, seine Artigkeit gegen die Weiber ging so weit, daß er sich für keine entscheiden wollte, aus Besorgnis, die anderen zu kränken. Er arbeitete auch »in Frauenkleidern« und ermaß recht gut, daß, wenn er verheiratet wäre, die Hälfte dieser Kunden ausbleiben könnte. So blieb er einstweilen unbeweibt. In guten Zeiten hielt er sich einen Gesellen, oft auch einen Lehrjungen; als aber die Gewerbefreiheit aufkam, wollte jeder Geselle selbst Meister sein, und mein guter Meister Natz — so hieß er — saß zumeist allein und bewältigte seine Arbeit allein.

Nun, da ich in die Stube trat, saß er am Tisch und nähte. Vor ihm lag das Handwerkszeug, daneben zugeschnittenes Lodentuch, und an der Sitzbank hing das Bügeleisen.

»Gelobt sei Jesus Christus«, sagte ich.

»In Ewigkeit«, antwortete er langsam mit tiefer Stimme.

Ich blieb an der Tür stehen. Es war alles still. Er zog die Nadel auf und nieder; nur die Wanduhr tickte, und mein Herz pochte dem Augenblick entgegen.

»Was willst denn?« fragte mich nach einer Weile der Schneider.

»Schneider werden möcht ich halt gern«, antwortete ich zagend.

»So bist du derselbe«, sagte er und blickte eine Weile auf mich her. »In Gottes Namen, geh's an. Setz dich her, nimm Nadel und Zwirn und näh mir diesen Ärmling zusammen.«

So tat ich — aber es ist leichter gesagt als getan. Da staken im Kissen an die dreißig Nadeln aller Größen, da lagen Zwirnknäuel von verschiedener Feine und Farbe. Und die beiden krummgeschnittenen Tuchstreifen, wie werden sie behandelt und zusammengetan, daß sie ein Ärmling werden? Ich warf fragende Blicke auf den Meister. Er tat nichts desgleichen, als ob er mehr wisse als ich. So hub ich denn an. Ich fädelte ein und legte den Loden aufs Knie und machte einen Stich. Der Faden schlüpfte durch. Der erste Stich war mißlungen. An den Wangen erglühend, forschte ich der Ursache nach und kam endlich darauf, daß von mir vergessen worden war, in den Faden einen Knoten zu machen. Ich schlang also mit großer Mühe ein Knötlein und beschäftigte all meine zehn Finger dabei. Hierauf nähte ich mit Erfolg, aber auch mit Hindernissen. Es verwand und verdrehte sich der Zwirn, es staute sich die Nadel am Finger, es verschob sich der Loden und ließ sich mit jedem Zug hoch in die Lüfte ziehen, es riß sogar der Faden.

Mittlerweile kam der alte Alpelhofer in die Stube und rief: »Zum Dunner, jetzt ist ein junger Schneider herkommen!«

»Ja«, sagte mein Meister.

Wie mir das Wörtlein wohlgetan hat! Im Vollbewußtsein meiner Ungeschicklichkeit hatte ich von Minute zu Minute erwartet, daß der Meister mich fortschicken werde! Aber dieses Ja war wie eine Anerkennung und Einsetzung.

»Das ist brav«, sagte der Alpelhofer und ging wieder davon.

Als ich ein paar Stunden so herumgenäht hatte, ohne daß mein Meister auch nur eine Silbe zu mir gesprochen hätte, und als ich endlich mit dem Ärmling fertig zu sein wähnte und mit dem Auge fragte, was nun zu beginnen sei, antwortete er: »Jetzt trenn den Ärmling wieder auf — bis auf den letzten Stich alles auf, und zieh die Fäden sauber aus. Achtung geben mußt nur, daß du den Loden nicht anschneidest.«

Und als ich das mit Angst und Schmerz getan hatte und die Teile des Ärmlings wieder so dalagen, wie der Meister sie mir in die Hand gegeben hatte, ließ dieser von seiner Arbeit ab und sprach zu mir folgendes:

»Waldbauernbub. Ich hab nur sehen wollen, wie du die Sach angreifst. Just nicht ungeschickt, aber den Loden muß man zwischen Knie und Tischrand einzwängen, sonst liegt er nicht still. Später, wenn du's einmal kannst, wird er wohl auch ohne Einzwängung still liegen, so wie bei mir da. Auf den Finger, mit dem du die Nadel eindrückst — das ist der mittlere, der lange —, mußt du einen Fingerhut stecken, sonst kriegt deine Haut grad soviel Löcher als wie der Loden. Den Zwirn mußt mit Wachs glätten, sonst wird er fransig und reißt. Die Stiche mußt im Loden so machen, daß einer über dem anderen reitet, das heißt man Hinterstiche — sonst klafft die Naht. Und die Teile mußt du allemal so zusammennähen, daß du sie nicht wieder voneinander zu trennen brauchst, wie dasmal. Und gibt es schon doch einmal zu trennen, so mußt kein saures Gesicht dazu machen, mein lieber Waldbauernbub. Empfindsam sein, das leidet unser Handwerk nicht. Jeder Ochsenknecht wird dich meistern, und jeder Halterbub wird dich ausspotten und wird dich fragen, ob du wohl das Bügeleisen bei dir hättest, daß dich der Wind nicht verträgt, und wird, solang er deiner ansichtig ist, wie ein Ziegenbock meckern. Laß ihm die Freud und geh still und sittsam deiner Wege. Ein gescheiter Mensch schämt sich nicht seines ehrlichen Handwerks, und ein Dummer vermag es nicht zu lernen. Der Schneider studiert nie aus; jede Kundschaft hat einen anderen Leib, jedes Jahr hat eine andere Mode; da heißt's nicht nur Zuschneiden und Nähen, da heißt's auch *denken,* mein lieber Waldbauernbub. Aus dem tüchtigen Schneider ist schon manch ein hoher Herr emporgewachsen. Der große Feldherr Derfflinger, der Wiedertäuferprophet Johann von Leyden sind Schneider gewesen; in Amerika gibt es sogar eine Gattung von Schneidern, welche Präsidenten von den Vereinigten Staaten werden. Ich hab ein Büchel, das will ich dir einmal zeigen, da wirst alle berühmten Schneider darin finden. Deswegen, Waldbauernbub, wenn du in dir wirklich die Neigung und das Talent zu diesem Stande empfindest, so bleib da, und ich will dir lehren, was ich selber kann.«

Ich neigte dankend den Kopf.

»Du wirst dich«, fuhr der Meister fort, »von den Beschwerden des Berufes nicht abschrecken lassen. Bereitwilligkeit und Genügsamkeit sind wohl das erste, was ich verlangen muß. Ich will dich so halten, wie mich voreinst mein Meister gehalten hat. In der Wochen arbeiten wir bei dem oder dem Bauer auf der Ster[1] und haben dort Kost und Liegerstatt. Zum Samstagfeierabend gehst allemal zu deinem Vater heim, der hat dir das Sonn- und Feiertagsquartier, die Kost dazu und das Gewand zu geben. Sind wir an Sonn- und Feiertagen zum Mittagmahl geladen dort, wo wir die Woche zuvor gearbeitet haben, so komm. Auch in die Sonntagsschul mußt gehen, weil du bei deiner Freisprechung ein Religionszeugnis brauchst. Deine Lehrzeit dauert drei Jahr; nachher, wenn du brav und fleißig bist, laß ich dich freisprechen, und dann steht's dir frei, wenn ich dich brauch, für einen Wochenlohn bei mir zu bleiben oder in die Fremd zu gehen. Ist's dir so recht?«

[1] Ster, Stör = Arbeit, die der Gewerbetreibende im Hause des Kunden verrichtet.

Wem sollte das nicht recht sein?

Später, als der Alpelhofer wieder in die Stube trat, um für das Mittagmahl Suppenbrot aufzuschneiden, sagte zu ihm mein Meister: »Gelt, Bauer, du bist schon so gut, daß ich meinen neuen Lehrburschen bei dir da anfangen lassen darf?«

»Ja, wegen was denn nicht?« antwortete der Alpelhofer, »mich g'freut's. Wie heißt er denn, der jung Schneider? Peter? So. Peter — liegt er nit, so steht er. Na, wenn heut der erst Tag ist, da müssen wir ihn ja einstallen (seinen Einstand gebührend feiern). So, da hast einen Löffel, Peter. Schau nur zum Essen, daß du stark wirst. Vom Waldbauern bist ein Sohn? Brav, brav. Geh, Natz, leg weg jetzt die Arbeit, 's ist zum Essen, Schneider.«

Heute noch sehe ich ihn, den guten Alten mit den blauen Augen und den grauen Haaren. Er war ein großer Mann mit etwas vorgebeugtem Haupt, auf dem Drangsal gelastet hatte; er war nun schon bei den Siebzigen oben, aber noch so stramm und flink und warmherzig in allem, was er tat und sprach. Auch wohlhabend muß er gewesen sein. Seit zweiunddreißig Jahren war er Dorfrichter in Hauenstein; in dieser Zeit ist zu Hauenstein nicht einer wegen Steuerrückständen gepfändet worden, denn der Alpelhofer zahlte allemal vorläufig alles aus seinem Säckel. Ja, die armen Kleinhäusler in der Gemeinde wußten oft gar nichts und erfuhren nichts davon; und erst später, nachdem man den alten Alpelhofer hinausgetragen auf den Gottesacker und daneben im Wirtshause geschwind einen anderen zum Richter gewählt hatte, wunderten sich die paar Kleinhäusler, daß sie nun Steuern zahlen mußten.

Als es nun an diesem ersten Tage meiner Schneiderschaft Abend geworden war und auf eine Stunde die »Lichtfeier[1]« eintrat, fragte mich der Alpelhofer: »Petrus, was spricht Paulus?«

Als ich darauf nicht antworten konnte, weil ich es nicht wußte, gab mir mein Meister ein: »Sag nur gleich: Paulus spricht, wer nicht arbeitet, der soll auch nicht essen. Herentgegen, wer arbeitet, der mag sich auch was gunnen.«

Hierauf winkte mir der Alpelhofer mit gekrümmtem Zeigefinger, daß ich ein bißchen mit ihm kommen möge. Er führte mich in den Keller hinab und mit einem Kerzenlicht zwischen Rüben- und Erdäpfelhaufen hindurch zu einem Holzbänklein. Dort schaffte er ein Gläschen Branntwein zustande, hob es mir in die Hand und sagte: »Petrus, den trink aus. Auf Glück!«

[1] Lichtfeiern = das bewußte Hinauszögern des Lichtanzündens (feiern = aussetzen, zuwarten), bis es finster ist und das Lichtmachen lohnt; Lichtfeier = die Dämmerstunde, in der man Geschichten erzählt.

»Auf Glück, Alpelhofer!« sagte ich und war in meinem Gemüte sehr bewegt. Dann nippte ich von dem guten Geist, es muß ein Wacholder gewesen sein, der mir augenblicklich frischen Mut ins Herz goß.

»Schneider werden«, sagte nun der Bauer, »wie ist dir denn das eingefallen? Alleweil in der finsteren Stuben sitzen, in den meisten Häusern lassen die Leut nicht einmal Luft zu den Fenstern herein. Wenn du meinst, daß du für Bauernarbeit zu g'füg bist, hättest nicht können was anderes werden? Ein Almhalter, oder so was, wo du auf freier Weid gewesen wärst? Na, trink! Jetzt bist einmal Schneider, so bleib dabei und schick dich, und wenn dir das Kreuz weh tut vom vielen Sitzen, so denk auf Den da oben, der will's haben, daß der Mensch mit Müh und Fleiß sein Brot verdient. Kreuzer wirst nicht im Überfluß gewinnen, als Lehrling schon gar nicht. Nur alles schön mit Willen und Geduld, 's wird dir schon einmal besser gehen. Trink, Petrus! — In meinem Haus hast heut angefangen, so bin ich dir der Pat fürs Handwerk. Wenn du ein Anliegen hast oder eine Klag, so komm zu mir, und nur alleweil wohlgemut — trink aus, trink aus!«

Während dieser Worte fühlte ich etwas in meiner hohlen Hand. Ich hielt es, bis wir aus dem Keller wieder heraufgestiegen kamen und das Ding in der Faust ganz warm und feucht geworden war. Ein Talerstück war's aus den Zeiten der Kaiserin Maria Theresia. Ich besitze es heute noch, und sooft ich es anschaue, kommen mir die Worte zu Sinn: »Nur alleweil wohlgemut.«

In meiner Lehrzeit gab's wenig zu klagen; ich hätte mein Anliegen dem Alpelhofer auch nicht vorbringen können, denn der gute Mann ist schon fünf Wochen nach meinem Eintritt ins Handwerk schlafen gegangen.

Ein reisender Handwerksbursche

Nun muß der lange Christian aus alter Erinnerung hervorgeholt werden. Der schob eines Tages die Tür unserer Meisterstube so weit auf, daß er seinen kleinen Kopf hereinstecken konnte: »Ein reisender Handwerksbursch bittet gar schön . . .«

Der Meister steckte alle zwei Hände in die Hosentaschen und fragte: »Was ist Er denn?«

»Ein vazierender Schneidergesell, bitt ich.«

»Weswegen steht Er nicht in Arbeit ein?« fragte der Meister, und die rechte Hand fuhr unverrichteter Dinge aus dem Sack zurück.

»Ich bitte, weil ich keine krieg. 's ist schon überall alles voll von Schneidergesellen.«

Jetzt kam auch die Linke des Meisters, auf die alle Hoffnung gesetzt war, leer aus der Tasche, und der Meister sprach: »Wenn Er will, bei mir hat Er gleich Arbeit. 's ist der Winter da, die Leut brauchen Gewand.«

Der Handwerksbursche sah, daß er aufgenommen war; mit saurem Gesicht trat er in die Stube; er war länger, als dem hereingesteckten Kopf nach vermutet werden konnte, und es hing an dem ältlich und gutmütig aussehenden Kopf ein ziemlich zerfetzter Schneider. Der Meister selbst schien von dem Aussehen seines neuen Gehilfen etwas überrascht zu sein. Das Wanderbuch war aber befriedigend, es stand zwar wenig Arbeit drin, aber diese wenige war durchaus belobt.

»Wo hast denn deinen Ranzen, Christian?« fragte jetzt der Meister.

»Meinen Ranzen? Warum?« versetzte der Geselle mit Befremdung, »brauch keinen.«

»Du wirst doch eine gute Kluft (Anzug) bei dir haben?«

»Soweit ja«, sagte der andere und blickte an sich hinab bis zur Zehe, die aus dem Stiefel hervorguckte, »bin zufrieden, bin alleweil zufrieden.«

»Ruck, Lehrbub, daß er sich setzen kann!« Diese Worte des Meisters waren zu mir gesprochen, und einige Augenblicke später saß der schlottrige Geselle an meiner grünen Seite und sah den Meister ungewiß an, als wollte er fragen, welcher Hausbrauch hier herrsche, ob der Lehrjunge gelegentlichenfalls bei den Haaren oder bei den Ohren zu fassen wäre. — Als er später die gutherzige Weise merkte, in welcher mein Meister mit mir verkehrte, fing auch er an, genossenschaftlich zu sein, das heißt, er bemängelte mir gegenüber die Pflege, welche man uns angedeihen ließ, und belustigte sich über den Meister, wenn dieser abwesend war. Ich war für solche Beweise des Vertrauens dankbar, hütete mich aber, dieselben zu entgegnen, sondern tat, wie einem Lehrjungen geziemt: hielt die Ohren offen und den Mund zu.

Nur die Nächte waren nicht ganz ohne Zwiespalt. Zuerst hieß es, ich möchte mit dem neuen Gesellen mein Bett teilen; nur zu bald stellte es sich heraus, daß *er* nach Gutdünken mit mir teilte, aber so, daß der größte Teil mit Leintuch, Decke und Kopfkissen ihm zufiel. Er lag an der Wand, nur zu Regenzeiten tauschten wir die Plätze, weil an der Wand das Wasser herabrann.

Solange ich wachte, beschied ich mich, aber während ich schlief, taten Arme und Beine im Kampf ums Dasein manches, was hernach von seiten des langen Schlafgesellen ein anderer, ganz unschuldiger Teil des Körpers arg entgelten mußte.

Trotzdem waren wir stets gut Freund, was mir um so erfreulicher schien, als die Erhaltung dieses schönen Verhältnisses ganz in meiner Hand lag. Gab ich in allem nach, so war ich gesichert, und er verlangte nichts Unbilliges von mir, denn im Leben eines Lehrjungen ist alles billig. Zudem besaß der lange Christian einen unschätzbaren Vorzug, nämlich er log — und log, daß es eine Passion war. Wer nie sein Brot als Schneider aß, wer nie die halben Winternächte bei Loden und beim Zwirne saß! — — Was da ein gutes Plaudermaul für ein Kleinod ist! Der lange Christian hatte den Krimkrieg mitgemacht, hatte bei der Revolution eine Rolle gespielt und das keine kleine, denn er war Kossuths Stiefelwischer gewesen. Denn warum? Er hätte es zu ganz was anderem bringen können, aber der Kossuth hatte gesagt: »Loß ich nicht aus Schwob, brauch ich zum Wichsen.«

»Sei still und tu nahn (nähen)!« verwies ihm der Meister bisweilen solch geschichtliche Darstellungen.

»Warum soll ich's denn nicht sagen?« meinte hierauf der Christian immer, »es ist ja so alles nicht wahr.«

Und hub wieder von neuem an.

»Und wenn ich auch hätt dabeisein können«, fuhr er fort, »ich hätt nicht einmal mögen. Da mag einer sagen, was er will, mir geht das Reisen über alles. Das Reisen als Schwalier (Chevalier, Kavalier), natürlich.«

»Jetzt sei still und tu nahn!« gebot der Meister streng.

Da war er still und tat nähen, und ich ermaß traurig, wie hier die schönsten Reisen und alle Weltwunder schnöde unterdrückt wurden. Ein Gefühl der Bitterkeit wurde in mir gegen den Meister wach. Wenn dieser aber abwesend und wir in der Werkstatt uns selbst überlassen waren, dann wurde alles nachgeholt; bald wurde ich inne, daß der lange Christian auch bei der Entdeckung Australiens dabeigewesen war.

Auf einem Luftballon wären sie hingekommen. »Geht auf einmal nieder. Auf den Bäumen lauter Schlangen und Paradiesäpfel; Weinberge, wo auf den Reben die Kaffeebohnen wachsen, und der Wein rinnt in Brunnen unter der Erden heraus. Löwen und Tiger, selbstverständlich alle besoffen, darum sind die australischen so gefährlich. Und sind auch große Pappeln, denen auf und auf die Wolle wächst und müssen im Frühjahr und Herbst geschoren werden. Das ist die Baumwolle. Und lauter so! Die Leut sind alle schwarz über und über und brauchen daher keine Kleider. Was ist denn das für ein Land? fragen wir. Antwortet ein Schwarzer: I bitt, das ist Australien.«

Als ich anfangs an einzelnem zweifelte, rief er: »Na ja freilich, bei euch heißt's alleweil: erlogen, erlogen! Das bissel erlogen wird dich doch nicht genieren! Wenn's d'netta (nur) alles wahr sein sollt, na bedank mich, da möchtest saubere Sachen hören. So tapfer wie der Christian, der itzo neben deiner schneidert, hat keiner gefochten!«

»Soldat?«

»Soldat! Gott sei Dank, nein. Ein Fechtbruder bin ich gewesen und wollt, ich wär's heut noch!« Er seufzte und zog melancholisch einen langen Faden vom Zwirnknäuel.

Meine Bemerkung darauf mußte der Stimmung des Augenblicks nicht ganz gerecht gewesen sein, denn er beugte sich weit gegen mich vor und sagte nachdrücklich genug: »Du bist ein junger Lecker, daß du's weißt!«

Ließ ihm's gelten, und so waren wir wieder einig.

»Bist du erst ausgelernt, wirst es auch treiben«, versicherte der Christian. »Was ein ordentlicher Handwerksbursch ist, der geht fechten. Blitzdumm seid ihr Jungen anfangs schon dabei, das ist richtig, und wenn man euch nicht aus Erbarmen zeitweilig was schenken tät, ihr müßtet verhungern wie die jungen Kälber, wenn sie nicht genudelt (gemästet) werden.«

»Möcht wissen, wesweg man euch *Alten* was schenkt, wenn nicht aus Erbarmen!« erlaubte ich mir zu bemerken.

Er krähte laut auf und rief dann: »Das kostet mir einen Lacher! Und aus Erbarmen, wie einem Bettler! Junge, dir fehlt es an Unterricht! Wenn wir Handwerksburschen fechten, so heißt das nagelfest nichts anderes, als wir heben unsere Gebühr ein. Es ist ein Recht von alters her. Sie alle, die Herren Professionisten, die heute prächtige Häuser stehen haben an den Straßen, sie alle haben einstmals gefochten, und tüchtig gefochten. Und wenn du nicht weißt, wozu sie an ihren vornehm geschnitzten Haustüren die Klinken haben, so will ich dir's sagen: daß unsereiner draufdrucken kann, so wie's neuzeit Haustelegraphen gibt, wo der Herr nur zu drucken braucht, und die Dienerschaft steht da. Wenn wir dabei den Hut in der Hand halten und freundlich bitten, so ist das Höflichkeitssache, denn der Fechtbruder muß Schwalier sein!

Redlich gesagt aber«, fuhr der lange Christian fort, »die Professionisten, die selbsten haben schnallendruckt, das sind die schmutzigsten. Zu hart Kräften (allerhöchstens) ein ganzer Kreuzer, wenn sie keinen halben im Sack finden, und verstatten sich des lumpigen Kupferlings wegen schon das Recht, das Wanderbuch eine Weil durch ihre feisten Finger zu wutzeln oder gar etlich Sottisen loszulassen, als wär ein ehrlicher Bursch just ihrer Grobheiten willen auf der Länderpassier. — Überhaupt, Lehrbub, merk dir's: Was an der Straßen steht, heißt nicht viel. In die Seitendörfer muß einer sich schlagen, in die Berggräben muß man hinein, das lohnt sich. Kannst das Mundstückel brauchen, machst den Weibern was vor — lebst wie ein Prinz. Aber nur nicht vergessen, den Finger schön ins Weihbrunnkesserl tauchen, wenn du bei der Tür hineingehst. Steht vor dem Haus, wo die Leut vom Fenster hinsehen, ein Kruzifix oder so was, nur fleißig den Mund draufdrucken. Frommheit lohnt sich immer. Bleibst über die Nacht und sitzest auf der Ofenbank, so verzählst was; je größer die Lug ist, je lieber glauben sie's, je gewisser laden sie dich zu ihrem Nachtmahl ein. Mit dem Bauern hebst fürs erst vom Wetter an; ist trockene Zeit, so gibt's guten Kornbau, ist Regenwetter, so gerät das Futter fürs liebe Vieh. Der Köchin vertraust, du hättest auch schon welches verkostet auf dieser Welt und wüßtest, was gut sei, aber so ein Schmalzmus, oder was es ist, wär dir bislang noch nicht in den Mund gekommen. Wirst sehen, nach solcher Red wird dein Essen zusehends vermehrt und verbessert. Sind Knaben im Haus, so machst ihnen Vogelfangen, Fischfangen und so was. Mit den Mädeln, und sind sie auch erst halbgewachsen, kann man vom Heiraten reden. Rastest dich tagelang aus und wirst sehen, wie erträglich die Zeit vergeht.«

Darauf erwiderte ich einmal dem langen Schneider: »Freilich vergeht die Zeit, wenn der Reisende so von der Straße abweicht, aber wann kommt er nachher ans Ziel?«

Er ließ die Nadel stecken, wo sie stak, und fragte: »An welches Ziel?«

»Wo er Arbeit kriegt.«

Jetzt stützte er seinen spitzen Ellenbogen aufs spitze Knie und sagte: »Was glaubst denn du eigentlich von einem Handwerksburschen? Meinst, er passiert die Länder, daß er Arbeit sucht? Für was stünd er denn drei Jahr und länger in der Lehr und ließ sich zum Fußhadern brauchen, wenn er nachher kein reisender Handwerksbursch werden wollt? Jetzt haben wir die Eisenbahnen. Nichts leichter, als ans Ziel kommen und Arbeit finden. Aber kannst du dir einen reisenden Handwerksburschen denken, der auf der Eisenbahn fahrt? Für was, möcht ich bitten, werden denn neben den Eisenbahnen hin die alten kostspieligen Landstraßen erhalten als wie für den Handwerksburschen? — 's ist ein Pläsier, kann ich dir sagen, wie kein zweites auf der Welt. Und schon gar in einem Ort, wo an jedem End die Tafel steht: Hier ist das Hausieren verboten! — Wie sich's da ficht! Lehrbub, du weißt noch nichts.«

»Weshalb ist denn der Christian hernach bei uns eingestanden?«

»Das ist's ja«, flüsterte er, »hab ich vor der Tür wissen können, daß ich vor einer Schneiderwerkstatt stehe? Nicht einmal ein Schild! So gescheit wär ich schon gewesen, daß ich alsdann als Tischler- oder Schuhmachergesell angeklopft hätt. Und just dasmal ist's nicht erlogen gewesen, akkurat, daß ich ein Schneider muß sein! Dein Meister hat mich frei soviel als in meinen eigenen Worten gefangen. Andersteils weil jetzt Winter ist und der Mensch seinem Brot nicht gut nachkommen kann, will ich's auf etliche Wochen gleichwohl aushalten. Ein rechter Bursch muß alles probieren auf der Welt.«

Auch das Arbeiten! hatte er in Gedanken sicherlich beigesetzt. Übrigens war der Christian in der Arbeit flink, wenn auch zuweilen ein kleiner Schlendrian mit unterlief. Letzteres rügte mein Meister eines Tages auf Umwegen, indem er sagte: »Lehrbub, für Geschwindigkeit nimm dir ein Beispiel am Christian, für Genauigkeit an mir.«

Abends während der Lichtfeier war der lange Christian unsichtbar. Erst knapp vor dem Lichtanzünden erschien er wieder und ging mit frischer Lust an die Arbeit.

Da stupfte einmal der Bauer, bei dem wir auf der Ster saßen, meinen Lehrmeister an der Seite, er möge so gut sein, ein »Randel« mit ins Nebenstübel zu kommen, er habe ein klein wenig was zu reden. Und im Nebenstübel soll dann der Arbeitgeber zum Meister folgenderweise gesprochen haben: »Wenn euch Schneidern bei uns die Kost zu schlecht ist, so tut es mir nur sagen; es ist mir lieber, als wie wenn ich vor der Nachbarschaft zuschanden gemacht werde.«

»Wie denn das?« entgegnete der Meister und sah den Bauern groß an, »die Kost zu schlecht? Bei dir? Doch gar keine Red von so was. Alles gut und genug.«

»Ja«, sagte der Bauer, »wesweg geht denn nachher dein Gesell zwischen der Lichten in die Nachbarschaft betteln?«

Der Meister wurde ganz blaß vor Schreck.

»Sie reden schon überall davon, daß der Niederberghofer seine Schneider verhungern laßt und der Gesell, wenn's dunkel wird, mit dem Brotsack ausschleicht. Wenn's *so* ist, habt ihr bei mir aufgearbeitet.«

Ohne ein Wort der Entgegnung rief der Meister den Christian ins Stübel.

»Möcht's frei wissen, Christian, was du zwischen der Lichten allemal machst?« fragte er mit düsterem Ernst.

»Ich? — Ein bissel in der Nachbarschaft geh ich um, daß ich mich nach dem langen Sitzen eppas (etwas, ein wenig) ausspring.«

»Und tragst den Leuten das Brot stückweis aus dem Haus!« sagte der Bauer.

»Warum denn nicht?« antwortete der lange Christian, »ich bitt ja schön drum, und nachher verschenk ich's wieder. Bei dir, Niederberghofer, hab ich's gottlob nicht vonnöten.«

»Zu was tust es denn nachher, du alter Steinesel?« rief der Meister mit allem Zorn, dessen er fähig war.

»Weil's mich g'freut«, sagte der Geselle, »und wenn's dem Meister nicht recht ist, so kann er sich's recht machen. Wir sind nicht zusammen verheiratet. Ich mach mich fremd.«

Mit diesen Worten sagte er die Arbeit auf.

Voller Innigkeit nahm er von uns Abschied, nachdem er mich noch eingeladen hatte, mitzukommen. Ich begleitete ihn vor das Haus und sah ihm nach. Schon an der nächsten Tür drückte er die Klinke nieder, und mit einem Gesicht, das vom Glück erhellt war, murmelte er sein: »Ein reisender Handwerksbursch bittet gar schön ...«

Vom Gesellen Wenzelaus

Ein andermal hatten wir einen Gesellen, der hieß Wenzelaus Kragerl — sein Name stehe nun einmal schwarz auf weiß, da er doch so oft weiß auf schwarz gestanden an der Tafel beim Hauerwirt, beim Kreuzwirt, beim Goldenen Löwen, beim Grünen Baum und so weiter. Der Wenzelaus Kragerl war ein Kiselak der Wirtshäuser.

Er arbeitete bei meinem Meister über ein Jahr; er war ein geschickter und fleißiger Kleidermacher; der Meister überließ ihm oft das »Zuschneiden«. Er konnte wochenlang, selbst ohne Unterbrechung an Sonn- und Feiertagen, auf einem Fleck sitzen und arbeiten; wenn es ihn aber doch einmal drängte, eine heilige Messe zu hören, so verfehlte er gottunselig die Kirche, kam ins Wirtshaus hinein und blieb auf einem Sitz tagelang drinnen, bis der letzte Kreuzer vertrunken war. Er trank Wein, zuerst ohne, später mit und schließlich wieder ohne Wasser; ganz zum Schluß versickerte die Sache in Schnapsgläschen, zu deren Frommen, wenn es darauf ankam, er sich seines Taschenmessers, seiner Sacktücher, seiner Halsbinde und dergleichen überflüssiger Dinge entäußerte. Hernach suchte er wohl wieder die Werkstatt auf und war an den ersten Tagen etwas mißmutig, man wußte nicht recht, ob über das vertrunkene Geld oder über das vermißte Weinglas. Indes munterte ihn die Arbeit und dadurch die neue Anwartschaft auf neue Freuden bald wieder auf; er war leutselig, stets zufrieden mit Kost und Pflege, und oft, während der gute Meister wegen mißlicher Zubereitung der Speisen über verschiedenerlei innere Beschwerden ächzte, sang und erzählte der Geselle Kragerl die lustigsten Possen. Und so wußte sich der brave Schneider beim Wirt und bei den Arbeitgebern beliebt zu machen, und alle, die ihn kannten, ehrten ihn ob seiner Beharrlichkeit.

Eines Montags früh schickte der Meister den Gesellen und mich zum Bauern unter der Alm. Das war das letzte Haus oben auf dem Berg, es stand wie ein Wärzchen auf hoher Stirne, darüber filzte sich schon das braune Gelock des Gezirms, und noch weiter oben breiteten sich die Glatzen der kahlen Kuppe vom Stuhleck. Von diesen Höhen nieder war mancher Schrund, manche Schlucht durch Wetter und Wasser in den Erdboden gerissen, und das Haus unter der Alm stand unheimlich eingefriedet von solchen Gräben und Riesen, in welchen Wässerchen rieselten. Im Hause selbst war es recht wohnlich, und die Leute empfingen und behandelten uns, die wir aus dem Tale kamen, aus der Weltgegend, wo eine Kirche stand und ein ganzes Dorf voll aller Herrlichkeiten, mit Ehrfurcht und suchten uns mit allem, was sie vermochten, zu entschädigen dafür, daß wir aus der großen Welt in die Einöde hinaufgestiegen wären, um ihnen Hosen und Joppen zu machen. Und da sagte Wenzelaus Kragerl einmal zu mir: »Lieber im letzten Häusel der Erste als im ersten Dorf der Letzte sein!« Er hatte nämlich zur selben Stunde bereits Erkundigungen eingezogen und in Erfahrung gebracht, daß gegen die Rettenegger Seite hin, eine Stunde von unserer Ster, ein Holzmeisterhaus stehe, in welchem Tabak, Wein und Branntwein zu haben wären. Er gedachte zur Stunde vielleicht kaum, mit dem Hause in Verbindung zu treten, doch die Nähe und Möglichkeit beseelte ihn, das äußerte sich im schönen Schwung, den er in den Zuschnitt der Lodenkleider legte.

Zur Zeit der Lichtfeier ging ich gern ums Haus herum, erstens, um mit den Augen unten im Talkessel die Häuser aufzusuchen, an welche sich Erinnerungen knüpften, zweitens, um mir die Höfung des Almhauses zu betrachten, mit irgendeinem Jungen zu rangeln (ringen), eine Magd zu necken oder ähnliche Ergötzlichkeiten eines halb übermütigen, halb schwärmerischen Schneiderlehrlings zu treiben. Auf solchem Rundgang um das Haus bemerkte ich eines Tages oben auf dem Dach einen großen hölzernen Hammer, welcher durch Schnüre mit einem der Wassergräben in Verbindung stand. Ich fragte den Bauern, was diese Vorrichtung bedeute.

»Das ist der Nachtwächter«, antwortete der Bauer, »wenn's ein Gewitter gibt, so haben wir, seit da oben die Lahn ist abgerutscht, allemal Wasser; ja ein' solchen Laster (Mühsal), man glaubt's nicht! Seit ich beim Haus bin, hat's uns zweimal den Stall weggerissen. Nachtig Stund ist's; bis das Gebäud kracht, daß man's wahrnimmt und in die Hosen find't und zu Hilf kommen kann, ist schon alles g'fahlt (schlecht ausgegangen). So hab ich mir da ein Z'sammg'richt gemacht. Oben im Wassergraben ist eine Wehr, und gleich wie das Wasser ein Eichtl (ein wenig) höher steigt als wie für gewöhnlich, richtet's ein Radel an, die Schnur zieht, und der Hammer auf dem Dach hebt rechtschaffen zu klöckeln an, daß wir gleich munter werden. Auf solches Wecken sind wir auch noch allemal früh genug hinauskommen, eh der Schwall dagewesen, und daß wir geschwind haben können vorarbeiten.«

Das Handwerkerbett stand auf dem Dachboden, gerade unter dem Hammer; somit schienen wir vor der Gefahr des nächtlichen Ertrinkens im Schlafe gesichert zu sein.

»Eh weh, das Wasser«, bemerkte der Geselle Kragerl, »das hab ich ohnehin im Magen, daß ich's gar nicht sagen kann, und alleweil kommt's mir vor, die Wasserscheu wird noch einmal mein Tod sein.«

Eines Tages ging ihm der Tabak aus. Gegen Abend sagte er zu mir, daß er gehört habe, drüben im Holzmeisterhaus sei Tabak zu bekommen, und er wolle sich welchen holen. Ich erschrak unwillkürlich über dieses Vorhaben und bot mich an, ihm um die Lichtfeierzeit Tabak holen zu wollen. Er entgegnete, daß er diesen Dienst nicht annehmen könne, da er wisse, daß ich — ohnehin nur eine einzige Stunde des Tages frei habend — dieselbe gern mit dem Hausgesinde auf dem Anger oder in der Scheune zubringe;

zudem fühle er sich selbst durch das viele Sitzen so verkrümmt und eingetrocknet, daß ihm das kleine »Sprüngel« zum Holzmeisterhaus hinüber gar nicht schaden werde.

Solch doppeltem Beweggrund widerstand ich nicht. Der Wenzelaus ging und kehrte nicht zurück. Ich schlief dieselbige Nacht allein unter dem Hammer und schlief die folgende Nacht allein. Des Tages über nähte ich mit Fleiß, wurde aber von Stunde zu Stunde trübsinniger.

Man fragte, weswegen der Geselle nicht da sei? Ich teilte meine Vermutung mit und arbeitete. Man legte der Abwesenheit keine Bedeutung bei und überhäufte mich, den treulich Verharrenden, mit um so größeren Auszeichnungen. Sie ahnten nicht, daß diese Auszeichnungen für mich von Stunde zu Stunde drückender wurden; sie ehrten in mir den Vollendeten und ahnten nicht, wie nahe ich der Grenze meines Könnens stand. Das Zugeschnittene war fast aufgearbeitet; sollte ich es gestehen, daß ich noch Lehrling sei, der zum Zuschneiden weder berechtigt noch befähigt ist? Oder sollte ich gehen, den Wenzelaus zu holen? Aus Erfahrung wußte ich, daß dieses nicht tunlich sei. Einst, als mich der Meister geschickt hatte, den Gesellen aus dem Wirtshaus zu bringen, hatte mich der Mensch anfangs zwar mit Jubel empfangen und zu seiner Tränke treiben wollen, dann aber, als er mein Begehren hörte, mich derb davongejagt. Er wußte eben keinen Raum auf Erden, in welchem er sich als freier Mann, ja als Herr fühlen konnte als das Wirtshaus; und so war er im Zeichen des Weinzeigers ein rabiater Geselle. Demnach entschloß ich mich, wenn der Wenzelaus am Abend des zweiten Tages nicht komme, dem Herrn Arbeitgeber zu gestehen, daß ich mit der zugeschnittenen Arbeit fertig und somit »petschiert« wäre. Der Abend kam, der Wenzelaus nicht; so habe ich denn meine Mitteilung gemacht.

»Hu — hu!« stieß der Bauer unter der Alm hervor und machte ein saures Gesicht, »das ist rar.«

Ich machte wohl den Vorschlag, daß ich's versuchen wolle, irgendein Stück zuzuschneiden, wenn sich ein's wollt anmessen lassen.

»Ist halt eine z'widere Sach«, meinten sie alle, »von einem Lehrjungen was zuschneiden lassen; wenn der Loden verschnitten, der Janker vermacht wird — wer steht gut dafür?«

Was ich dazumal litt! Wie ich den Gesellen verfluchte, selbst meine eigene, unselige Existenz verwünschte!

Da war ein Mädchen im Haus, ein schon betagtes, welches meine innere Pein geahnt haben mußte.

»Wenn er keine andere Arbeit mehr hat, der jung Schneider«, sagte es, »ich bin froh, wenn er mir mein Jöppel anmißt und macht; wird schon recht werden, ein Faltl mehr oder eins weniger, da bin ich nicht so heikel.«

Wahrlich, in demselben Augenblick hatte ich dem Mädchen auch alle Fältchen verziehen, die auf seinem so wohlwollenden Gesichte tagten. Ich maß ihr das Jöppel an und verständigte mich mit ihr in schönen Ehren, in welcher Form, wie weit, wie lang sie das Ding haben wolle. Danach machte ich im Meßfaden meine Knöpfe, achtend darauf, daß ich später auch wisse, was jeder Knopf zu bedeuten habe. Denn möglich wäre es bei einem solchen Lehrling mit einem solchen Faden an einer solchen Joppe für einen solchen Kunden — daß das gottverlassenste Zeug zustande käme.

Dann nahm ich die große Meisterschere des Gesellen zur Hand und schnitt im Namen Gottes in den Loden.

Daß ich die nächste Nacht kaum ein Auge schloß, ist verständlich. Ich fühlte mich gedrückt und gehoben zugleich von der Wucht der Aufgabe, die ich auf mich genommen hatte. Die Teile waren geschnitten, das Los gefallen, aber morgen erst sollte es sich zeigen, in welcher Weise. Als ich endlich einschlummerte, hatte ich Traumbilder. Ich sah das Mädchen, das betagte, mit der neuen Joppe. Ein Ungeheuer war's. Dem reihten sich noch andere Bilder an, verschiedenen Gehaltes, das eine ängstigte mich, das andere versöhnte mich wieder. — Plötzlich hub es über meinem Haupte zu hämmern an, daß es hallte und schallte. Ich sprang auf und rief laut: »Leute, eilends, eilends! Das groß Wasser ist da!«

»Was hat denn heut der dalkerte Schneider?« sagten die Leute aus ihren Winkeln, »wie wird jetzt ein groß Wasser sein, ist ja draußen schöne, sternhelle Nacht!« Dieweilen hörten sie aber auch selbst das Hämmern und standen doch auf und gingen, um nachzusehen, was denn vom Poltern des Hammers auf dem Dach die Ursache sei.

Und haben diese Ursache auch gefunden.

Oben in der Wehr lag der Wenzelaus. Der hatte durch seinen Körper den gewöhnlichen Abfluß des Wassers verhindert und das Signalrad angerichtet. Und der gute Hammer auf dem Dach pochte nicht allein, wenn Wasser kommt, sondern auch wenn ein Schneider in den Bach fällt. Bald war der Schneider aus dem Wasser gezogen. Es war kein Leben in ihm. Der Bauer knetete ihm den Magen, rieb mit aller Gewalt an der Herzgrube, stellte ihn auf den Kopf, und das war dem Wenzelaus denn doch zu dumm. Er kam zu sich und war sehr erstaunt, daß er heute gleichwohl so viel Wasser getrunken habe. Mittlerweile war auch der Rausch, der ihn auf dem Heimweg in den Bach geworfen hatte, verflogen, und er ward allmählich wieder ein Schneidergeselle wie vor und eh.

Endlich war meine Joppe fertig geworden. Klopfenden Herzens half ich nach, als sie das Mädchen anprobierte; sie war geraten, nur über dem Busen war sie viel zu weit.

»Dafür kann der Schneider nichts«, sagte der Wenzelaus. Und mit diesem Worte hat er sich wieder meine Verzeihung, meinen Respekt und meine Liebe erworben.

Einer jener Tage

»Für mich *bin* ich schon aufgestanden. Gern möcht ich auch für dich aufstehen, Bub! Aber das tut's halt nicht!« Solche Worte hat die Mutter mir ins Bett hineingesagt, ins warme, trautsame Nest, wo die Heimat der Träume ist. Also schäme ich mich und stehe auf. Und esse die brotbebrockte Milchsuppe, und hänge mir die Seitentasche über die Achsel, und nehme die Elle als Stecken und das Bügeleisen als notwendige Zuwaag zum Schneidergewicht, und sage: »So, Mutter, jetzt geh ich!« und gehe davon.

Es ist der Abschied für eine Woche. Genügt da ein: »So, Mutter, jetzt geh ich?« Die Mutter segnet zurück: »Ja, so geh halt in Gottsnam!«

Und dann eine Stunde des Wanderns im Morgensonnenschein — der dusteren, mürfelnden Bauernstube zu, die mich festhalten wird vom Montagmorgen bis zum Samstagabend. Als ich eintrete in das Bauernhaus, wo wir die Ster machen sollen, ist es anfangs völlig finster; das Auge, noch voll Sonnenschein, gewöhnt sich erst nach und nach an den dunkeln Raum. Soviel sehe ich bald, der Lehrmeister ist schon da, hat auf dem Leuttisch den Loden aufgerollt und schneidet aus demselben menschliche Körperteile. Ich sage: »Guten Morgen, Meister!« Er antwortet nicht. Das ist der Schopfbeutler für den Lehrling, der um eine halbe Stunde zu lang geschlafen hat. Ich setze mich an den Tisch und packe das Werkzeug aus der Tasche. Schere, Pfriemen, Wichswachs, Nadelkissen, Fingerhut. Ich stemme die Knie, das ist der Haspel für den Zwirnsträhn, den ich auf den Knäuel wickle. Dann wirft mir der Meister schon die Hosenteile hin, die sachkundig zusammenzunähen sind. Er gibt mir absichtlich eine Arbeit, die ich schon kann, denn zum Unterweisen ist er heute nicht aufgelegt. Auch pfeift er kein lustiges Liedel wie sonst beim Zuschneiden, wenn ihn kein Kopfweh oder kein Lehrbub ärgert. Mir tut's ein wenig leid, weiß aber schließlich, daß weniger meine kleine Verspätung Ursache ist als der gestrige Sonntag, da der Meister sich gewiß wieder mit dem Seidel Schwefelwein einen Kopfwehtag gekauft hat. Die Bäuerin macht auf dem großen Herd Feuer für das Mittagmahl. Der Rauch bedeckt schon die Stubendecke, so daß es über uns wie ein Wolkenhimmel ist. Zeitweise, wenn etwa kämpfendes Hühnervieh den Raum durchflattert, wird der Rauch niederwärts gepeitscht und umflort unsere ohnehin trüben Gesichter, bis er allmählich bei einem Oberfensterl abziehen kann. Mitten aus diesen Nebeln eine singende Dirndlstimme: »Wenn der Frühling kommt, durch die Berge schaut, wenn der Schnee im Tal und auf den Höhen taut, wenn die Bächlein quellen und die Knösplein schwellen, ist des Lebens schönste, goldene Zeit.«

Des Lebens schönste, goldene Zeit! So hallt es von der süßen Stimme nach in der armen Seele des zwanzigjährigen Burschen. Sie, das Haustöchterlein, ist siebzehn — die so singt. Als der Rauch verdampft, sehe ich ihr Apfelgesichtlein mit den zwei Kirschen drin, die mich gerne anlachen und denen kein Rauch was schaden mag. »Des Lebens schönste, goldene Zeit!« — vor lauter Wonne steche ich mich unversehens in den Finger. Bald ist ein Blutströpflein da und schaut mich an, als wollte es schmerzlich ein wenig lächeln. »Des Lebens schönste, goldene Zeit...« Der Meister winkt mir mit den Augen gegen die Herdglut. Das Bügeleisen! Ich gehe und lege es ins Feuer; über die »schönste, goldene Zeit« vergesse ich des Stahles, und er ist rotglühend, als ich ihn endlich herausziehe. Der Meister stellt mir den Antrag, damit den Hinterteil meiner eigenen Hose am Leib ausbügeln zu wollen. Dieser Antrag, so unerhört er klingt, ist das erste Zeichen der Verzeihung. Wenn der Meister nur erst einmal den Mund auftut, das Weitere gibt sich. Ich steige zum Trog neben dem Herd und stoße das Bügeleisen ins kalte Wasser, daß es donnert wie eine Wolke im Gewitter. Dann bügle ich die fertiggestellte Hosennaht. Der Meister prüft dann, ob sie versengt ist, und schweigt. Das sagt soviel: Es ist in Ordnung.

Jetzt kommen die Leute ins Haus, der Bauer, die Buben, die Dirnen; wir räumen den Tisch ab, die Bäuerin deckt ein Rupfentuch drüber und holt aus der Lade das Eßzeug; der Bauer schneidet Suppenbrot in die Schüssel; dann gemeinsames Tischgebet. Hernach setzt sich alles zu uns um den Tisch — Mittagessen!

Gekocht wird gut. Die Bäuerin hat nicht Zeit, bloß nebenbei betreibt sie das Schmalzen und Sieden; das Weitere überläßt sie dem besten Koch. Der Hunger tut das Seine. Der Lehrling muß warten, bis alle anderen mit Löffeln oder Gabeln in die Schüssel gefahren sind, und muß aufhören, bevor der Meister Löffel oder Gabel weggelegt hat. Wenn der Meister Kopfweh hat, ist die Frist eine äußerst kurze. Um so stattlicher wird bei jedem Zug der Löffel gegupft oder die Gabel belastet. Die Zähne besorgen eilig nur das Allernotwendigste. Ein übriges hat der Mund beim Essen nicht zu tun, der Lehrbub hat zu schweigen; die Ohren spannt er auf, daran, was andere sprechen, hat er den Mitgenuß. Ob's regnen wird oder schön bleiben? Das dürre Heu. Der krummgewordene Ochs und das verlaufene Kalb. Das Unkraut im Habern (Hafer) und wieder das Heu. Der Kramer, der die Waage verbessert, indem er unter der Warenschale ein Blechblatt anlötet. Des Nachbars Jungmagd, die man schon eine Weile nicht mehr in der Kirche gesehen hat, weil ihr voran der Kittel zu kurz wird. Derlei wird bei Tisch besprochen, und dann allemal wieder das Heu!

In einer halben Stunde ist ein solcher Mund- und Ohrenschmaus vorüber, der Tisch wird abgeräumt, die Leute verziehen sich träge oder schleunig, je nachdem der Bauer scharf ist, und wir schneiden und nadeln und bügeln unsere Arbeit weiter.

Ich mag nach solchen Mahlzeiten nicht scheinen lassen, wie mir ist. Ich habe nach dem hastigen Schlingen allemal eine halbe Stunde Magenkrampf, doch bald ist wieder obenan die schöne, goldene Jugendzeit, die in keinem Rauchkobel erstickt, von keinem Magenkrampf erdrosselt werden kann. Dem Meister werden beim Nähen die Hände matt, und endlich bleiben sie sachte liegen auf seinem Knie. Der Kopf nickt nach vorne, ein kleiner Dusel ist gekommen. — Ich schau ihn an. Ein gutes Gesicht hat er, und Kopfweh hat er. Ich will recht ordentlich sein, und nicht wieder zu spät kommen, und nicht mehr das Bügeleisen braten lassen — will ein braver Bub sein ...

Ja, die Katz! Wenn die Katz nicht wär! Der große Hauskater. Er hat sich auf der Wandbank herbeigeschlichen, hockt hinter des Meisters Rücken mäuschenstill und leckt mit dem weichen Zünglein die Schnauze. Dann wendet er den dreieckigen Kopf und versucht mit linden Pfoten einen Aufstieg über den Buckel, bis er glücklich auf dem Nacken hockt und über den Glatzkopf auf mich herglurrt mit seinen grünlich funkelnden Augen. — Da ist's aus, ich kann's nicht mehr verhalten. Und wenn der Himmel einfallt, ich kann's nicht mehr verhalten. Hell aufkreischendes Lachen. Der Meister zuckt aus dem Schlaf und will brummen, da hüpft der Kater über sein erschrecktes Gesicht auf den Tisch herab.

Jetzt wird des Meisters gutes Gesicht anders, ganz anders als sonst. Langsam aufsteht er, und leise sagt er zu mir: »Na, hörst, Bub! Was du dir für Sachen derlaubst mit mir!« — Mein Lachen ist putzweg, und meine Beredsamkeit, die ich plötzlich spielen lassen muß, will kaum schlaunen (hinreichen), um den Meister zu überzeugen, wie unschuldig ich an dem respektlosen Kater bin.

»Also, was hast denn z' lachen?« ruft er. Doch noch ehe ich antworten kann, birst auch sein Gesicht, und wir lachen ein kräftiges Duett. Mit der flachen Hand über die Glatze fährt er sich, »so a Luader!« ruft er lachend. Der Kater ist fort, der andere vom Schwefelwein auch, mit ihm das Kopfweh, und der Meister plaudert wieder gemütlich, wie selten ein Meister mit seinem Lehrjungen plaudern wird. Mein Meister hat mir stets das Größte getan durch sein Schweigen. Überhaupt ist des Schneiders Strenge nicht arg gefährlich, wenn er auch hundertmal den Arm hebt, so läßt er ihn doch immer wieder sinken, um den Nadelstich zu machen und dann neuerdings auszuziehen.

Da kommt an diesem Nachmittag ein zweites außergewöhnliches Geschehnis. Der Bauer stolpert wieder in die Stube, den langstieligen Heurechen in der Hand, weil er sich nicht Zeit nahm, ihn vor der Tür an die Wand zu lehnen.

»Schneider, heunt müaßts außi, kann enk nit helf'n!«

Es ist indes kein Hinauswurf, es ist ein Gebitt. »Gras frißt der Hund, morgen regnet's«, spricht der Bauer. »Deutsch z' wenig Leut san uns zum Heu. Gehts, Schneider, tuats uns heunt helfn heuhebn, bitt *gar* schön!«

»Warum denn nicht?« sagt der Meister und steckt die Nadel ins Kissen, »kimm mit, Bua!«

Wie so eine Gnade plötzlich vom Himmel fallen kann! Jetzt in die sonnige Sommerluft hinaus, auf die Wiese, wo sich die anderen schon tummeln, um das hingebreitete Heu in Schöbern zu sammeln. Mit hölzernen Gabeln bewaffnet, machen wir mit, flinker als alle anderen. Nur eine, die Weiddirn mit den rundlichen Barfüßen, überholt uns mit ihrem Heuschübel und lacht dann übermütig auf uns her. Ich hasse sie. Ich zeige, wieviel Kraft noch in mir ist, so daß ich ein übriges tun kann, kopfüber in den Heuhaufen fahren, auf dem Kopf stehen und mit den Beinen strampeln, daß das dürre Gras nur so in Fetzen fliegt. Der Bauer lacht zuerst zum Spaß; das zweitemal zerrt er bloß das Gesicht zu einem Lächeln; das drittemal sagt er freundlich: »Na, g'scheiterweis, Schneider. Mir müassn firti wern heunt! Erst gehn ma no zum Halberabendhaltn (Vesperbrot).« — Die Bäuerin hat einen großen Topf mit Buttermilch und einen Laib Haferbrot herbeigebracht. Um diesen Schatz setzen wir uns zusammen aufs Heu und essen mit Hornbeinlöffeln gemeinsam aus der Schüssel. Diesmal brauche ich mein Löffeln nicht nach dem Meister zu richten; jetzt ist der Bauer mein Meister, und der ißt vielleicht länger? Leider auch nicht, es drängt ja das Heu. Arg schnell steht er auf und treibt zur Arbeit. Ich bin's zufrieden, habe nur noch ein Verlangen: dort die Weiddirn mit den molligen Barfüßen. Die schiebt just wieder mit dem Rechen eine Heuschichte vor sich her. An ihr harmlos vorübereilend, gebe ich ihr einen Stoß, daß sie ins Heu purzelt, und laufe davon. Das ist mir noch am Herzen gelegen, dann wieder zur Arbeit.

Zur Dämmerzeit sind alle Schöber gebaut. Der Bauer schaut himmelwärts, jetzt kann's regnen. Das tut's aber nicht. Über das Wechselgebirge hebt der Abend langsam die rote Mondesscheibe empor; wir streifen unsere Jacken an, nehmen Gabel und Rechen über die Achsel und gehen gruppenweise dem Hause zu. Voran die Dirnen, und die Kleine singt: »Das Landleben hat Gott geben, so heiter und froh, drum preisen die Weisen das Landleben hoch!« — Da wird mir bange. Das Landleben auf freier lichter Weite, ich hab's vertan. In den dunkeln Stuben und immer in den dunkeln Stuben! Dazu gleichgültig fürs Handwerk, als Schneider mägg mägg verhöhnt, den Kopf voll Narrheiten. Na, meinetwegen, es ist halt einmal so. —»Was soll denn aus dir eigentlich werden?« hatte der Meister, meine Ungeschicklichkeit im Handwerk milde tadelnd, oft gefragt. Das war meine geringste Sorge, ich dachte einfach nicht darüber nach. Ich hatte nie ein starkes Begehren nach irgend etwas Bestimmtem; wie der Zufall mich leitete, wie die Dinge mich schoben, so taumelte ich wegshin; es ist eine ganz unverdiente Gnade, daß ich nicht noch gründlicher verdorben bin. — Doch nun wieder zurück zu »des Lebens schönster, goldener Zeit!«

Zur Nadel setzen wir uns an diesem Heutage nicht mehr. Nach dem »Suppenessen« drängt der Meister ins Bett. Morgen früh muß die Zeit eingebracht werden, die der Handwerker heute dem Landmann geschenkt hat. Sehr ungern steige ich die finstere Stiege hinauf in die Dachkammer, wo wir unser Bett haben. Denn draußen in der Mondnacht, über den Anger her, klingt wieder das Glöcklein: »Wenn der Frühling kommt — — ist des Lebens schönste, goldene Zeit!« Dort auf der Bank vor dem Flachsstübel, in dem das Dirndlvolk seine Betten hat, hocken ihrer etliche und singen. Ich liege geduldig auf dem Strohsack und warte, bis der Meister schläft. Das ist schwer zu merken, denn der Meister hat nicht die Gewohnheit zu schnarchen. Wenn er aber anhebt mit dem Mund zu schnalzen und zu lallen, dann weiß ich, er schläft. Wenn der Meister im Traum verliebt ist, so kann's der Lehrjung' wachend sein. Leichtfüßig und leise springe ich aus dem Bett, schlüpfe in die Kleider, schleiche davon — hinab, hinaus, über den Anger zum Flachsstübel — und helfe den Dirndlein singen von des Lebens schönster, goldener Zeit. — Mittendrin sitze ich. Rechts das schlanke Haustöchterl, links die dralle Weiddirn. Und ist mir, als ob von dieser eine besondere Wärme ausginge. Hoch am Himmel über den schwarzen Zacken des Waldberges der runde weiße Mond. Er schaut uns zu. Wie viele tausend Liebesleute mag er beobachten zu dieser Stunde, aber er sagt nichts. Um die ganze Erdkugel trägt er sein Geheimnis. Wenn der Mensch sich nicht selber verriete! Bescheidentlich will ich versuchen, ob die Weiddirn unter der Iaxen (Achsel) nicht kitzlig ist — da kreischt sie hell auf. Das ist nichts. Auf einen Lärm kann man's nicht ankommen lassen. Ein Weilchen sitze ich noch da zwischen den Jungfrauen, dann sage ich sittsam »Gute Nacht!« und verziehe mich ins Haus. Es ist mühsam, über die steile Bodenstiege hinaufzukommen, ohne ein Gepolter zu verursachen. Aber es gelingt, vorsichtig lege ich die Hand an die Klinke der Kammertür. Und die geht nicht auf, der Meister hat sie von innen zugesperrt. Halb erschossen stehe ich da und sinne, was jetzt zu machen ist. Noch einmal die Klinke drücken. Dann klöpfeln. Dann halblaut rufen: »*Ich* bin's, Meister!« — Es hilft nichts. Der Meister scheint fest zu schlafen. »*Ich* bin's!« mein vernehmlicher Ruf das zweitemal.

Da sagt drinnen der Meister: »Freilich bist es. Wer hat dir denn derlaubt, außi z' gehn?«

»Will ja nit außi, will eini!« verbiege ich den Handel. »Meister, 's is kalt. Wann der Meister nit aufmacht, muß ich in das Flachsstübel übri.«

Das ist der richtige Sesamspruch. Von innen knackst das Schloß, die Tür gibt nach, bald bin ich unter der Decke und denke: Es ist gescheiter so.

Der Meister tut nicht dergleichen und schläft. Diesmal mache ich ihm's nach und kann's vielleicht besser als er. —

Am nächsten Frühmorgen hat er mich geweckt, wohl etwas

derber als die Mutter am Vortag. Im übrigen war er wieder die ruhige Freundlichkeit wie gewöhnlich, wenn er nicht Kopfwehtag oder wenn ich nicht eine besondere Torheit angestellt hatte. Und am Nachmittag, als wir ganz allein und friedsam in der dusteren Stube nähten und nähten, da sagte der Meister plötzlich: »Ich hab ja nix dagegen, daß du jung bist. Nur die Heimlichtuerei mag ich nit leiden.«

Diese Erlaubnis, jung sein zu dürfen, hat mich aber zur Stunde ziemlich gleichgültig gelassen. Der Meister mußte es wahrgenommen haben, wie ich mich nach vorne krümmte und ein Stöhnen unterdrückte. Auf sein Befragen gestand ich den Krampf im Eingeweide.

»Bauchzwicken?« sagte er. »Du schlingst auch das Essen so schnell hinunter. Das ist nit gesund.«

»Weil ich halt immer hungrig bin«, wagte ich leise zu gestehen.

»Ja, hungrig! Da hört eins nit allemal so früh auf.«

Nicht gleich antwortete ich, sondern nach einigem Bedenken, ob es gesagt werden dürfe, weshalb ich so schnell schlang. »Weil der Lehrbub nit so lang essen darf wie der Meister.«

Jetzt stellte er das Nähen ein und ließ die Hand zur halben Faust gekrümmt auf seinem Knie liegen. Lange und scharf schaute er mich an, um endlich zu knurren: »Wer hat dir denn das gesagt?«

Die ganzen Jahre hatte er mich nie so heftig ausgescholten als zu dieser Stunde. In aller Feierlichkeit versicherte er mir, daß ich unerhört dumm sei! Als ob ein junger Mensch im Wachsen nicht essen dürfe, solange es ihm schmeckt — wenn was da ist!

Und weg war mein Krampf. Nein, es war doch ein besonderer Tag. So froh bin ich gewesen über diesen Lehrmeister, der mir gestattete, tüchtig zu essen und jung zu sein.

Die Geschichte von der Wunderlampe

Ja, beim Kaufmann Haselbauer in Sankt Kathrein ging's uns freilich gut! Es war kein großer Kaufmann, aber Millikerzen, oder wie wir auf gut deutsch sagten: »Milchkerzen«, hatte er doch zur Auswahl. Bei den Bauern oben in den Bergen wurden wir für die langen Winterabende zumeist mit Spanlicht bedient; das war ein ehrliches, gesundes Licht, welches sich gegen ein landläufiges Kerzenfunzlein ausnahm wie eine rotwangige Bauerndirn gegen ein schwindsüchtiges Studierfräulein. Wenn wir aber bei solchen Unschlittschwänzlein, wovon sechzehn auf ein Pfund gingen, den ganzen langen Abend nadeln sollten, da sagte mein guter Meister wohl manchmal:

»Hausfrau! Wie dein Licht da, ist mir das Ewige Amperl in der Kathreinerkirchen lieber.«

Antwortete die Hausfrau: »Mein Model ist nicht größer«, denn sie goß die Kerzen selber.

»Den Docht nimm größer«, riet der Meister, aber da ging ihr zu viel Unschlitt dran.

Beim Kaufmann jedoch brannten wir Zehner oder gar Achter, heißt das, solche Kerzen, wovon zehn oder acht Stück ein Pfund ausmachten. Die gaben freilich einen fürnehmen Schein, wenn sie ordentlich »geschneuzt« wurden oder wenn kein »Rauber«, wie der niederhängende glimmende Docht hieß, das Fett wegfraß. Und die Millikerzen, die, wie unser Geselle Christian zu berichten wußte, aus »Elefantenmilli« gemacht wurden, gaben also selbstverständlich einen noch viel größeren Schein. Trotzdem besorgten wir alle feineren Arbeiten, als: steppen, knopflochpassepoilieren, stückeln und so weiter, beim lieben Tagesschein und verschoben die gröberen Sachen auf das Elefantenmillikerzenlicht.

Einmal nun im Advent, als wir beim Kaufmann arbeiteten und der Hausherr spätabends weit von Graz heimkehrte und uns um das matte Kerzenlicht kauern und lugen sah, blinzelte er uns an und sagte: »Na, Schneider, heut werd ich wohl brav sein!«

»So!« antwortete mein Meister.

»Weil ich für euch die Gas mit heimgebracht hab.«

»Fangst du auch an, Karl?« rief der Meister entrüstet, »dich hätt ich für gescheiter gehalten, als daß du mit dem dummen Spaß ehrsame Handwerker spotten könntest.«

»Geh, Meister, das ist ja nicht so!« beschwichtigte der Karl, »ich meine ja nicht die Gas, die der Mensch melken kann, ich meine die brennende Gas, wie sie in den Städten ist.«

»So redet man *deutsch*«, brummte mein Meister, »einesteils sagt man nicht die Gas, sondern die Geiß oder, was noch besser ist, die Ziege; und andersteils heißen die Stadtleute ihren brennenden Dunst *das* Gas. Bist einmal Schulmeister gewesen, Karl, und weißt das nicht!«

»Brumm nur, brumm, Schneider!« rief der Kaufmann lustig, »bis ich erst das neue Licht anzünde, wirst schon wieder gut werden, darauf wett ich.«

Und als die neuen Waren ausgepackt wurden, da kam denn eine stattliche Öllampe zum Vorschein und ein langes Rohr aus Glas dazu und ein grüner Papierschirm, und ein Zwilchstreifen und ein feuchtes Fäßlein.

»Was du für Sachen hast!« sagte der Meister.

»Das alles miteinander«, berichtete der Karl, »gehört zum neuen Licht, das aus Amerika gekommen ist — das Petrol*e*um. (Damals wurde die Betonung auf das zweite e gelegt.) Es brennt so hell wie der Tag. Wirst es schon sehen.«

Und er begann, die Lampe aus dem Fäßchen zu füllen und den »Zwilchstreifen« durch das glänzende Ding mit der eichelförmigen, sonderbar geschlitzten Messingkapsel zu ziehen. Dann setzte er die Bestandteile zusammen, zündete das hervorstehende Ende des Dochtstreifens an, stülpte das bauchige Glasrohr auf, daß wir meinten, so eng ums Feuer müsse es zerspringen — und nun sollten wir einmal sehen.

Und wir sahen es. Es war ein trübes Licht, das mit seinem schwarzen stinkenden Rauch alsogleich das ganze Glasrohr schwärzte und wir Schneider einstimmig: »Pfui Teufel!« riefen.

Der Karl drehte an dem feinen Schräublein den Docht weiter auf, da rauchte es noch mehr; er drehte ihn tiefer nieder, da wurde es finster, und wie wir zu lachen begannen, knurrte der Karl während seiner fieberhaft hastigen Versuche: »Na, mir scheint, dieser vertrackte Lampenhändler hat mich sauber angeschmiert! Aber ich hab's ja gesehen in der Stadt, wie das Zeug wunderschön brennt!«

»Probieren's einmal und tun das Glasröhrl weg«, meinte mein Meister, riß seine Finger aber mit einem hellen Auwehschrei vom heißen Zylinder zurück. Dem Karl gelang es, mit einem Lappen das Glas zu entfernen, nun war ein wüstes Qualmen, und das Millikerzenlicht daneben zuckte nicht ohne Schadenfreude hin und her.

Als wir mit der neuen Lampe noch allerlei versucht hatten und als die Stube endlich voll Rauch und Gestank geworden war, schalt der Karl dieser höllischen Flamme ein Schimpfwort zu und blies sie aus.

Die Kerze brannte mit stiller Würde fort, und der Meister sagte: »Ja, ja, die Ganzgescheiten heutzutag, bisweilen schmiert sie's halt doch an. Die alten Leut sind auch keine Esel gewesen.«

»Was ist denn das nachher für ein Öl, das Petroleum?« fragte jetzt der Geselle Christian.

»Das soll aus der Erden herausrinnen«, erklärte der Karl.

»Ja so!« rief der Geselle, »nachher wird's freilich nichts taugen, nachher ist's das helle Wasser.«

»Sei mir still, ich mag nichts mehr hören davon!« sagte der Karl und stellte die so vornehm dastehende und so untaugliche Lampe in den Winkel.

Nun vergingen zwei Tage. Da kam der Thomastag, und der Karl und mein Meister gingen frühmorgens in die Kirche zur Rorate. Der Christian war bereits für die nahen Feiertage auf Urlaub gegangen. So saß ich allein bei der Millikerze und schneiderte. Nun war aber eine im Hause, die vorhin im Stall die Kühe gemolken hatte und die sich nach dieser Arbeit auch an meinen Tisch setzte, um an ihr Christtagskleid ein seidenes Schleiflein zu nähen. Sie war siebzehn, ich war neunzehn, und da geht's ohne Übermut nicht ab.

»Was stellen wir jetzt an, Hannerl, weil wir so schön allein sind?« das war fürs erste meine bescheidene Anfrage.

»Ich weiß schon was«, antwortete sie, »weil wir so schön allein sind und die Leute alle in der Kirche sind und es noch eine Weile finster bleibt, so zünden wir jetzt die neue Lampe an.«

Wir stellten das Zeug mitten auf den Tisch, wir zündeten den Docht an, der aus der Messingkapsel hervorstand, stülpten das Glas darüber, und es war das trübe rußende Licht wie das erstemal. Doch war der Schein so hübsch rosenfarbig, daß er uns fast besser gefiel als das wässerige Kerzenlicht, welches ich denn auch auslöschte.

»Jetzt geben wir's nobel, jetzt haben wir ein Stadtlicht«, bemerkte das Mädchen, hastig nadelnd.

»Ja«, antwortete ich, »was machst denn du eigentlich da?« Und rückte ihr näher. Dabei fand ich, daß man die Lampe etwas mehr abdrehen könnte, um das Rußen zu vermindern. Ich tat's; die Hannerl hob vermittelst der Schürze das Glas, putzte den Docht und beklagte sich, daß sie zu ihrer Arbeit nicht genug sehe.

»Setz aus«, riet ich ihr, »mußt dir nicht die Augen verderben. Ich will dir was sagen, Hannerl.«

»Wenn's nur auch was Gescheites ist.«

»Dumm ist es nicht. Schau, Dirndl, wir haben jetzt schön Zeit, daß wir uns ein Bussel geben.«

»Ja, was nit noch!« brummte sie und nadelte an ihrer Schleife, ohne aufzublicken.

»'s ist ja zu finster!« sagte ich und dachte ans Nähen.

»'s ist ja zu licht«, flüsterte sie und dachte ans Küssen.

»Dem ist abzuhelfen«, meinte ich und drehte die Lampe noch

tiefer nieder, so daß der Docht ganz in die eichelförmige Messingspalte zurückging. Und jetzt war's licht. Anstatt dem Dunkel, das ich anstrebte, strahlte aus der Spalte eine breite, blendendweiße, rauchlose Flamme hervor. Beide erschraken wir vor dem hellen Schein, der auf Tisch und Wand und unseren Gesichtern lag.

»Das Licht!« riefen wir aus, »das Licht!« und haben vor Verwunderung alles andere vergessen.

So sind wir dem Geheimnis der Wunderlampe auf die Spur gekommen, daß man den Docht nicht in die freie Luft hinein stehen lassen, sondern ganz in die Messingspalte versenken müsse, wenn es brennen soll.

Als die Männer von der Kirche zurückkehrten und in der Stube die lichte Herrlichkeit sahen, rief der Karl freudig aus:

»Da haben wir's ja! Wer hat's denn zuweg gebracht?«

Unversehens zwei, die gern im Dunkeln gesessen wären.

Eine Herzensangelegenheit

In der Gaststube beim Hauensteiner saßen wir und nadelten.

»In die Joppen kommen voran fünf Busenknöpf!« ordnete der Meister an, denn ich hatte eben eine Samtjoppe für die Kellnerin in Arbeit.

»Meister!« wendete ich mit bescheiden leiser Stimme ein, »die Kellnerin möcht auch *sieben* Knöpf haben wie die Frau, hat sie gesagt.«

»Die Kellnerin kriegt *fünf* Knöpf!« wiederholte der Meister, »das wär noch schöner, wenn die Dienstleut sich jetzt auch schon so gewanden wollten wie die Herrenleut. Den Busen wattieren, das kannst tun, das haben die Gäst gern bei der Kellnerin. Aber nit so stark wie bei der Frau!«

Während ich solcherlei Weisungen auszuführen mich befleißigte, trat ein Gast in die Stube. Es war der Lebzelter (Lebkuchenbäcker) aus Krieglach, dessen alte Mutter mir manchmal Bücher lieh. Daher kannte ich ihn. Er setzte sich an einen Tisch, legte den Hut auf die Bank, trocknete sich mit dem roten Sacktuch die Stirn und sagte als Ansprache: »So, so, da gibt's Schneider!«

»Ja!« grüßte mein Meister gehobenen Tones.

»Ich tät wohl auch einmal einen Schneider brauchen«, sprach der Lebzelter.

»Ja!« antwortete der Meister. »Wann denn?«

»Ah, nit zum Gewandmachen«, lachte jener, »das kauf ich mir in Graz. Den *jungen* Schneider tät ich brauchen.«

»Den da?« Der Meister zeigte mit der Nadel auf mich.

»Der sollt mir halt so Sprüchlein machen, so Reimsprücheln für Lebzeltherzeln, wie sie die jungen Leut gern haben, die Buben und die Dirndln.« Und an mich gewendet: »Kannst es ja, hab ich gehört, das Gedichtelmachen.«

Ich schwieg und werde wahrscheinlich rot geworden sein, wenigstens war mir heiß an den Wangen. Ich schämte mich immer, wenn so was vor dem Meister gesagt wurde; die heimliche Kunst wollte ich ihm nicht wahrhaben, da er ohnehin gern behauptete, ich hätte andere Dummheiten im Kopf wie Hosen und Janker. Zwei- oder dreimal ließ ich den Lebzelter auf mich herbitten, insgeheim erwägend, daß ich ihm den Gefallen doch wohl würde tun müssen, weil seine Mutter mir ja die schönen Bücher lieh. So neigte ich endlich den Kopf, ich wolle die Sprüchlein schon machen.

Mittlerweile war meine Samtjoppe mit den fünf funkelnden Glasknöpflein fertig geworden. Ich wollte sie gleich an den Wandnagel hängen, aber mein Meister nahm sie mir aus der Hand, prüfenden Blickes. In der Busengegend griff er so ein Weilchen herum, dann schaute er mich an, und in seinem Aug' verkleinerten und verschärften sich die Sterne.

»Was hast denn *da* wieder gemacht?« sagte er halblaut. »Mit dir ist's wohl ein Kreuz! Den rechten Busen hast wattiert, den linken hast leer gelassen. Ein einseitiges Weibsbild! — Trenn auf wieder!«

Der Lebzelter konnte es gehört haben. Wenn ich jetzt untertauchen hätte können in die Tiefen der Ewigkeit! — »Wirst denn du *ganz* dumm!« redete der Meister in unerträglicher Gelassenheit weiter, »oder tust mir's zu Fleiß!«

Das stach mich. »Zu Fleiß nit, Meister!« Zum Weinen war mir vor Ärger über mich selber, als ich nun die linke Joppenseite auftrennte, um eine Lage Watte hineinzulegen und flachzuheften.

Der Meister sagte nichts mehr. Er war wortkarg, und *wenn* er sprach, klang es wieder gütig. —

Als der nächste Samstag-Feierabend kam, auf dem Heimweg ins Vaterhaus, warf ich den letzten Fetzen Leutegewand aus dem Köpfel, und das füllte sich mit Lebkuchenherzen-Poesie.

Auf hoher Alm, im grünen Wald,
da ist mein liebster Aufenthalt.

Bei Sonnenschein und Vogelsang
lebe froh und lebe lang!

Freue dich des Lebens
und meide die Sünd,
dann bist du nicht vergebens
ein Gotteskind.

Liebe und hasse zu rechter Zeit,
mäßig sei in allen Sachen,
das wird dich in der Ewigkeit
und auch auf Erden glücklich machen.

Mit solcherlei Dichtungen verfügte ich mich (im Tagebuch aus jener Zeit heißt es anstatt »ich ging« immer »ich verfügte mich«) am nächsten Tage nach Krieglach. Zuerst klopfte ich bei der alten Frau an und zeigte ihr die Verse. Da sagte sie: »Du bist doch ein braver, frommer Bub. Da will ich dir heute ein extra schönes Buch mitgeben!« Sie reichte mir wie gewöhnlich den Schlüssel zum Dachboden, wo die Bücher und alten Zeitschriften aufgehäuft lagen, aus denen ich mir Beliebiges hervorholen konnte.

»Auf der Wandstelle rechts von der Tür liegen die ›Stunden der Andacht‹, die darfst heut mitnehmen, weil du so schön dichten kannst.«

Hernach suchte ich den Lebzelter, der heute eine weiße Schürze um und ein grünes Käppchen auf hatte, denn er versorgte nebst der Lebzelterei auch noch eine Gastwirtschaft mit Wein und Met und »Mischkulanz«, in dem beides beisammen war, und bediente die Gäste. Er nahm mir die Sprüche schnell aus der Hand, er werde sie schon lesen, wenn er Zeit habe. »Jetzt san die Leut durstig!« — Das empfand ich als etwas formlos. Ich war ja auch durstig, aber weniger nach Mischkulanz als nach einem mit Sicherheit erwarteten Lob. Dann verfügte ich mich auf den Dachboden, und statt den Stunden der Andacht nahm ich den Till Eulenspiegel, den daumenlangen Hansel und die schöne Melusina mit.

Erst am nächstfolgenden Sonntag vernahm ich des Lebzelters Meinung über meine Verse.

»Das sollen Sprüche für Lebzeltherzen sein! Nein, Peterl, die schreib dir lieber in dein Schulbüchel, wenn du sie nit etwa dort herausgeschrieben hast. Die Lebzeltensprüchlein schauen ein bissel anders aus. Da guck einmal.«

Er zeigte mir mehrere, die auf Bildchen unter Liebespaaren standen. Es waren die Erzeugnisse der Lebzelter von Kindberg und Mürzzuschlag, seiner Konkurrenten. *Solche* wolle er, so ähnliche. Aber doch andere. Ich hätte ja das Zeug dazu, solle mir's nur hervorsuchen. »Weißt, von der Lieb muß die Red sein, vom Busselgeben und so. Weißt eh?«

Na, freilich wußte ich es. Ich hatte es nur besser machen wollen. Nun, wenn's bestellt wird, gut. Ein Schneider muß auch Schwimmhosen machen können.

Ein paar Wochen später steckte ich dem Lebzelter unter die weiße Schürze ein anderes Papier zu:

Nimm dies Herz, du kleine Süße,
es ist so süß wie deine Küsse.
Ich möchte dir sagen, wie lieb ich dich habe,
drum schenk ich dir, Liebste, die liebliche Gabe.

Dies Herz aus Mehl und Honig ist zum Essen,
mein Herz mit Fleisch und Blut, das ist zum Lieben,
das sollst du, feiner Schatz, mir nie vergessen,
drum hab ich es auf dieses Herz geschrieben.

Du, Büberl, bist mein,
und nur du ganz allein.
Und ich laß keinen andern
ins Herzkammerl ein.

Dein Äugerl, das leucht't,
und dein Göscherl, das lacht,
gelt, bist mir nit bös,
wann ich komm bei der Nacht.

Wenn ich dich *lieben* kunnt
alle Nacht *sieben* Stund,
wollt' ich den ganzen Tag
Buße tun.

Dann saß ich wieder wochenlang in Bauernhöfen herum, baute monumentale Lodenhosen und Janker, wölbte auch manche Weiberjoppe ohne Wattebedarf und verachtete mich ein wenig. Ich hatte etwas geschrieben, das ich eigentlich gar nicht meinte, etwas gesungen, wovon ich zurzeit noch blutwenig spürte. Ich fürchtete und hoffte, daß meine Verse Verwendung finden könnten.

Nach zwei oder drei Monaten brachte ein Kohlenfuhrmann in mein Vaterhaus ein Päcklein vom Lebzelthaus zu Krieglach. Wohl Bücher von der alten Frau? Für alle Fälle verfügte ich mich in die verschwiegene Strohkammer, um das Päckchen aufzumachen. Sechs Lebkuchenherzen mit farbigen Bildchen draufgeklebt. In einem goldenen Blumenkörbchen saß das Liebespaar und darunter je einer meiner Verse. Alle sechs angenommen. Sie lasen sich beinahe glatt, nur das mit dem kurzen Schluß? Es wurde mir finster vor den Augen, als ich's las. — Das zwang ich nicht, das zwang *mich*. —

Vom Lebzelter war eine Zeile dabei: »Sie gehen ab wie frische Semmeln.«

Später habe ich erfahren, daß die alte Lebzeltersfrau ihren Sohn gefragt hatte: »Du, von wem hast denn du diese sündhaften Liedeln jetzt auf den Lebzeltherzen?«

»Sie kennen ihn eh gut, Mutter, der sie gemacht hat.«

Als ich nachher wieder einmal um Bücher kam, beteuerte die alte Frau, sie hätte den Dachbodenschlüssel verlegt. —

Aber die sechs Lebzeltenherzen wollten trotz der zierlichen Bildchen mir kein Ersatz sein für das, was der versperrte Dachboden barg! Da kam mir der Gedanke, ich könnte diese Herzen ja irgendwie verwerten. Manchem herzlosen Dirndlein konnte man gelegentlich eins einhängen. Zum Exempel der Hauensteiner Kellnerin. Ich hatte ja mehrmals schon beobachtet, wie ihr über dem Busen mein Jöpplein saß mit den fünf funkelnden Glasknöpfen und den sanften Watteeinlagen. Ob man nicht noch weiter ausfüllen könnte? Ich merkte, wie mir allmählich das Interesse stieg an diesem Kleidungsstück. Plötzlich sprang ich hin und steckte ihr ein Herz in den Busen hinab. Sie schaute mich betroffen an, holte dann mit eigener Hand die Bescherung hervor, und als sie sah, daß es ein Lebkuchen war, biß sie drein und verzehrte ihn mitsamt meiner Dichtung. — Hernach lachte sie mich herzig an, und als ich dachte, jetzt kommt die Wirkung, legte sie den Arm um meinen Nacken und sagte ein wenig verschämt, sie hätte an mich ein kleines Gebitt.

»Gern, Dirndel!«

»Weißt, Schneiderbub, mein Franzel, der hat's gern. Möchtest nit so gut sein und mir ins Jöppel noch zwei Knöpfeln einnähen, daß ich sieben hätt wie die Frau Wirtin?«

Bis hierher ging meine Niedertracht, und hier hub der Stolz an. Würdevoll sprach ich: »Mein Meister will's nit, so tu ich's auch nit.« —

Ich vermute, daß auch alle anderen Herzen, die der Lebzelter etwa verkauft hatte, ähnlich erfolglos verlaufen sind. Jedenfalls ist der Ruhm jener Dichterwerke nicht auf unsere Zeit gekommen. Auch diese neue Auflage wird nicht viel machen.

Als ich meinen Lehrmeister nicht bestahl

Wenn am Jüngsten Tag darüber Rechenschaft gegeben werden muß, warum ich in meinen Schneiderlehrjahren so wenig gelernt habe, so wird sich mein Meister deswegen nicht zu melden brauchen. An ihm war keine Schuld. Er hatte weder ein Weib, das für die Küche bedient, noch ein Kind, das gewiegt, weder eine Kuh, die geweidet, noch eine Ziege, die gemolken werden mußte. Sollte das einzige Paar Stiefel, welches ich an den Sonnabenden für meinen Meister zu wichsen hatte, in die böse Waagschale fallen, so wollte ich mich eilends auf die gute setzen und rufen: Herr, wenn du auf mich Schneiderlehrling noch einiges Gewicht legst, so sei versichert, ich tat's in meiner freien Zeit, ich tat's aus freiem Willen, ich habe damit nichts versäumt!

Die Lehrmeister pflegten es wohl so einzurichten, daß der Lehrling nach seinen vollendeten drei Lehrjahren nicht als Meister, sondern als Geselle hervorgeht. Sie lehren ihn das Abc ihrer Kunst, aber das Wörterbilden lassen sie ihn selber erfinden. Ich kannte alle Buchstaben: ich verstand das Fadenmachen, das Nähen mit Vorderstichen, mit Hinterstichen, mit Überwindlingstichen, das Steppen, das Säumen, das Heften, das »Paspelieren«, das Locheinfassen, das Knopfeinhängen. Ich verstand das Lodenaufkrauen und das Bügeln, das Einlassen und das Ausschweifen, obwohl mir mein Meister in bezug auf letzteres einmal den Vorwurf machte, meine Hosen wären über dem Stiefelrist nicht ausschweifend genug. Kurz, ich machte alle Teile des Rockes, aber ich machte kaum einen ganzen Rock.

Das Zuschneiden betrieb mein Meister nach Papiermustern. Solche, welche in Form von Ärmlingen, Hinter-, Vorderteilen und so weiter geschnitten waren, legte er auf den ausgebreiteten Stoff, erweiterte oder verengte sie je nach Umständen mit Hilfe des Maßfadens, zeichnete sie mit der Kreide nach und schnitt sodann aus dem Stoff die Teile heraus. — Das ist sehr einfach und leicht, besonders für den, der's kann; mir jedoch hat einmal einer den

Spaß gesagt, ich hätte das Aufschneiden fortweg besser verstanden als das Zuschneiden. Solche Späße kosten per Elle einen Pfennig.

Der Meister übte seine Kunst stets vor meinen Augen aus, doch sagte er einmal, und zwar schon im ersten Jahr: »Wenn der Meister zuschneidet, so hat der Lehrjung auf seine Finger zu schauen, die Gesellen pfuschen den Meistern ja noch früh genug ins Handwerk. Zuschneiden ist Meisters Sache. *Mein* Lehrmeister hat mir's auch nicht gezeigt.«

Trotzdem habe ich bisweilen ein wenig auf des Meisters Zuschneidekunst gelugt, aber nicht so sehr ihrer Form als vielmehr ihres Inhaltes wegen; denn die Muster waren aus alten Zeitungen geschnitten, und noch heute erinnere ich mich deutlich an den Friedensschluß von Villafranca, der auf dem Schulterzwickel einer Weiberjoppe stand.

So kam es auch, daß ich einmal mit meiner Nadelspitze nach einem Rockschößlingszuschnitt hindeutete und sagte: »Das ist ein schlechtes Muster.« Der Meister blickte mich auf dieses Wort hin starr an. Ich wiederholte: »Das ist ein schlechtes Muster.«

Sagte endlich mein Meister: »Das wäre mir schon auch was Neues. Seit wann meistert der Lehrbub?« — Rasch unterbrach ich ihn: »Aber so schau der Meister doch, was da drauf steht! Die neue Gewerbefreiheit.«

»Du höllischer Wisch!« murmelte er endlich und machte sein schalkhaft-lustiges Gesicht dazu, »deswegen also straubten sich alle meine Rockschößeln auf wie ein Ferkelschwanz! Weil von dieser vertrackelten Gewerbefreiheit lauter Unglück kommt! Wart du, mich foppst nimmer!« Und das Muster war vernichtet.

Im zweiten Lehrjahr erzählte mir eines Nachmittags, da alle Leute draußen auf dem Feld waren und die liebe Sonne ihre Fenstertafel auf unseren Arbeitstisch legte, mein Lehrmeister von seinem Lehrmeister, der zu jener Zeit längst heimgegangen war.

»So viel kann ich dir nicht sein, Peter«, sagte er, »als mein Lehrmeister mir gewesen ist. Mir und anderen wohl auch. Zu seiner Zeit hat die Kathreiner Pfarr noch keinen angestellten Schulmeister gehabt; so hat mein Lehrmeister gesagt, wenn die Kinder alle Tag auf ein Stündlein zu ihm ins Stübel wollten kommen, er hätte beim Nähen wohl Zeit, daß er ihnen ein wenig Lesen, Schreiben und Rechnen beibringe, so viel er halt in seiner Einfalt selber verstünde. Da sind die Kinder von der Nachbarschaft in unser Häusel zusammengekommen, und mein Meister hat's allemal so eingerichtet, daß zur selben Stund nichts zuzuschneiden und nichts zu bügeln gewesen ist, so daß er beim ruhigen

Nähen sich mit den Kindern hat abgeben können. Ich seh ihn heute noch, den Meister mit seinem weißen Haar, wie er dasitzt und nadelt und dabei die Kinder unterrichtet. Und wie nach der Schul die Kleinen der Reih nach zu ihm hingehen und ihm ihre kleinen Hände geben und sagen: B'hüt Euch Gott und vergelt's Euch Gott! — Ja, Peter, das ist sein ganzes Schulgeld gewesen, und er hat kein anderes verlangt, hat sich selber noch schier bedankt bei den Kindern, daß sie so gern zu ihm gekommen sind und fleißig gelernt haben. Ich hab mein Lesen und Schreiben auch von ihm. Er hat mir alles getan, was er hat können, hat mir alles gegeben, was er hat gehabt, hat mir alles gelernt, was er hat gewußt. Nur eins nicht: Das Zuschneiden hat er mir nicht gezeigt; das ist nicht der Brauch, und man muß den Lehrling selber witzig werden lassen. Ich hab mich auch nicht lang besonnen, hab mir gedacht: ein tüchtiger Handwerker will ich werden, und in meinem zweiten Lehrjahr hab ich schon alle Muster von meinem Lehrmeister heimlich nachgeschnitten gehabt.«

Und schon an einem der nächsten Tage nach diesem Gespräch war es, daß mich mein Meister in jenem Haus bei einer vorgerichteten Arbeit allein ließ und auf eine andere Ster zog. Er nahm stets alles mit, was man zur Arbeit bedarf, diesmal aber vergaß er seine Muster, die er nach dem Zuschneiden auf das Winkelkastel gelegt hatte. Da lagen nun die Wertpapiere, auch unbeschnittene Bogen darunter, und ich, als ich sah, wie ich mit ihnen allein war, nahm sie, legte sie auf dem Tisch auseinander und begann — zu lesen, was auf dem Zeitungspapier stand. Freilich waren gerade die interessantesten Sachen mitten durchgeschnitten, aber ein halber Satz war mir lieber als gar keiner, und ich stükkelte ihn aus eigenem an. Wirklich fatal war mir das nur bei einem Attentat auf den König von Italien, dessen Ausgang mir bekannt geworden wäre, wenn man damals die Frauenmieder nicht so weit ausgeschnitten getragen hätte.

Kurz, ich benützte die Gelegenheit, und als später mein Lehrmeister wiederkam und die Muster in etwas verkehrter Ordnung zusammengelegt fand, schmunzelte er ein wenig.

Als ich aber im dritten Lehrjahr in Abwesenheit des Meisters für den kleinen Almjackelbuben ein Beinkleid derart verschnitt, daß es der alte, halbblinde Almjackel selber unternahm, vor meinen Augen das Höslein wieder auseinanderzutrennen, mich aber damit zu entschuldigen, daß er sagte: »Gott dem Herrn geraten nicht alle Leute und dem Schneider nicht alle Hosen«, da stellte mich denn mein Meister etwas unwirsch darüber zur Rede.

So redete ich denn und sagte, das Zuschneiden, das verstünde ich nicht.

»Warum verstehst das Zuschneiden nicht? Hosenmachen habe ich schon in meinem ersten Lehrjahr können.«

»Aber der Meister hat mir ja das Zuschneiden nicht gezeigt.«

Jetzt stützte er seinen Ellbogen aufs Knie, schaute mich mit einem säuerlichen Lächeln an und versetzte: »Also, auf das Zeigen wartest du? Armer Mensch, auf solche Art wirst du's nicht weit bringen.«

»Es ist halt eine harte Sach, das Zuschneiden«, meinte ich.

»Ja, *leicht* ist es nicht!« rief er. »Daß du's ohne Muster nicht zuweg bringst, kann ich mir denken.«

»Aber Muster, die habe ich nicht.«

Da sagte er: »Machst dir doch so gern mit Papier zu schaffen, warum hast du mir die Muster nicht nachgeschnitten?«

Auf diese Frage antwortete ich, daß ich keine Erlaubnis dazu gehabt hätte. Jetzt tat mein Meister einen schrillen Lacher. Nichts als einen Lacher, dann war er lange still. Er nadelte scharf, daß schier der Faden pfiff. Mir wurde unheimlich. Nach einer langen Weile hielt er mit großer Gelassenheit folgende Rede: »Ich habe meiner Tag allerlei Lehrjungen gehabt, brave und unbrave, gescheite und andere; aber so — so ehrlich wie du ist keiner gewesen. Der Riedelberger Zenz ist zur nachtschlafenden Stund aufgestanden und hat mir die Kleidermuster heimlich nachgeschnitten. Der kleine Simmerl hat sie mir kurzweg gestohlen; und am gescheitesten hat's noch der Tonel getrieben, der ist mit meinen Mustern abgefahren und hat mir falsche dafür zurückgelassen, mit Fleiß verschnittene Muster, daß ich alles Gewand hätt verschneidern sollen und er meine Kunden bekommen hätt. So ein Spitzbub da! Aber was willst machen? Jeder schaut, wie er obenauf kommt, und freuen muß es mich doch, wenn einer, der bei mir gelernt hat, ein tüchtiger Meister wird. 's ist eine recht schöne Sach um die Redlichkeit, Peter, aber gar viel Ehr werd ich mit dir nicht aufheben, das seh ich schon. Jetzt wartet er Woch um Woch auf das Freiwerden und hat seinem Lehrmeister noch kein Muster gestohlen.«

Sagte das, war zornrot im Gesicht und nadelte weiter.

Heilig habe ich mir zur selbigen Stunde vorgenommen, das Versäumte demnächst nachzuholen. Aber der Meister gab nun die Muster nicht mehr aus der Hand und bewahrte sie mit Sorgfalt in seiner braunen Ledertasche.

Viele Jahre später war's, als ich in den Bergen mit meinem alten

Lehrmeister einen Gedächtnistag beging. Es waren zwanzig Jahre verflossen, seitdem ich an jenem 5. Juli 1860 bei ihm in die Lehre eingestanden. Wir frischten mit gutem Naß allerlei Erinnerungen auf. Da gestand mir denn der Greis, er hätte mit mir manches Mal seine liebe Not gehabt, aber wahrhaft geärgert hätte ich ihn doch nur einmal, nämlich als ich ihm keine Muster gestohlen hatte.

Die Freisprechung und der ungarische Schneider

Als die drei Lehrjahre um waren, sagte mein Meister zu mir: »Nächst Erchtag (nächsten Dienstag) wirst frei!«

»Was wird denn da *sein?«* fragte ich, mich erinnernd an die großen Veranstaltungen, Gebräuche und Feierlichkeiten, die sonst bei einer Freisprechung von Lehrlingen stattgefunden hatten: ein neues Gewand, eine Prüfungsarbeit vor dem Richterstuhl der Innung, eine Predigt vom Lehrmeister, eine feierliche Erklärung und Aufnahme in den Gesellenverband, und Wirtshaus, viel Wirtshaus. Die Schneidergesellen haben ein großes Getue, wenn sie einen Neuen in ihre Mitte kriegen.

»Was wird denn da *sein?«* fragte ich, da der Tag nahte, ohne daß irgendwelche Anstalten getroffen wurden.

»Da wird gar nichts sein«, antwortete mein Lehrmeister. »Seit der Gewerbefreiheit ist das alles abgekommen. Heut ist *jeder* Meister, der Steuer zahlt, hat er was gelernt oder nicht. Alldeswegen gibt's heut Schuster und Schneider, daß es grad schwanzelt. Wenn einer auch nichts machen kann, wenn er den Leuten nur 's Maul machen kann. Der best Schwatzer ist heut der best Handwerker. Werden schon sehen, wohin das führt. — Was *dich* angeht, Peter, so braucht's nur, daß ich nächst Erchtag sag: Die drei Jahr sind aus — und du bist frei. Das Lehrstück schenk ich dir, willst aber eins ablegen, so geh heim und mach deinem Vater eine neue Joppen. Wird froh sein. Willst extra noch was, so kannst nach Birkfeld hinabgehen und dir vom alten Innungsvorstand — ich weiß gar nicht, wer's jetzt ist — den Freibrief ausstellen lassen; brauchst sonst gar nichts als meinen Namen und einen Gulden, den mußt du in die Lad zahlen. Willst ein Freiessen anstellen, so werden dir die Birkfelder Schneider gern dabei helfen; sie können recht passabel Gesundheit trinken — zahlen mußt du. Ja, mein Bub, ums Geld kann einer heut alles haben. Zu meiner Zeit war's anders; da ist nur der Fleiß und die Tüchtigkeit was wert gewesen.«

Nach diesen Worten sah ich ihm ins Gesicht, ob in demselben nicht etwa Spuren wären von einem Seitenstoß, der mir gegolten hätte; denn über meine Tüchtigkeit im Handwerk hatte sich weder er noch mein Gewissen bisher unumwunden ausgesprochen. Indes fuhr er fort:

»Daß dir jetzt das Loch in die Welt offen ist, das weißt. Nur um drei Wochen eher sagen tu mir's, wenn du dich fremd machen willst. Bleibst mir aber noch länger, so g'freut es mich und verhoff ich, daß wir trutz der vielen Herren Schneider, die ins Land 'kommen sind jetzund, schon noch Arbeit haben werden, allzwei. Bei mir hast die Wochen neunzig Kreuzer und kannst es mit der Zeit noch auf einen Gulden bringen. Wer mehr geben kann heutzutag, der zwickt's den Kunden ab. Ich tu, was recht ist.«

Und dieses Gespräch am Arbeitstisch war eigentlich die ganze Freisprechung. Des Meisters Wort hatte ich nun, aber den Gulden hatte ich nicht, und so ließ ich den Freibrief fahren. Wenn es in Birkfeld noch ein Schneiderinnungsamt gibt, so habe ich meinen Freibrief noch heute dort zugute. Ich möchte drum bitten.

Ich war freigesprochen, aber die Lehrjahre waren trotzdem für mich noch lange nicht aus. Ich hielt mich mit zwanzig Lebensjahren für fertig und ahnte nicht, wie unermeßlich viel ich in meinem Leben noch sollte lernen müssen.

Besiegelt wurde mein Eintritt in den Gesellenstand an einem der nächsten Sonntage im Wirtshaus mit Wein und Braten, vom Meister feierlich vorgesetzt, für mich bezahlt und von mir verzehrt. Am Abend desselben Tages auf meinem glückseligen Heimweg — denn glückselig war er in meinem Bewußtsein, daß an den Bauernhäusern, die am Wege standen, jetzt kein Schneiderlehrling vorbeiging, sondern ein »Gesell«, der mit anderen Gesellen offen du und du sein darf, und im Wirtshaus sitzen und Tabak rauchen und die Lehrbuben auslachen —, auf diesem glückseligen Heimweg schlug sich der Schneider Steff zu mir. Das war ein junges, glattes Männlein mit einem blühweißen Gesicht und einem dunkeln Schnurrbärtchen, ein Freund der Bäuerinnen und ein Ärgernis der alten hausgesessenen Meister. Er hatte sich einige Zeit zuvor in unserer Gegend angesiedelt und in seinem schlechten Deutsch — er war ein Ungar — wußte er den Leuten die Vorzüglichkeit und Billigkeit seiner Arbeiten woltern (hinreichend) klar und begreiflich zu machen. Das war der, den mein Lehrmeister mit dem »Schwatzer« gemeint und der uns letzt' Zeit aus dem Hintergrunde öfters das Leben versauert hatte. Der Steff rief mir jetzt einen so lustigen und kameradschaftlichen Gruß zu, als hätten wir seit Erschaffung der Welt miteinander aus einer Schüssel gegessen. Und doch mußte er so gut als ich wissen, daß wir bisher Feinde gewesen waren, denn mein und jedes alten braven Meisters Glaubensbekenntnis mußte lauten: Ein Gott im Himmel und *ein* Schneidermeister auf Erden!

Ich wäre nun in den tausend Schneiderwerkstätten dieser Erde daheim gewesen, fühlte aber so heiß für die Sache meines Lehrmeisters, daß mich ein Schlag auf sein Geschäft und auf seine Ehre tödlich verwunden konnte. Er selbst war in dieser Sache viel gleichgültiger als ich, und er sagte einmal: »Das Ärgern und das Prahlen hilft nichts. Brav und fleißig arbeiten. Die Leut werden es schon einsehen.«

Der ungarische Schneider schlug mir seine Hand lustig auf die Achsel und beglückwünschte mich, daß ich die harte Lehrzeit hinter mir hätte und nun mein eigener Herr wäre. Hierauf riet er mir, von dieser Eigenschaft auch Gebrauch zu machen und, wie tüchtig mein Lehrmeister auch sein möge, doch zu versuchen, auch einem anderen etwas abzulernen. Ein junger Mensch dürfe nicht hockenbleiben, und man lerne nie aus. Es sei auch nicht nötig, alsogleich in die Fremde zu laufen, es gebe auch daheim noch manch geschickten Mann, bei dem man sein Glück versuchen und sich vervollkommnen könne. Endlich lud er mich ein, daß ich bei ihm in Arbeit treten möge, und versprach mir allerlei Vorteile und einen Gulden Wochenlohn.

Ich antwortete kurzweg: »Das tue ich nicht. Mein Lehrmeister hat die Plag mit mir gehabt, so soll er jetzt einen braven Gesellen an mir haben.«

Schneider Steff setzte nun auseinander, wie die drei Lehrjahre lang genug wären, daß ein Lehrmeister Plag und Vorteil in denselben haben könne, und daß keiner seinen Lehrling freispreche, bevor er nicht zweifach für alle Mühe bezahlt wäre. Außerdem möge ich gelegentlich bei den Leuten auf dem Kirchplatz selber sehen, was für ein Unterschied sei zwischen seinen Hosen und denen meines Lehrmeisters. Er sei kein solcher, der etwa wegen Brotneids oder so was — aber das könne er dreist sagen, die Pantalons mache ihm keiner nach, keiner! Mein Lehrmeister am wenigsten.

Das war mir genug. Ich hatte seitlings gar nichts zu tun, aber ich bog vom Wege ab. Ich fühlte mich sehr verletzt und bestrebte mich am nächsten Tag, meinem Lehrmeister doppelte Liebe angedeihen zu lassen, zur Entschädigung für das Feindselige, das über ihn gesagt worden war und von dem er zum Glück nichts wußte.

Übrigens waren wir in diesen Tagen ein wenig pressiert. Wir arbeiteten auf der Ster beim Unterhefer und hätten gleichzeitig beim Stegbauern und beim Spreitzhofer arbeiten sollen. Dem Stegbauer hatte es der Meister schon an fünf Sonntagen auf dem Kirchweg versprochen: »Ja, du, 's ist wahr, du hast uns schon soviel lang nachgewartet, aber morgen — morgen kommen wir heilig; kannst dich verlassen.«

Und jedesmal war's heilig erlogen. Der Stegbauer wurde endlich ungeduldig und rief meinem Meister auf dem Kirchplatz und just vor dem Weihbrunnkessel zu: »Ihr verdankten (verdammten) Schneider! Ihr habts mich gefoppt genug. Jetzt nehm ich den Steff!«

Wir zwei werden vermutlich totenblaß geworden sein, und heut noch fühle ich es kalt über den Rücken laufen, wenn ich an den Eindruck denke, den die Worte: »Jetzt nehm ich den Steff!« in mir hervorgebracht hatten.

Mein Meister hatte dem Bauern nur noch entgegnet: »Wenn du meinst, daß dir der Krawat (Kroate) besser taugt — nimm ihn. Ist mir ganz lieb.« Und halb betäubt waren wir vom Platz getorkelt.

Das Stegbauernhaus, seit Menschengedenken dem Natz getreu, war verloren. Hingegen der Spreitzhofer, ein guter Freund und Musikantenbruder vom Meister — mein Meister blies in der Kirche die Trompete, der Spreitzhofer das Flügelhorn — war ohne Mühe noch zu halten, wenn wir ihm die letzten Tage dieser Woche ins Haus kommen konnten.

So arbeiteten wir beim Unterhefer spät in die Nacht hinein und gingen erst um elf Uhr zu Bett. Da war's am Dienstagabend, wir hatten schon ausgelöscht und ich auf dem Stroh meinen Leib versucht, ob er nach einem sechzehnstündigen Gekrümmtsein doch etwa noch in die Grade und in die Länge ginge, als wir an der Haustür ein heftiges Gepolter hörten. Bevor man sich noch unter die Decke retten konnte, wurden auch schon Stimmen gehört: »Die Patrull ist da!«

Jetzt krochen wir hervor. Die »Patrull« hat für einen ehrlichen Menschen nichts Schreckliches, sondern etwas sehr Beruhigendes, denn sie ist der Arm des Gesetzes. Anfangs ist sie bloß der Finger — und zwar der Zeigefinger. Da wird eines Tages dem Dorfrichter die Anzeige gemacht, es gebe allerlei Vagabunden und verdächtiges Gesindel in der Gegend. Eine Streifung und Säuberung tut not. — Die Mitglieder entlegener Landgemeinden sind ihre eigene Polizei, und wenn ein Teil ihrer Steuer »Sicherheitssteuer« heißt, so kommt der Name nicht etwa davon, daß der Staat durch diese Steuer die Sicherheit ihres Eigentums wahrt, sondern davon, daß sie *versichert* sein können: der Dieb kommt aus. Hingegen geht der Sicherheitswachmann hernach mit Nachdruck an die Verfolgung, er mißt die Dicke der Tür, durch welche eingebrochen worden ist, zählt die Sprossen der Leiter, über die der Dieb klettern mußte, untersucht das Stemmeisen, durch welches die Kasten gesprengt sind, läßt sich genau berichten, was entwendet wurde, läßt auch schätzen, wie hoch sich das Entwendete im Wert beläuft, schreibt all das sauber auf einen Bogen Papier, zündet sich eine Zigarre an und trägt den Bogen Papier ins Bezirksamt, wo selbiger in das Fach der Diebstähle gelegt wird.

Jeder Staatsbürger tut daher gut, seine Sicherheitssteuer zu zahlen und darauf zu achten, daß ihm nichts gestohlen wird. Darum stand in einer Nacht der Dorfrichter von Hauenstein aus seinem Bette auf und untersuchte zuerst sein eigen Haus und Hof. Da fand sich außer einigen Unregelmäßigkeiten in den Liegestätten des Gesindes nichts Verdächtiges vor. Dann ging der Richter zum Nachbarn, weckte den auf: »Geh mit, bettlerstreifen, 's tut not.« Sogleich wurde auch des Nachbarn Haus durchsucht, dann gingen die zwei miteinander, klopften an jedem Hause: »Die Patrull ist da!«, durchsuchten überall die Räume von oben bis unten und nahmen von jedem Hause für die weitere Streifung den Bauern und die Knechte mit. So wuchs die »Patrull« bald zu einem ansehnlichen Haufen, und so hatte sie nun auch an das Tor des Unterhefers gepocht.

»Der Unterhefer ist nicht daheim, ist auf den Ochsenhandel ausgegangen, und der Knecht liegt krank.« Diesen Bescheid rief mein Meister zum Fenster hinaus.

»Wer sagt's denn?« fragte der Dorfrichter.

»Der Schneider Natz.«

»So muß der Schneider Natz mit.«

»Mein Gesell kann gehen, ich bin gar nimmer jung.«

»Der Gesell muß auch mit.«

Es half uns nichts. Eine so feine warme Grube wir jeder in unserem Stroh uns gehöhlt hatten, wir mußten aufstehen und »streifen« gehen.

Im Unterheferhaus fand sich nichts, nicht einmal der kranke Knecht Michel, der in der Scheune sein Bett hatte. Neben diesem Bett standen zwei große Medizinflaschen, worauf zu lesen war:

»Alle Stund einen Eßlöffel voll.« Aber das Nest war leer und kalt, als hätte man seinen Inhaber schon hinausgetragen.

Ohne des Rätsels Lösung zu finden, zogen wir weiter zum nächsten Haus.

Hier fanden wir auf dem Heuboden eine Bettlerfamilie, deren Oberhaupt uns versicherte, daß es seit fünf und einem halben Jahr nichts mehr gestohlen habe. Die Leute wurden durch eine Abteilung der Patrull ins Gemeindehaus gebracht.

Beim Wallhofbauern sprang, als wir uns dem Hause näherten, aus dem Dachfenster ein Strolch, von dem der Wallhofbauer nicht wußte, wie er auf den Dachboden gekommen wäre.

»Den sperren wir nicht ein«, sagte der Dorfrichter.

»Warum nicht?« fragte ich entrüstet.

»Weil wir ihn nicht erwischen.«

Überall, wohin wir kamen, öffneten uns die Leute Tür und Tor, und mancher Hausvater überantwortete uns den Gast, welchen er über Nacht unter sein Dach genommen hatte. Wer einen guten Paß hatte, durfte sich wieder auf die Haut legen.

Manch anderer jedoch war sehr erstaunt über das zur nächtlichen Weile so plötzlich hereinbrechende Strafgericht. Einer von diesen sagte: »Saggra, ihr seids ärger als wie unsereiner. Wenn ich mir bei der Nacht in einem Haus schon was nehmen will, so geb ich Achting, daß ich die Leut nicht aus dem Schlaf schreck — weil das nicht gesund ist. Und ihr da, ihr fallts gleich über den nachtschlafenden Menschen her, schreits ihm ins Ohr, daß er die Frais kunnt kriegen, nehmts den ganzen Kerl mit und fragts nicht, ob er euch gehört. Das ist eine Gewalttätigkeit, meine Herren, gegen die ich mich sehr verwarne!«

Der Schmiedmeister von Hauenstein war unter uns, der erschrak, als er diese Stimme hörte, die bekannte Stimme. Einen ehemaligen Gesellen von ihm als Vagabunden zu finden!

In einem anderen Haus, in einem Bett der Futterkammer, an dessen Wand zu Häupten der süße Name Maria stand, fanden wir — den kranken Knecht Michel vom Unterhefer.

»Michel!« schrie der Dorfrichter, »du versäumst das Einnehmen. Alle Stund einen Eßlöffel voll!«

Der im Zustande üppigster Gesundheit so schmachvoll ertappte Kranke sprang mit einem Fluch aus dem Bett und davon. Der Richter hielt die Laterne über das Bett und sagte zu einem großen Knäuel, welcher unter der Decke lag: »Jetzt hast auch du ein' Fried.«

Als wir unser »Patrull ist da!« vor dem Spreitzhoferhause

riefen und der Bauer zum Fenster auf uns heraussah, wollte er nicht aufmachen.

»Mußt was Verdächtiges haben in deinem Haus!« bemerkte der Richter.

»Gewiß nicht. Von was Verdächtigem ist bei mir keine Red, darauf könnts euch verlassen.«

»So kannst uns um so leichter hineinlassen. Jedem wird heut das Haus durchsucht.«

»Ich bin der Spreitzhofer, und wenn ich sag, in meinem Haus gibt's nichts Verdächtiges, so wird's auch so sein. Ich bin ein ehrlicher Bauer, und aussuchen laß ich mich nicht.«

»Wie kommst mir denn vor, Spreitzhofer?« sagte der Richter, »bist sonst in so Sachen ja nicht selberhörig (schwerhörig). Wirst es doch nicht darauf ankommen lassen, daß wir die Tür aufbrechen.«

Da öffnete der Mann. Als wir ins Haus traten und er in der Dunkelheit den Tisch noch abgeräumt hatte, reichte ihm mein Meister die Hand: »Daß du mir ja nicht bös wirst, Spreitzhofer, aber es ist uns bisher frisch nicht möglich gewesen. Beim Unterhefer *müssen* wir fertigmachen voreh. Aber wir kommen dir noch in dieser Woche, die letzten Tage. Aber schon ganz gewiß!«

Der Bauer murmelte was und ging mit uns, die Stuben, Gelasse und Gemächer seines Hauses aufzusperren. Überall alles in Ordnung. Auf der Rückkehr sagte der Richter: »Da ist auch noch eine Tür, die hast uns nicht aufgemacht.«

»Hab den Schlüssel nicht bei der Hand«, antwortete der Spreitzhofer.

»So hol ihn, wir warten ja gern.«

»Haben ihm den Bart gebrochen, ist jetzt beim Schmied.«

»Bei mir hast keinen Schlüssel«, redete der Schmied drein. Jetzt bemerkte der Bauer, der bisher sein Auge immer auf mich und meinen Meister geheftet hatte, erst die Gegenwart des Schmiedes.

»Ja, ja, ja«, knurrte er, »mußt nit glauben, du wärst der einzige Schmied auf der Welt.«

»Teremtete! Draußen wos is für verdammtér Lärm!« rief innerhalb der geschlossenen Tür plötzlich eine Stimme. Die Männer blickten sich an. Mein Meister erblaßte, und ich wußte, warum.

Der Spreitzhofer machte die Tür auf, und was sahen wir?

Den ungarischen Schneider in der Unterhose.

»Meister Steffan!« rief der Richter. »Aber, Bauer, wesweg hast denn mit diesem braven Mann so heimlich getan?«

»Dumm genug«, sagte der Spreitzhofer mit einem ärgerlichen Seitenblick auf uns. »Aber man muß den Brotneid kennen.«

Jetzt trat mein Meister zum Bauern und fragte mit leiser, aber doch sehr nachdrücklicher Stimme: »Wie meinst du das, Spreitzhofer? Wenn es meinetwegen ist und du glaubst, daß du mich beleidigen wirst, weil du mich auf die Ster gebeten und einen andern genommen hast, so irrst du dich. Ist mir allemal eine Ehr gewesen in deinem Haus, aber darauf anstehn tu ich nicht. Du kannst dir Schneider nehmen, welchen du willst, und wenn du einen hast, den du der Patrull verheimlichen zu müssen glaubst, so geht das einen andern nichts an.«

Als ich diese herrlichen Worte des Meisters hörte, ging ein Wonnegefühl durch mein Herz. Der verhaßte Nebenbuhler einerseits und der abtrünnige Bauer anderseits hatten das Ihre.

Hierauf graute der Morgen, und die Patrull zerstreute sich. Wir gingen zum Unterhefer zurück. Am nächsten Abend, zwischen der Lichten, besuchte ich den kranken Knecht Michel in der Scheune. Er war wohl noch etwas blaß und erschöpft, aber Rekonvaleszent. Er schien keine Ahnung zu haben, daß ich von der nächtlichen Streifung etwas wisse. Als ich ihn fragte, wie er die Nächte zubringe, antwortete er, mißmutig die Achsel zuckend: »Schlaflos, schlaflos.«

Das Lehrstück

Den Bauern auf der breiten Eben hatten wir bloß um vierzehn Tage belogen. Wir hatten ihm unser Kommen für den »nächsten Montag« zugesagt, und zwei Wochen später stiegen wir wirklich über seine Schwelle.

Wir hörten schon von Büchsenschußweite aus dem Haus ein dumpfes Pochen, und als wir eintraten, sahen wir das Unheil. Im Stubenwinkel, wo sonst der Tisch gestanden und wir stets unsere Werkstatt aufgeschlagen hatten, war ein schreckbar großer Schragen, ein Gerüst mit vielen Stäben und Balken aufgerichtet, und in diesen Schragen unter allerlei Gefädel und Geschleier hatte sich ein Weber eingesponnen. Der alte Weber Schoffel.

»Wenn's so ist, Bauer, haben wir bei dir keinen Platz«, sagte der Meister. Der Bauer von der breiten Eben war höllisch verlegen und stotterte, wir hätten ihn halt überrumpelt; wer hätte denken können, daß die Schneider nicht länger »zugäben«, er hätt auf vier Wochen mindestens gerechnet, weil wir ihn sonst auch allemal so lang hätten sitzenlassen.

»Ist auch recht«, sagte der Meister, »so gehen wir halt wieder.«

»Ja, das wär 's Wahre!« rief der Bauer, »da kunnt ich nachher Jahr und Tag warten, und der Schulbub geht in seinem Gewand eh schon wie ein zerrissener Pudel um. Ihr bleibt fein da; den Tisch rucken wir zum anderen Fenster, und so werden Schneider und Weber in meiner Stuben nit zu eng haben. Ja, bitt Euch gar schön, Schneider.«

Der Weber Schoffel hatte mit seinem Geknarre nicht einen Augenblick eingehalten, und man sah ihm's wohl an, daß er nicht gewillt war, seine Herrschaft in der Stube aufzugeben.

Der Weber Schoffel, das war ein Saurer. Bei einem Handwerk aber, wo sich alleweil was knüpft, spannt, verwirrt und zerreißt, kann kein Menschenblut süß bleiben. Der Mann kaute fortweg an gedörrten Feigen, angeblich für die Brust, in Wahrheit jedenfalls, um sich das Leben ein wenig zu versüßen.

Kaum wir uns auf dem angewiesenen Platz einzurichten trachteten und der Meister unter dem Krachen des Webstuhles noch sagte: »Na, gesegne es Gott unseren Ohren!« — traten zur Tür zwei Schuster herein. Es war der alte Leitner aus dem Fischböckgraben, unter dem Spitznamen »der scheltend Schuster« bekannt, und sein Geselle.

Das war derselbig scheltend Schuster, der einmal solchergestalt in den Kirchbann getan worden sein soll, daß er für jeden Fluch, den er ausstieß, für kirchliche Zwecke einen Sechser opfern mußte, und der auf diese Weise einen Weihbrunnkessel für die Fischbacher Kirche zusammengeflucht hatte. Nun er alt wurde und ihm seine Mittel diese Passion nicht mehr zu erlauben schienen, beschied er sich mit Knurren und Zähneknirschen, und das tat er denn auch weidlich, als er jetzt in die Stube trat und in derselben in der einen Ecke den Weber und in der anderen die Schneider sah.

Als sich's aufklärte, wieso auch die Schuster gekommen, waren wir Schneider gerechtfertigt. Wenn uns der Bauer auf der breiten Eben den Vorwurf gemacht hatte, daß wir diesmal zu wenig lang gelogen, so mußte er an den Schustern erfahren, daß sie gar nicht gelogen. Sie waren am Tag zuvor, also am Sonntag, gebeten worden, sie hatten zugesagt auf »morgen«, und der Bauer glaubte nach vielfachen Erfahrungen dieses »morgen« getrost auf drei Wochen hinaus verlegen zu können.

Leder, Garn, Sauborsten und Schmer (Fett) waren allerdings in Bereitschaft, aber der Raum und der Essensvorrat für drei

Landplagen auf einmal?! — Die Bäuerin war keines Wortes mächtig; der Bauer aber behielt seinen Kopf und sagte mit fester Entschlossenheit: »Was stellen wir jetzt an?«

Vom Weber traf ihn ein giftiger, vom Schuster Leitner ein wütender, von meinem Meister ein wehmütiger Blick. Da tat sich der Schustergeselle hervor, ein junger Bursch mit schusterblassem Gesicht, aber dunkeln frischen Augen und einem schwarzen Schnurrbart. Er warf gleich sein Zeugtrühlein, das er über der Achsel vorn, und seinen Leistenknäuel, den er über der Achsel hinten getragen, auf den Boden hin, daß es knatterte, sogar den Weber überknatterte, warf seine Mütze und seinen Rock von sich, streifte die Hemdärmel auf und sagte: »Schneider und Weber kümmern uns nit. Diese alte Kisten (ungefüges Möbelstück) muß hinaus!« und legte seine Hand an das Ehebett der Bauernleute. Man stimmte bei, und nach wenigen Minuten war es entschieden, wo das ehrsame Ehepaar für die nächste Zeit schlafen würde: draußen im Vorhaus, unter den Stangen, wo die Hühner ihren Aufsitz haben. Und in der Stube, wo das Bett gestanden, schlugen die Schuster ihre Werkstatt auf. Sie dehnten aber ihre Botmäßigkeit weiter aus. An den Webstuhlbalken spannten sie die gegerbte Kuhhaut aus, um sie zu schwärzen; an der Wand just über meinem Haupte schlugen sie den Haken ein, an welchem der schöne Schustergeselle mit Pech und Handfleck den Garndraht zog, daß es nur so dröhnte und die ganze Wand erzitterte mitsamt den Schneidern, die daran saßen.

Wir wurden miteinander bald gut Freund, nur der Weber blieb eingesponnen und kam bloß hervorgekrochen, wenn einmal das Schiffchen dem Garn entlief und hinausflog in die Stube.

So ging's nun an, der Webstuhl knarrte, die Schuster pochten und hämmerten, wir Schneider bügelten, das Haus ächzte, und dem Bauern auf der breiten Eben sollen zur selben Zeit alle Ratten und Mäuse ausgewandert und seither nicht wieder zurückgekehrt sein.

Die Mahlzeit bewies, daß der Hof auf der breiten Eben einem dreifachen Angriff gerüstet war; sie wurde an unserem Schneidertisch eingenommen. Der Weber hatte seinen Durchziehfaden mit zum Tisch gezogen, so daß es spielte, als ob ein knurrender Kettenhund zum Trog gehe. Er schluckte fürs erste die gedörrte Feige hinab, alsogleich war sein Angesicht noch bitterer. Als die Knödel kamen, betupfte er den seinen auf dem Teller mehrmals mit der Gabel und sagte dann zu der mit dem Fleischtopf erscheinenden Hausfrau:

»Du, gelt, Bäuerin, den Taufschein hast nit vom Knödel da?«

»Wie meint das der Meister?« fragte das Weib bescheidentlich.

»Das Geburtsjahr von ihm tät ich gern wissen«, antwortete der Weber mit sanftmütiger Stimme. Die Hausfrau sprang in die Küche und war trostlos. Da beugte sich aber der schöne Schustergeselle vor und sagte: »Weber, das ist ein alter Spaß, sicherlich viel älter als die Knödel da, die sind gar nit so schlecht, daß man deswegen die Bäuerin kränken sollt. Daheim in deiner Keuschen (Hütte) wärst froh, Weber, wenn du solche Knödel hättest, wolltest nach keinem Geburtsjahr fragen, das weiß ich.«

Der alte Schoffel hatte für diese kecke Rede des Schustergesellen nichts als einen Blick der Verachtung, es war der letzte, den er auf den Burschen warf. Um so freundlicher sah ich den schönen Schuster an, er hatte mein Wort gesprochen; auch ich verteidigte die Knödel, und zwar am nachdrücklichsten dadurch, daß ich ihrer drei Stück verzehrte. Beim dritten schaute mir mein Meister schon ein wenig scharf auf den Teller; die Leute müßten rein glauben, ich hätt seit einer Woche nichts mehr gegessen.

Das Schwierigste kam erst gegen Abend. Die Bäuerin wagte sich nicht mehr in die Stube; der Bauer trat herein, ließ aber hinter sich die Tür offen, um im Falle es zur Flucht käme, ungehinderten Ausweg zu haben. Darauf teilte er mit, daß im Haus nur ein einziges Handwerkerbett sei, in welchem nicht mehr als zwei Mann Platz hätten.

In dem Augenblick blieb der Webstuhl stehen, die Schuster hörten auf, das Leder zu hämmern, und uns Schneidern erlahmte der Arm.

»Ich nicht, ich«, knurrte der Weber, »daß ich der Narr sein werde. Ich bin der erste im Haus gewesen, ich forder meine Liegestatt.« Und schob eine frische Feige in den Mund.

»Ich bin nit heikel«, sagte mein Meister, »bin leicht mit etwas zufrieden, aber ein gutes, reines Bett geht mir über alles.«

Der alte Schuster Leitner hieb jetzt mit doppelter Gewalt auf die Stiersohle und knirschte: »Das ist ganz höllisch in dem Haus.«

Jetzt tat der schöne Schustergeselle den Mund auf, er hatte milchweiße Zähne, und sagte: »Es bleibt nichts anderes übrig, wir müssen Sauborsten ziehen. Unser sind drei Parteien; brauchen wir zwei kurze und eine lange; die lange hat das Bett.«

Was geschah? Er nahm drei »schweinerne Nadeln« zwischen die Finger — ich zog für uns Schneider, und zog die lange!

»Soll ich alter Mann etwa unter dem Webstuhl schlafen?« fragte der Weber und kaute mit Macht.

»Gar nit, gar nit«, besänftigte der Bauer, »wer im Bett nit Platz haben sollt, für den hätten wir schon ein frisches Stroh draußen im G'schoß; liegen sommerszeit auch die Dienstleut im Nebeng'schoß, ist ihnen lieber, sagen sie, als wie in der dunstigen Stube. Ist eh wahr auch.«

»Ist mir auch noch nit vorkommen«, brummte der Schuster Leitner, »daß die Lehrbuben im Bett liegen und die Meister auf dem Stroh.«

Darauf sagte mein Meister: »Mein Peter da, das ist kein Lehrbub mehr, im vorigen Monat hab ich ihn freigesagt.«

»Hab nichts gehört davon«, versetzte der Schuster, dann stand er auf und sagte: »Ist er bei der Innung gewest? He? Hat er in die Lad gezahlt? Haben ihm Meister und Gesellen ein Willkomm gebracht? Hat er getrunken mit bedeckter Schulter und unbedecktem Haupt, mit stehendem Fuß ohne Zucken und Rucken, ohne Bartwischen? *Hat* noch gar keinen, der Lecker. Weiß er den Gesellenspruch, als: Seid züchtig vor Vater und Mutter, vor Schwester und Bruder, wo Ihr gehet und stehet, und in dem Meisterhaus. Kömmt keine Klag, so ist keine Straf, das Gebot ist aus. — Weiß er das? Hat er ein Lehrstuck gemacht? He?«

Auf das verteidigte mich mein Meister: »Wirst wohl wissen, Nachbar, daß seit der Freiheit der alte Brauch nit mehr not ist. Der Peter hat nit getrunken, aber das Lehrstuck hat er gemacht. Seinem Vater eine neue Joppen mit grünen Aufschlägen und Schößeln — ist genug für einen dreijährigen Lehrbuben.«

»Dem Lenz seine neue Schößeljoppen?« rief der Schuster und tat einen lauten Lacher. Mir ging der Lacher tief ins Mark, denn ich war mir wohl bewußt, woran die Joppe litt.

»Ich brauch kein Bett«, sagte ich, »ich lieg auf dem Stroh!«

Mein Meister rief scharf gegen den Schuster hin: »Über meinen Gesellen seine Arbeit hat niemand zu lachen.«

»Ja, wohl gewiß nit«, war die Antwort, »und er selber am wenigsten. Das ist ein Lugendichter und Leutausrichter!«

»Ich lieg auf dem Stroh!« rief ich.

»Beweis was, Schuster Leitner«, forderte ihn mein Meister auf.

»Oh, recht gern. Hat er's nit ausg'sprengt, der Lump, daß ich, der ehrliche Schuhmachermeister, den neuen Weihbrunnkessel in der Fischbacher Kirchen zusammengescholten hätt!«

»Ich schlaf auf dem Stroh!« schrie ich laut.

Der Schuster hieb schreckbar wild auf das Leder ein.

Bald darauf kam die Dämmerung, wir schlossen das Tagwerk, und ich ging hinaus unter die Bäume. Ich sah die lustigen Burschen und die heiteren Mädchen vom Feld heimkehren, da vergaß ich bald auf die Kränkung, die wir uns angetan hatten. Und nun fügte sich's, daß mich eine halbe Stunde später der Schuster Leitner beim Rockkragen in die Stube führte.

»Da, da hast ihn!« knurrte er und schob mich vor meinen Meister hin, »jetzt hab ich ihn einmal erwischt dabei, da draußen im Schachen, deinen sauberen Gesellen.«

»Was hat er denn angestellt?« fragte mein Meister.

»Frag ihn nur selber, untersuch ihn, wirst es schon finden! Wirst es schon finden!«

»Ich mach ja kein Geheimnis daraus«, sagte ich und übergab meinem Meister ein Notizbüchlein, »da hab ich was hineingeschrieben.«

»Gegen den Schustermeister?« fragte mich der Meister.

»Gegen den nichts, und Schlechtes ist's auch nichts«, sagte ich, »mir ist's nur so eingefallen, und ich hab's nicht bei der Arbeit gemacht. Wenn's dem Meister nicht recht sein sollt, so kann ich's für ein andermal ja lassen.«

»Ich verlang, daß du mir's vorliest!« befahl mein Meister.

»Ich nicht, ich les das nicht«, rief ich, »wenn's der Meister selber lesen will.«

»Mir ist's schon zu finster. Hat einer gute Augen?«

War der schöne Schustergesell da, er hätte gute Augen.

»So lies das Zeug vor«, sagte mein Meister, »will ich doch wissen, was mir der Bub hinter meinem Rucken zu kritzeln hat. — Halt, Peter, nichts davongeschlichen jetzt, du bleibst da!«

Der schöne Schuster legte seine Finger an ein schlecht geschriebenes Wort und fragte mich: »Was soll das heißen?«

»Das muß Höll heißen«, antwortete ich mit Fassung.

»Von der Höll ist's was«, murmelte der Weber, »nachher kann's nit viel Gottloses sein.«

»Na, fang an!« brummte der Schuster Leitner; sein Geselle tat einen erzwungenen Huster und begann:

I bin jüngst verwichn
hin zan Pforra g'schlichn:
»Därf i 's Dirndl liabn?«
»Untasteh di nit, ba meiner Seel,
wann du 's Dirndl liabst, so kummst in d' Höll.«

»Ist recht brav das, recht brav!« machte der Weber und wendete seine Feige. Der Schuster fuhr fort:

Bin i vul Valonga
zu da Muada gonga:
»Därf i 's Dirndl liabn?«
»Oh, mei Kind«, sagt sie, »es is no z' frua,
Dirndl gernhobn, loß da Zeit dazua.«

War in großn Nötn,
hon in Vodan 'betn:
»Därf i's Dirndl liabn?«
»Dunners Schlangl?« schreit er in sein Zurn.
»Willst mein Steckn kostn, konnst es tuan.«

Wos is onzufonga?
Bin zan Herrgott gonga:
»Därf i 's Dirndl liabn?«
»Ei jo freili«, sogt er und hot g'locht,
»wegn an Büaberl hon i 's Dirndl g'mocht!«

Der schöne Schuster hatte zu Ende gelesen, alles schwieg, und sie lugten ganz wunderlich drein und blinzelten; aber mein Meister sagte nach einer Weile zu mir: »Wo hast denn du das her?«

»Das hab ich gar nirgends her«, antwortete ich, »das hab ich mir nur so z'sammdenkt.«

»O du Lump, du!« riefen sie jetzt aus, »was das für ein Spitzbub ist, ein heimlicher! Man sieht ihm's gar nit an.«

Mein Meister nahm mich beiseite und sagte: »Peter, da muß ich schon ein ernstes Wort mit dir reden. Ich hab's nit gern, wenn du so lüderliche G'sangeln schreibst. So was wird gleich weitergetragen, und auf ja und nein weiß der Pfarrer davon. Deswegen, ich sag dir's in Güte: reiß das Blattl heraus und verbrenn's, aber« — setzte er leise hinzu — »abschreiben laß mir's früher.«

Der schöne Schuster machte hierauf folgenden Vorschlag: »Die Meister sollen im Bett schlafen, so gehört sich's; haben schon Platz, all drei, ist keiner gar groß. Ich und der jung Schneider gehen aufs Stroh.«

Und so wurde es.

Aufs Stroh schien durch eine Dachluke der Mond herein, den ruf ich zum Zeugen. Im Augenblick, wo ich just einschlafen will, legt mein schöner Schustergesell die Hand auf mich herüber und sagt: »Liegst gut?«

»Ja«, sag ich, »liegst du auch gut?«

»Das schon«, sagt er, »aber schlafen kann ich nit. Weißt, ich muß alleweil dran denken.«

»An was mußt denken, Schuster?«

»Schneider«, sagt er, »du bist ein höllisch gescheiter Mensch.«

»Wenn du hänseln willst, Schuster, so geh auf ein anderes Stroh, ich will schlafen.«

Da springt er empor und gerade auf mich her und sagt: »Du, Schneider, wenn du glaubst, daß es Schimpf ist, was ich dir gesagt hab, so bist ein Esel! Geh her und schau um und nenn mir einen, der so ein Gedichtetes zuweg bringt! Mußt nit bös sein, Schneider, ich versteh in deinem Handwerk nit viel, aber nach dem, wie ich deinem Vater seine neue Joppen betracht, kann ich dir sagen: Schneider wirst du nit der beste. Dein Liedl — wenn du willst, ich sing's gleich — dein Liedl, *das* ist ein Lehrstück! Du, denk drauf, da beim Bauern auf der breiten Eben im Haferstroh hat's dir ein Schuster gesagt: Du bleibst nit Schneider. Du kommst in die Stadt und wirst was; du wirst ein Buchbinder! Paß auf, du wirst noch ein Buchbinder!«

»Hat dir denn mein Gedichtetes so gut gefallen?« frag ich.

»Sag dir nur soviel: Den Ausgang davon schreib ich der Meinigen. Der greift an. Wirst ihn gewiß auch der Deinigen schicken.«

»Hab mir noch keine ausgesucht.«

»Hast keine!« ruft er, »und wegen was schreibst nachher so Sachen auf?«

»Weil sie mir grad einfallen, und jetzt laß mich schlafen.«

Der schöne Schustergeselle sagte nichts mehr weiter, stand aber leise auf und schlich davon. — Am nächsten Morgen, als durch die Dachluke der glutrote Sonnenstrahl hereinfiel, lag mein Schuster mit nassen Stiefeln im Stroh. Ich weckte ihn mit Mühe und fragte, wo er in der Nacht gewesen sei?

Er rieb die Augen, kraute sich die Strohsplitterchen vom Haar und sagte: »Ei ja so, *das* meinst. Na, weißt, dein Gedichtet's hab ich probiert.«

»Ist's was nutz?«

»Für ein Lehrstück passiert's (geht es an).«

In der Weihnachtswoche des Jahres 1864 hatten wir, mein Meister und ich, weit drinnen in einem Grabenhäusel der St. Kathreinpfarre auf der Ster gearbeitet, um den armen Leuten, die schon seit Michaeli her in ihrem Linnengewand froren, endlich für den Winter neue Lodenkleider zu machen. Es hatte die Tage arg geschneit und gestürmt, so daß ich insgeheim schon in großer Angst war, wir wären eingeweiht und würden über die Feiertage in der ödweiligen, rauchenden Hütte verbleiben müssen. Schrecklicheres als das hätte ich mir nicht denken können; meine Hoffnung und Sehnsucht das Jahr über waren die lieben Weihnachten mit ihrer Weihe im Heimathaus, mit ihrer Glorie in der Kirche, mit ihrem Festmahl und mit ihrer hübschen Reihe von Feiertagen. Da konnte ich bei meinen Büchern, Schriften und Zeichnungen sein. Ich konnte mir nun Schreibzeug kaufen, denn so außerordentlich hatte sich meine Lage gebessert, seit es Wochenlohn gab.

Es standen fröhliche Weihnachten bevor, und ich machte mir an den langen Winterabenden bei Nadel und Zwirn im stillen manchen Plan für Erzählungen, Gedichte, Dramen und so weiter, die ich in den Feiertagen beim Ofen und bei der Fackel daheim ausarbeiten wollte.

Und wenn wir dann spät um zehn oder gar um elf Uhr — bei dringender Arbeit vor Festtagen mußten wir stets tief in die Nacht hinein fleißig sein — aufs Stroh gingen, das uns die Bäuerin auf dem Fußboden in der Stube nahe an unserem Arbeitstisch ausgebreitet hatte, betete ich, daß die Witterung sich zum Guten wende.

Ein frischer Wind, ein heiterer Himmel, gute trockene Kälte, hie und da ein Schneeschaufler — so war der Heilige Abend. Mittags um elf Uhr sagte der Meister: »So, jetzt machen wir Feierabend.« Ich zog die Fäden aus den Nadeln, steckte die Nadeln in das Kissen und das Kissen in das Ränzel: die Schere, den Pfriemen, den Fingerhut dazu, fröhlich pfeifend, wie allemal zur Feierabendzeit — wie hätte ich wissen können, daß es das letztemal war?

Mein Meister sagte noch die Worte: »Na, wie oft hab ich dir schon gepredigt, daß man den Faden nicht aus dem Öhr zieht, wenn man einpackt — der gehört dem Schneider, und das Jahr über macht's einen Strähn. Bist auch just keiner, der seine Sach wegzuwerfen hat.«

Ein lieb- und sorgenreiches Wort. Ich weiß nicht mehr, ob ich den Faden noch mitgenommen habe. Die Bäuerin brachte die heiße Milchsuppe und den überzuckerten Semmelkuchen, dann kam der Bauer, zahlte dem Meister den Arbeitslohn und der Meister mir den Wochensold aus, dann sagten wir gegenseitig »Vergelt's Gott!« und »Bedank mich fleißig« und »Glückselige Feiertage!« und gingen davon. Mein Meister ging in seinem Pelzspenzer und mit dem Tuchkäpplein auf den grauenden Haaren gegen Hauenstein hinab; ich eilte meinem Alpl zu.

Um vier Uhr war ich daheim und stieg mit den schlanken Beinen hoch über meine Schwester hin, die eben an der Türschwelle kauerte, um den Rest des Fußbodens zu scheuern. Auf dem Herd war ein wütiges Prasseln, meine Mutter schmorte vom geschlachteten Schwein das Fett aus. Mein Vater — ich kannte ihn schon an seinem langsamen, gelassenen Auftreten — ging oben auf dem Überboden herum, vielleicht um die Festtagskleider zu holen oder den Weihrauch für das an diesem Abend gebräuchliche Räuchern im Hofe.

»Bist da?« sagte meine Mutter mit ihrem vom Feuer geröteten Gesicht.

»Ja«, antwortete ich in fröhlich singendem Ton.

»So geh zum Ofen und tu die Schuh aus; ich hab dir die Patschen schon hingestellt. Bist hungrig?«

»Nein«, sagte ich. — Das waren zur Winterszeit immer die ersten Worte, die zwischen mir Heimkehrenden und der Mutter gewechselt wurden.

In der Stubenecke stand ein kleiner Winkelkasten, dem ging ich zuerst zu: es waren meine Bücher und Schriften drin. Nun die vielen Feiertage da waren, sollte das wieder ein Leben werden! —

Aber die Feiertage sind mir in diesem Jahr für meine Arbeiten nicht gedeihsam gewesen. Fast plötzlich begann es zu geschehen. Kaum hatte draußen das Schmoren ein Ende, so kam meine Mutter in die Stube, schaute ein paarmal zum Fenster hinaus, was sie immer tat, wenn ihr irgend etwas anlag. »Du, Bub«, sagte sie endlich, »weißt es schon?«

Ich sah sie an. Wenn sie mit den Worten: Weißt es schon? etwas einleitete, so konnte man stets auf was gefaßt sein, das man noch *nicht* wußte.

»Du sollst morgen nach Krieglach hinabgehen«, redete die Mutter weiter, »auf der Post sollen allerhand Briefe und Sachen für dich dasein. Der Knittler Kohlenführer hat es uns wissen lassen. Er kriegt's nicht mit, weil auch was zu unterschreiben ist.«

»Briefe? Auf der Post?« Alle Geister waren in mir aufgeregt.

Aber die Mutter ging so ein paarmal durch die Stube und guckte wiederholt zum Fenster hinaus. Es kam noch was nach.

»Und in der Neu-Zeitung sollst auch stehen«, sagte sie plötzlich.

»Wer? Ich? In der Zeitung? Wer hat denn das gesagt?«

»Der Kohlenführer hat's gesagt. In Krieglach täten die Leut seit etlichen Tagen nichts reden als von dir. Weiß selber nicht, was das bedeuten soll.«

Meine Ruh war hin.

Nicht erst morgen. *Sofort* zog ich mein Sonntagsgewand an, ließ mir die Stallaterne herrichten, die seit Jahr und Tag auf einer Seite die zerbrochene Scheibe hatte, und machte mich auf den Weg nach Krieglach. Die Nacht war dunkel, der Pfad im Schnee schmal und löcherig. Dennoch hatte ich soviel Sammlung, unterwegs an all die mutmaßlichen Ursachen zu denken, welche denn die »vielen Briefe und Sachen« für mich gebracht haben konnten. Vom Zeitungsherrn, dem ich durch den Firmpaten meine Schriften zutragen ließ?

Das konnte wohl *einen* Brief geben; aber viele? Ich hatte keine Bekannten in der weiten Welt; was soll's denn sein?

Um elf Uhr nachts, als sie schon das erstemal zur Mette läuteten, kam ich in Krieglach an. Fenster und Türen der Postkanzlei waren mit Eisenläden fest verschlossen. Wenn ich warten mußte in meiner Aufregung bis zum lichten Morgen, was konnte das für eine Nacht werden?

Als der mitternächtige Gottesdienst anhub, ging ich in die Kirche. Ich sah die Kerzenflammen, die mich sonst so sehr entzückt, das erstemal nicht mehr! — ich hörte die Krippenlieder nicht. Ich betete, daß mich Gott den Morgen möchte erleben lassen.

Nach dem Gottesdienst nahm mich ein Bekannter, der beim Lebzelter Pferdeknecht war, mit in den Stall und teilte mir mit, daß er gestern im Gastzimmer an drei Tischen von mir sprechen gehört habe, jedoch nicht klug geworden wäre, ob's eine Ehrensache gewesen oder eine andere. Der Schleiferbub sei halt auch in der Zeitung gestanden, wie sie ihn eingesperrt hatten.

»Ich werde nicht eingesperrt!«

»Das denk ich wohl auch«, sagte der Pferdeknecht gelassen, »aber du hast voreh einmal Papierzehnerln nachgemacht — hab wohl eines gesehen. Und wenn du deswegen in der Zeitung bist, dann wirst auch eingesperrt.«

Es war eine böse Nacht, aber der Christtag kam mit seiner Poststunde.

Um sieben Uhr stand ich schon mit verfrorener Nase vor dem Posthaus. Um acht Uhr erst ging die Eisentür auf. Der Briefausträger machte sich eilig zu schaffen. Leute, die ihre Sachen selbst holten, kamen herbei, die Lotterieschwestern drängten (beim Postamt war auch die Lotterie), und endlich redete der Beamte mich an, was ich wolle.

»Briefe sollen für mich dasein?«

»Wie heißen Sie?«

Ich nannte meinen Namen, da hob der Beamte sein Haupt, sah mich eine Weile an und sagte dann: »Wollen Sie etwas später kommen, bis der Andrang vorbei ist.«

Ich ging nicht mehr fort, im Winkel hinter der Tür blieb ich stehen und hatte bittere Gedanken. Alle anderen kriegen ihre Briefe, warum ich nicht? Endlich jedoch ließ das Gedränge nach, und als das letzte Lottoweib glücklich bei der Tür draußen war, sah der Beamte lächelnd auf mich hin, hob dann aus einem Fach eine schwere Handvoll Briefe, Scheine und Paketchen, legte dieselben vor mich auf das Pult und sagte: »Alles für den steirischen Naturdichter.« —

So war's, als die erste Botschaft zu mir kam von jener Schicksalswende meines Lebens.

Ich weiß nicht, ob es recht ist, daß ich selbst davon so rede; aber ich tue es deswegen, weil ich von anderen Leuten diese meine Sache schon so oft und immer ganz unrichtig erzählen gehört habe. Will es aber nicht versuchen, die Gefühle zu schildern, als ich den Aufsatz las, den Doktor A. V. Svoboda, der Redakteur der Grazer »Tagespost«, in dieser Zeitung über mich und meine ihm gesandten poetischen Versuche veröffentlicht hatte: — Es möchten sich Wohltäter finden, die es dem jungen Naturdichter ermöglichen, aus seinen kümmerlichen Verhältnissen hervorzutreten und sich etwa in der Stadt eine entsprechende Ausbildung zu erwerben! Das war die Bitte Svobodas. Und Gedichtproben dabei.

Nun waren Anträge da, freundschaftlich beglückwünschende Zuschriften, Bücher, sogar Geldspenden »auf ein gutes Glas für Weihnachten«. Mit schwindelte der Kopf. In einem Jubelrausch taumelte ich nach Hause — und habe des Christmahls vergessen. Den Meinen las ich alles vor, sie verstanden noch weniger als ich, was es war. Aber die Mutter sagte: »Du, Bub, gib acht, daß sie dich nicht zum Narren machen!« — Es war nahe daran, und ich sagte mir noch: Schau, wenn du jetzt aus diesem Traum plötzlich erwachst, so mußt nicht verzweifeln!

In den nächsten Tagen erhielt ich wieder Bücher und neue Briefe und darunter auch einen freundlichen Antrag vom Herrn Buchhändler Giontini aus Laibach: — Ich könne, wenn ich Lust hätte, in sein Geschäft eintreten und die Buchhandlung lernen. Er machte mir so vorteilhafte Bedingungen, daß mir blau vor den Augen wurde. Während der Lehrzeit monatlich acht Gulden und die volle Verpflegung in seinem Haus und das Reisegeld!

Was sollte ich tun? Sofort schrieb ich nach Graz an Doktor Svoboda. Ich schrieb meinen Dank, ich bat um Rat.

Nach Laibach gehen! war die Antwort. In Graz selbst war eben noch keine Nachfrage nach mir gewesen.

Nach Laibach! Nun war das Wichtigste, zu erforschen, wo das Laibach wäre, und mittlerweile war auch schon das Reisegeld da.

Ja, sollte es denn ernst sein? Sollte ein Neues werden? Und sollte mein bisheriges Leben plötzlich abreißen, dort, wo es an zweiundzwanzig Jahre alt und im Begriffe war, eine gutbestallte Schneiderexistenz zu werden?

Am nächsten Werktag ging ich in die Wohnung meines Lehrmeisters, er saß längst auf seiner Bank, hielt das linke Knie an den Tischrand und nadelte. Er machte ein finsteres Gesicht und überhörte meinen Gruß, denn es war um eine gute Stunde später, als ich sonst das Tagwerk anzufangen pflegte. Da er aber sah, daß ich im langen braunen Tuchrock und ohne Ränzel vor ihm stand, sagte er: »So? Von woher hast du dir den heutigen Feiertag kommen lassen? So einen möcht ich auch haben.«

»Meister«, sagte ich klopfenden Herzens, »es hat sich was gar so närrisch geschickt, und jetzt soll ich nach Laibach hinein!«

Er ließ die Hand mit der Nadel auf dem Knie liegen, hob den Kopf und fragte: »Wo sollst hinein?«

Ich packte alle dazugehörigen Urkunden aus, die Zeitung, auf der ich gedruckt stand, den Antrag des Buchhändlers Giontini, den Beirat Doktor Svobodas und das Reisegeld.

Der gute Meister sagte lange kein Wort; endlich hub er an, den Kopf zu schütteln; seine feinberunzelten Wangen waren rot, seine Lippen zuckten, und er sprach: »Ist's doch war, was man hört. Schau, schau, da ist auch wieder einmal einer, der das Gutsein nicht verbringen (vertragen) mag. Nu, ich halt dich nit auf. Bist dein eigener Herr, kannst gehen, wohin du willst — wenn du's nur nit einmal bereuest.«

Solche Worte machten mir das Herz nicht leichter. »Mir wär halt auch darum zu tun«, meinte ich nach einer Weile, »daß der Meister nicht harb (ungehalten) sein tät.«

»Gibst das Handwerk auf?«

»Freilich möcht ich mein Glück anderswie probieren.«

»Da hat man's!« rief der Meister und erhob sich, »solang's ein Elend war mit dir, hab ich dich gehabt, jetzt, weil du zu brauchen wärst, läufst mir davon!«

Erstarrt stand ich da und heftete meinen Blick auf den Meister. Er holte das Bügeleisen vom Ofen und drückte seine neue Naht aus, er schnitt ein Unterfutter zurecht und heftete das Lodentuch darauf. Endlich fragte er: »Wie lang willst denn noch so dastehen?«

Da regte ich mich und murmelte: »Ich bleib schon.«

»Meinetwegen geh nur«, sprach er, »ich möcht keine Schuld haben und mir nit vorwerfen lassen, ich wär dir zu deinem Glück hinderlich gewesen. 's mag dir ja recht gut gehen, ich wünsch es.«

»So bedank ich mich tausendmal für alles«, fuhr ich erleichtert drein, »was mir der Meister Gutes getan hat, und die Ellen hab ich noch vom Meister, die schick ich durch meinen Bruder zurück, und halt nichts für übel haben!«

So ähnliches wurde gesprochen, dann ging ich fort. Und als ich draußen an der Wand hinschritt, klopfte es am Fenster: ich sollte noch einmal zurückkehren.

Ich tat's, der Meister kam mir zur Tür entgegen, tat sein Sacktäschchen hervor und drückte mir zwei Geldstücke, die zusammen fünfzehn Kreuzer ausmachten, in die Hand. »Da«, sagte er, »das nimmst mit. Geht's dir wie der wöll, das gibst nit aus, das bewahrst zum Andenken an die Zeit, wo du dir, frisch und gesund, des Tags fünfzehn Kreuzer verdient hast. Vergiß dein Handwerk nit. Behüt dich Gott!«

So ist der Abschied des Meisters gewesen.

Anders war der von der Mutter. Sie war einverstanden mit meinem Davongehen. Der Vater war's anfangs nicht. »Schlechter gehn wird's ihm nicht als daheim«, meinte er, »aber verdorben wird er uns.«

»Ich hab ein gutes Vertrauen«, sagte die Mutter, »und wenn du das nimmst, unser Herrgott (sie meinte den Herrn Jesu Christi) ist auch in der Welt herumgekommen und doch nicht verdorben worden.«

»Unser Herrgott und unser Bub ist gar kein Vergleich!« sagte der Vater, gab aber endlich doch seine Einwilligung.

Emsig war die Mutter beschäftigt in Anordnung der wenigen Dinge, die zu meiner Abreise nötig waren. Mir lag vor allem daran, irgendwo ein Holzkistchen zu bekommen, um meine

Bücher, Schriften und eigenhändigen Zeichnungen, mit denen ich mich zusammengewachsen fühlte, einzupacken; alles andere, was noch mitzunehmen, war mir Nebensache.

Und am 14. Februar 1865, nachmittags zwei Uhr, saß ich am Tisch und sollte mein Scheidemahl essen.

Meine kleinen Geschwister standen alle in der Stube und sahen mich an. Ich nahm einen Löffel voll vom Roggenmus — wie Sägespäne war's; und die Mutter hatte gewiß in ihrem Leben nichts mit solcher Sorgfalt gekocht wie dieses Mahl. Übersatt stand ich auf. Meine ältere Schwester stand schon mit dem kleinen Pack, den sie mir bis Krieglach zum Bahnhof tragen sollte. Ich ging im Hause herum und suchte Vater und Mutter.

Den Vater fand ich im Hof am Brunnentrog, wo er mit einem Beil das Eis aufhackte, daß man zum Wasser gelangen konnte.

»Jetzt geh ich halt, Vater«, sagte ich.

Er lehnte das Beil hin und ging, ohne ein Wort zu sagen, mit mir in die Stube. Dort saß jetzt die Mutter auf einem Schemel. Und als sie sah, wie ich nun das letztemal auf sie zuging, um dann weit von ihr zu wandern, da hub sie zu weinen an.

»Fort willst! Ja, warum willst uns denn fortgehen? Und wir wissen nicht, wohin, und wir wissen nicht, was die fremden Leute mit dir wollen.«

Rasch verließ ich das Haus auf dem Berge und ging noch ein letztes Mal die bekannten Wege durch Gräben und Wälder, über Höhen und Niederungen hin gegen Krieglach. Meine Schwester schluchzte hinter mir drein.

Im Wald begegnete mir der Almhalter von den Heugräben, der fragte, ob ich eine Sackuhr oder Geld hätte.

»Geld hab ich.«

»Fürchtest du dich nicht vor schlechten Leuten auf der Straßen?«

»Nein.«

»Hörst, wenn dir einer unterkommt, dem du nicht recht traust, nur gleich anbetteln. Keck das Hütel herab und anbetteln; gibt er dir nichts, so nimmt er dir nichts. Behüt dich Gott und laß dir Zeit auf dem Weg.« Sollte das Wort ein Almosen für meine Zukunft sein? —

Das Wirtshaus zu Krieglach, wo ich über die Nacht bleiben mußte, war voll von Gästen. Sie hielten mir Hände und Gläser entgegen, als ich eintrat, sie waren alle meinetwegen zusammengekommen; ich hatte gar nicht gewußt, daß ich in dem großen Dorf so viele Freunde besaß. Erst jetzt gaben sie sich zu erkennen, die Schäker. Und alle redeten mich mit »Sie« an und riefen mich beim Schreibnamen und setzten jedesmal das »Herr« dazu. *Vor* diesem Tage hatte kein Mensch auf der Welt »Sie« zu mir gesagt, aber als später, nach Jahren, im lieben Krieglach wieder das »Du« an die Ordnung kam, hatte es einen ganz anderen Klang und Sinn als vorzeitlich, da ich der arme scheue Alpelbauernjunge gewesen war.

Am feinsten unter der Versammlung war die Tochter des Wirtes, welche mir zur Ehr' mit Begleitung der Laute nach schrecklich langem Stimmen der Saiten den »Abschied von den Bergen« sang.

Und am anderen Tag in der nebelfrostigen Morgendämmerung ging ich dem Bahnhof zu. Der »gemischte Zug« (Personen- und Güterwagen) führte mich davon. Ich blickte zum Fenster hinaus, sah aber von meiner Heimatgegend nichts als den grauen Nebel, und da sagte ich mir: Jetzt schon bist in der Fremde.

In Graz stieg ich auf einen Tag aus, um meinen Gönner zu sehen. Für die Wunder der großen Stadt hatte ich keine Zeit, mein Wichtigstes war, in der Welt Fuß zu fassen.

Doktor Svoboda lächelte, als er das Urbild seines von ihm öffentlich beschriebenen Naturdichters sah.

»Besitzen Sie keine Handschuhe?« war eines der ersten Worte, die Svoboda zu mir sprach, als er beim Händedruck meine krebsroten, eiskalten Finger fühlte. Nach seinem Überrock eilte er, brachte ein Paar braune Tuchhandschuhe herbei und schob sie mir an die Hände. Und das war der erste Schritt zur Kultur — heute noch überflüssiger Aufwand, morgen Bedürfnis. Du mein lieber Gott, was diese ersten Handschuhe alles mit sich gezogen haben!

Doktor Svoboda lud mich zu seinem Tisch. Ich sprach ihm von meiner Vergangenheit, er mir von meiner Zukunft. Der Plan zu einem neuen Leben baute sich auf, daß ich erstaunte.

Unter den Büchersendungen nach Alpel waren auch Schillers Werke gewesen, aber ohne Namen des Spenders. Daß man was schenken kann, ohne sich selbst dabei zu zeigen, zu nennen, war mir was Neues, und ich wurde sehr neugierig auf den Freund, der so mit mir Verstecken spielte. Svoboda wußte es, wer der Spender war, und nannte mir den Grazer Großindustriellen Reininghaus. Ich wollte ihn besuchen.

»Sie werden abgewiesen werden«, meinte mein neuer Führer. »Zwar von ihm nicht, aber von der Dienerschaft. Der Herr ist nicht zu sprechen, nicht zu Hause, wird es heißen. Doch dringen Sie darauf, und gehen Sie nicht eher vom Fleck, als bis Sie den Herrn gesehen haben.«

Die Welt ist so eingerichtet, daß man nur durch Keckheit und Beharrlichkeit zu etwas kommen kann. Ich ging in das Fabrikgebäude und handelte nach der Weisung. Weil ich den Namen vergessen hatte, so fragte ich dem »Reineke« nach. Kein Mensch wußte, wen ich nur meinen konnte, bis mir ein Lastwagen zurechthalf, der mit schwarzen Lettern den gesuchten Namen trug. Seither vergaß ich ihn freilich nicht wieder. Eine kleine Stunde stand ich neben dem Torwart, nach welchem der Herr richtig nicht zu Hause war. Als er aber sah, daß ich warten wolle, bis der Herr nach Hause käme, wies er mich in das Gebäude. Ich fand mich in dem großen, von Menschen, Pferden, Ochsen und Wagen belebten Hof nicht zurecht, der Lärm der Maschinen von allen Seiten betäubte mich, ich verlor den Mut und sah mich nach dem Ausweg um. Da klopfte mir plötzlich einer ziemlich stark auf die Achsel: »Wen suchen Sie?«

»Den Herrn Reininghaus.«

»Was wollen Sie ihm denn?«

»Mich bedanken; er hat mir Bücher geschickt.«

Jetzt sah mich der Mann an. Da kommt so ein Junge, nicht um zu bitten, sondern um zu danken! — Reininghaus war es. Er führte mich in seine Wohnung, die so fabelhaft schön war, daß ich gar nicht wußte, wie mir geschah. Ich sah mich in den Wänden widerspiegeln, ich hörte meine eigenen Tritte nicht; der Fußboden war mit lauter blumigen Tüchern belegt. Der Stuhl, auf den ich mich setzen mußte, war viel zu weich, als daß es ein gutes Sitzen gewesen wäre. Hier wurde wieder nach meiner Lebensgeschichte gefragt; und die war so langweilig, daß ich mich fast schämte, sie dem Herrn zu erzählen.

»Ich habe gelesen, daß Sie auch zeichnen können!« sprach er und legte auf seinen Schreibtisch Papier und Bleistift hin. »Zeichnen Sie mir da mal was!« — Ich setzte mich hin und sann. Was soll ich denn zeichnen? Ich schaute herum. Über dem Schreibtisch hing das Bild einer jungen, schönen Frau. Das sah ich an und sah es an und — legte den Bleistift wieder hin: »Ich kann nicht zeichnen!« Das Bild hatte meinen Künstlermut gebrochen.

Schließlich gab er mir Geld.

»Gehen Sie in Gottes Namen jetzt nach Laibach«, sagte er, »und wenn Sie Rat und Tat nötig haben, so denken Sie an mich.«

Und am anderen Morgen fuhr ich davon. So lernbegierig war ich, daß ich unterwegs alle Bahnstationen aufschrieb und auswendig lernte. Die Welt kennenlernen, da mußten ja doch auch die Bahnstationen dabeisein.

Nach einer siebenstündigen Fahrt war ich in der Hauptstadt Krains. Hier derselbe Frost und Nebel wie im Mürztal, aber die Leute hatten eine Sprache, die ich nicht verstand.

Es war schon abendlich, als ich mit meinem Reisepack unter dem Arm in die Buchhandlung trat und etliche Ladengehilfen ansprach, ob sie der Herr Giontini wären, bis ich endlich vor dem rechten stand, mich auswies und die Frage tat, ob ich nicht sogleich anfangen solle? Was ich gefürchtet, traf nicht ein, mein neuer Herr antwortete mir in deutscher Sprache. »Heute«, sagte er, »richten Sie sich in der Wohnung ein, dann sehen Sie die Stadt an und mein Geschäft. Morgen werden wir's versuchen.«

Im Zimmer der Gehilfen wurde mir ein gutes Bett angewiesen. Ich stellte über demselben meine Bücher auf. Dann war ich eingerichtet und starrte die Hausfrau nur befremdet an, als sie mir eine Lade öffnete, in welcher ich meine Kleider bergen konnte. Für meine Kleider wußte ich nachgerade keinen besseren Platz als meinen Leib. Das viele Geld, das ich besaß, steckte ich hinter die Lade. Dann ging ich und sah die Stadt an, und wo eine Kirche offen war, trat ich hinein, um zu beten.

Als ich mich hierauf in der großen Buchhandlung, der ich nun angehören sollte, es war eine vorwiegend deutsche, umsehen durfte, erschrak ich über die Unwucht von Büchern.

Am nächsten Morgen, als ich aus einem anmutigen Heimattraum geweckt wurde — einer der Gehilfen hatte derb an der Decke gerüttelt —, war ich etwas unangenehm berührt, daß ich mich in einem weltfremden Hause befand. Tagsüber wollte ich mich im Geschäft nützlich machen, es gab Pakete zu binden, andere zu lösen, eine slawische Heiligenlegende wurde gefalzt; aber ich mußte zu wenig anstellig sein, man arbeitete mir die Sachen schweigend vor der Hand weg und ließ mich im Winkel stehen. Ich fühlte, daß ich mir nicht einmal den Kaffee und das Butterkipfel, so ich an dem Tage schon genossen, würde verdienen können.

Erst am Nachmittag des dritten Tages führte mich Herr Giontini in seine an die Buchhandlung stoßende Leihbibliothek, zeigte mir die Ordnung der Bücher, wo verlangte zu finden, zurückgebrachte einzuschieben wären, und sagte mir, das würde von nun an mein Geschäft sein.

Jetzt war ich zufrieden und wollte gleich all die kleinen Unordnungen der großen Büchersammlung am ersten Tage schlichten — und erfuhr es abends, wie unglaublich eine derartige Hantierung mit Büchern ermüde und im Kopf und Herzen leer lasse. Am Abend sank ich ins Bett und schlief; aber das mir stets durch ein scharfes Rütteln abgezwungene Erwachen am Morgen war übel. Mein Lehrmeister hatte mich auch jedesmal aufrütteln müssen, doch ich war durch dasselbe nicht in die Fremde geworfen worden. Hier aber war ich in fröhlichen Träumen die ganze Nacht daheim in den Waldbergen, daher das Erwachen eine Enttäuschung. Und wenn ich dann die Socken anzog, die mir noch die Mutter selber gestrickt hatte, wurde mir weh. Und wenn ich das Sacktuch hervortat, war es dasselbe, welches die Schwester so sorglich gewaschen und mit drei roten Kreuzchen gemerkt hatte, da wurde mir weh.

Und so kam ich hinein in jene Stimmung, die mir alle Freude an meiner neuen Stellung verdarb. Am vierten Tag schon fragte mich Frau Giontini, warum ich so rote Augen hätte. Ich antwortete beiseite gekehrt, das käme vielleicht vom Bücherstaub.

Die Bücher, die sonst meine einzige Freude gewesen, ekelten mich an, und kam mir erst einmal ein solches zur Hand, das ich in Alpel schon gelesen hatte, da tat mir erst das Herz weh.

Am fünften Tag mochte ich meinem Herrn nicht mehr geheuer vorkommen, denn er trat in die Leihbibliothek und sagte zu mir: »Es scheint, mein lieber Junge, daß Ihnen die beständige Zimmerluft nicht wohltut. Gehen Sie mitunter ins Freie und etwas spazieren.«

Ich ging zur Sternallee hinaus und weinte. Dann ging ich bis zur Eisenbahn hin und sah die Schienen an. Das waren ja dieselben Schienen, die von hier ununterbrochen bis Krieglach führten. Dieser Gedanke tröstete mich außerordentlich. Ich ging in eine Kirche, um dem lieben Gott für den Trost zu danken und ihn zu bitten um weitere Stärke, daß ich es in der Fremde aushalten und zu einem besseren Leben bringen möchte. Dann eilte ich in das Geschäft zurück und arbeitete frisch.

Bei einem Spaziergang am sechsten Tag war der Nebel weg, und ich sah die Berge. Die Bäume waren beschneit und bereift wie in Alpel, und es waren doch ganz andere, die in fremdem Lande standen und unter Menschen, die eine fremde Sprache redeten. Eine mächtige Sehnsucht erfaßte mich nach den beschneiten Bäumen in Alpel. In meiner Herzensnot beschloß ich, zu Doktor Costa zu gehen. Doktor Costa, eine bekannte Persönlichkeit Krains, hatte mir nämlich auf den Artikel in der Zeitung hin Bürgers Gedichte nach Obersteier geschickt. Mein väterlicher Freund in Graz hatte mir geraten, mich dem Herrn gelegentlich in Laibach vorzustellen.

Er war ein alter, grauköpfiger Mann. Ich stellte mich ihm vor, dankte für die Gedichte, und als er mich fragte, wie es mir in Laibach behage, hub ich zu schluchzen an.

»Was denn? Was ist denn?« rief er, »was fehlt Ihnen? Brauchen Sie etwas?«

Ich schüttelte den Kopf: »Heim.«

»Ei so«, sagte er gelassen, »Heimweh haben Sie. — Ja, Lieber, das müssen Sie überwinden. Wenn Sie es zu etwas bringen wollen, so müssen Sie ein Mann sein.«

Ohne Trost verließ ich ihn. »Daheim, o mein Daheim! Und wärest du auch mit einem Dornenkranz umflochten. Leiden läßt sich's überall auf Erden, freudig sein im Herzen nur daheim!« So schrieb ich an jenem Tage in mein Büchlein, und weiter: »Zum Lieben und zum Scherzen war die Hütte der Heimat, nur zum Jugendtraum gebaut. Zum Leben und zum Taten zieh ins Weite, und nur zum Ruhen kehre wieder heim.«

Traurig kehrte ich zu den Büchern zurück, schlug eins ums andere auf und wieder zu, und so übel war mir zumute, daß ich heute noch in den Buchhandlungen jenen Druckerschwärze- und Papiergeruch nicht vertragen kann, der mich damals übersättigte. Heimweh ist ein von nur wenigen gekanntes Weh, aber wer es kennt, der wird mir's glauben: Nie in meinem Leben war ich ärmer als in jenen Tagen. Am zweiten Tag hatte ich einen Brief geschrieben an meine Eltern, daß ich glücklich angekommen wäre und wie gut es mir gehe. Am fünften Tag schrieb ich wieder, aber der Brief fiel so aus, daß ich ihn nicht abschicken konnte, sollte ich nicht auch noch meine Mutter unglücklich machen.

Von neuem zur Arbeit wollte ich meine Zuflucht nehmen. Am siebenten Tag sprang ich wie besessen die Wandleitern auf und ab und reihte die Bücher ein. Neu von der Handlung kommende zeichnete ich mit dem Stempel der Firma und ordnete sie für den Buchbinder. Kunden wurden bedient, wohl oder übel. Und sobald ich wieder allein war, nagte im Herzen tief und tiefer das Weh. Traurig lehnte ich des Abends am Pult, und über mir brannte mit ausgebreiteten Flügeln still die Gasflamme. Ich kam mir vor wie eine verlorene Seele. Es war Zeit zum Torschluß. Ich wollte in die Wohnung gehen und den Eltern schreiben, daß ich glücklich wäre und immer an sie dächte. Vielleicht, wenn ich ihnen meine Stellung recht freundlich ausmalte, daß mir leichter würde. — Noch hatte ich ein paar Bände »Gartenlaube« in den Schrank zu stellen. Einer dieser Bände fiel mir zufällig zu Boden, daß die Blätter rauschten. Ich hob ihn auf, bog die Ecken zurecht; dabei fiel mein Auge auf folgendes Gedicht von Albert Träger:

»Wenn du noch eine Heimat hast,
so nimm den Ranzen und den Stecken
und wandre, wandre ohne Rast,
bis du erreicht den teuren Flecken.«

Das war entscheidend.

Eilig drehte ich die Flamme ab, ging in die Wohnung zu Herrn Giontini und teilte ihm mit, daß ich nach Hause müsse.

»Ich dachte mir's«, sagte er. »Nun, gehen Sie mit Gott. Und wenn Sie wollen, so kommen Sie wieder.«

Gewiß nicht! schrie es in mir, während ich von Herzen und unter Freudentränen dankte für sein Wohlwollen und daß er mir mein Fortgehen von seinem freundlichen Hause nicht für übel halte. Das war kein Schlafen in derselbigen Nacht, das war eine Jubelstimmung, und am anderen Tag war ich mit Sack und Pack um eine Stunde zu früh auf dem Bahnhof.

So ging's wieder der Heimat zu. Als wir bei Trifail über die steirische Grenze fuhren, gab's mir einen Ruck in der Brust. Herzerl, dein Freudensprung!

Heim nach Alpel und wieder das fleißige Schneiderleben und an Sonntagen auf freiem Feld bei den Herden und im grünen Wald! Die Welt reißt den Menschen auseinander. Sie ist zu ruhelos, zu heiß, zu kalt. Bleibst daheim und lebst zufrieden. —

Da kam das Merkwürdige. Je weiter ich in unser Steierland hineinfuhr, je mäßiger wurde die Sehnsucht nach der Heimat. In Graz gedachte ich auf einen Tag auszusteigen, um mich bei meinen Gönnern für ihren guten Willen zu bedanken und dann für immer ins stille Waldtal zurückzukehren. Spätabends kam ich in die Stadt und übernachtete bei einem jungen Bekannten, einem Schriftsetzerlehrling, den mir auch der Zeitungsartikel zugeführt hatte. Der gute Junge wohnte bei einem Schuhmacher und schlief die Nacht auf zwei aneinandergerückten Stühlen, um mir sein Bett zu überlassen. Wir wurden noch am selben Abend du und du zusammen, und er sagte mir, daß ich in Graz im Herzen des Landes daheim wäre, und daß ich doch nicht daheimer als daheim sollte sein wollen.

Am anderen Tag ging ich zu Doktor Svoboda; dort wurde ich anfangs tüchtig gescholten und dann mit jener treuen Herzlichkeit zu Tisch geladen, mit welcher der wackere Mann in den verschiedenen Lagen meines Lebens mein unwandelbarer Freund geblieben ist. Am Nachmittag begab ich mich zu Reininghaus. Er lachte, als er mich sah, und meinte, es wäre recht, daß ich wieder zurückgekommen. Es wäre eine Schande für das Land, wenn junge strebsame Leute, die arm sind, aber was lernen wollen, über die Grenze hinausziehen müßten. Ich solle in Graz bleiben, brav studieren und das Weitere seine Sorge sein lassen.

Am nächsten Tag eine Bitte in der »Tagespost«, es möge eine Lehranstalt sich öffnen für den jungen unbemittelten Naturdichter, dessen jüngst gedacht worden.

Aber die Pforten aller öffentlichen Lehranstalten in Steiermark hatten rostige Angeln. Doktor Svoboda gewann einen Studierenden, der mir täglich ein paar Stunden Privatunterricht im Rechtschreiben und Rechnen erteilte. Erst gegen Ostern hin gelang es, mir an einer Privatanstalt, der Akademie für Handel und Industrie, einen Freiplatz zu verschaffen.

Der erste Christbaum in der Waldheimat

»Bist doch noch kommen! Wir haben schon g'meint, 's Wetter! Der Nickerl hat schon g'rehrt (geweint), hat 'glaubt, du kunntst im Schnee sein steckenblieben. Na, weil d' nur da bist. Was magst denn gleich? Eine Eierspeis? Einen Kaffee? Weihnachtsguglhupf han ich aa schon.«

Kennt ihr sie? Kennt ihr sie nicht? Das ist ja die Stimme der Mutter!

Es waren die ersten Weihnachtsferien meiner Studentenzeit. Wochenlang hatte ich schon die Tage, endlich die Stunden gezählt bis zum Morgen der Heimfahrt von Graz nach Alpel. Und als der Tag kam, da stürmte und stöberte es, daß mein Eisenbahnzug steckenblieb ein paar Stationen vor Krieglach. Da stieg ich aus und ging zu Fuß, frisch und lustig, sechs Stunden lang durch das Tal, wo der Frost mir Nase und Ohren abschnitt, daß ich sie gar nicht mehr spürte; und durch den Bergwald hinauf, wo mir so warm wurde, daß die Ohren auf einmal wieder da waren und heißer als je im Sommer. Der Nase vergaß ich, doch stak sie sicher fest im Gesicht, wo sie heute noch steckt. Auch mein Bündel Bücher schleppte ich, denn die Professoren waren so grausam gewesen, mir Hausaufgaben zu geben, besonders in der Mathematik und Grammatik, die ich heute noch hassen könnt bis aufs Blut, wenn es nicht gar so blutlose Wissenschaften wären.

So kam ich, als es schon dämmerte, glücklich hinauf, wo das

alte Haus, schimmernd durch Gestöber und Nebel, wie ein verschwommener Fleck stand, einsam mitten in der Schneewüste. Als ich eintrat, wie war die Stube so klein und niedrig und dunkel und warm — und urheimlich. In den Stadthäusern verliert man ja allen Maßstab für das Waldbauernhaus. Aber man findet sich gleich wieder hinein, wenn die Mutter den Ankömmling ohne alle Umstände so grüßt. »Na, weil-s-d' nur da bist!«

Auf dem offenen Steinherd waberte das Feuer, in der guten Stube wurde eine Kerze angezündet.

»Mutter, nit!« wehrte ich ab, »tut lieber das Spanlicht anzünden, das ist schöner!«

Sie tat's aber nicht. Das Kienspanlicht ist für die Werktage. Weil der Sohn heimkam, war für die Mutter Feiertag geworden. Darum die festliche Kerze.

Und für mich erst recht Feiertag!

Als sich die Augen an das Halblicht gewöhnt hatten, sah ich auch den Nickerl, das achtjährige Brüderl. Es war das jüngste und letzte. Es stand in seinem blädernden (flatternden) Höslein gerade wie ein Bäumchen da und hatte natürlich den Finger im Mund. Seine schwarzen Augen waren weit offen und ganz rund, so verwundert schaute er mich an. Der, um den er schon »g'rehrt« hatte, war jetzt da, und die Vertraulichkeit stellte sich erst allmählich ein. Selbst als ich ihn zum Kaffee einlud, war es noch nicht so weit, daß er den Finger für das Stück Guglhupf vertauschen wollte.

»Ausschaun tust gut!« lobte die Mutter meine vom Gestöber geröteten Wangen. Sie hatte ihr Gesicht, das nicht gut und nicht schlecht ausschaute — das alte, kummervolle und doch frohgemute Mutterantlitz. Ich schaute dieses Gesicht nie lang an, immer nur verstohlen, es war immer eine Schämigkeit da, bei ihr auch so, wie bei zwei heimlichen Liebsten. Zärtlich bin ich mit ihr nie gewesen, wohl auch nie grob — und diesmal bei der Heimkehr haben wir uns nur die Hände gegeben. Aber wohl war mir! Wohl zum Jauchzen und Weinen. Ich tat keines, ich blieb ganz ruhig und redete gleichgültige Dinge.

Der kleine Nickerl sah blaß aus. »Du hast ja die Stadtfarbe statt meiner!« sagte ich und habe gelacht.

Die Sache war so. Der Kleine tat husten, den halben Winter schon. Und da war eine alte Hausmagd, die sagte es (ich wußte das schon von früher) täglich wenigstens dreimal, daß für ein »hustendes Leut« nichts schlechter sei als »der kalte Luft«. Sie verbot es, daß der Kleine hinaus vor die Türe ging, sie hielt immer die Fenster geschlossen, ja auch die Tür durfte nur so weit und so kurz aufgehen, wie eben noch ein Mensch rasch aus- oder einschlüpfen kann. Die Eltern wußten es der Alten Dank, daß sie so gewissenhaft für den Kleinen mitsorgen half. So kam der Knabe nie ins Freie und kriegte auch in der Stube keine gute Luft zu schnappen. Ich glaube, deshalb war er so blaß, und nicht des Hustens halber. Gehustet hatte auch ich als Knabe, aber damals gab's diese alte Magd noch nicht, und ich trieb mich mit meinen Geschwistern in der freien Weite um, wälzte Schneeballen, rodelte über Berglehnen, rutschte auf dem Eis die Hosen durchsichtig, so lange, bis der Husten wieder gut war. Aber der arme Nickerl hatte keinen gleichgesinnten Kameraden mehr, er war unter Großen das einzige Kind, das Hascherlein im Hause, und fügte sich hilflos den Gesetzen. Ich nützte die wenigen Ferientage gewissenhaft, um ihn der lebensgefährlichen Fürsorge der Hausmagd abspenstig zu machen. Ich lockte ihn aus dem Haus, verleitete ihn zum Schneeballenwerfen, zum Schneemandelbauen, wobei er warme Hände und rote Wangen bekam. Und am Abend hustete er noch mehr. Mich schützte meine Stadtherrenwürde zwar vor dem Schlimmsten, aber das konnte die Alte nicht bei sich behalten, daß ich lieber in meinem Steinhaufen hätte bleiben sollen, als da herkommen, um Kinder zu verderben. Wir setzten munter unsere Winterfreuden fort, und noch eh ich in die Stadt zurückkehrte, war beim kleinen Brüderl der Husten vergangen.

Aber ich laufe der eilenden Zeit voraus. Und will mich doch beim lieben Christfest aufhalten.

In der demselben vorhergehenden Nacht schlief ich wenig, etwas Seltenes in jenen Jahren. Die Mutter hatte mir auf dem Herde ein Bett gemacht mit der Weisung, die Beine nicht zu weit auszustrecken, sonst kämen sie in die Feuergrube, wo die Kohlen glosten. Die glosenden Kohlen waren gemütlich; das knisterte in der stillfinsteren Nacht so hübsch und warf manchmal einen leichten Glutschein an die Wand, wo in einem Gestell die buntbemalten Schüsseln lehnten. Aber die Schwabenkäfer, die nächtig aus den Mauerlöchern hervorkrochen und zur Zeit einmal Ausflüge über die Glieder und das Gesicht eines Studenten machten —! Indes wird ein gesunder Junge auch die Schwabenkäfer gewohnt. Aber sie nicht ihn. —

Da war's ein anderes Anliegen, über das er noch obendrein schlüssig werden mußte in dieser Nacht, ehe die Mutter an den Herd trat, um die Morgensuppe zu kochen. Ich hatte viel sprechen gehört davon, wie man in den Städten Weihnacht feiert. Da sollen sie ein Fichtenbäumchen, ein wirkliches Bäumlein aus dem Wald, auf den Tisch stellen, an seinen Zweigen Kerzlein befestigen, sie anzünden, darunter sogar Geschenke für die Kinder hinlegen und sagen, das Christkind hätte es gebracht. Auch abgebildet hatte ich solche Christbäume schon gesehen. Und nun hatte ich vor, meinem kleinen Bruder, dem Nickerl, einen Christbaum zu errichten. Aber alles im geheimen, das gehört dazu. Nachdem es soweit taglich geworden war, ging ich in den frostigen Nebel hinaus. Und just dieser Nebel schützte mich vor den Blicken der ums Haus herum arbeitenden Leute, als ich vom Walde her mit einem Fichtenwipfelchen gegen die Wagenhütte lief, dort das Bäumlein in ein Scheit bohrte und unter dem Karren- und Räderwerk versteckte. Dann ging ich nach Sankt Kathrein zum Krämer, um Äpfel zu kaufen. Der hatte aber keine, sie waren im selben Jahr zu Pöllau und Hartberg nicht geraten, und so war kein Obstträger in die Gebirgsgegend gekommen.

Nun fragte ich den Krämer, ob er vielleicht Nüsse habe.

»Nüsse!« sagte er. »Zum Anschauen oder zum Aufschlagen? Ich habe ihrer noch ein Sackel, vom vorigen Jahr her. Aber die sind nur zum Anschauen. Schlagst sie auf, so hast einen schwarzen oder verdorrten Kern, der nit zum Essen ist.«

Die Nüsse ließ ich ihm. Das wollte ich dem Brüderl nicht antun: eine schöne Schale und kein Kern. Solche Sachen darf man ihm nicht angewöhnen.

Was sollte ich nun kaufen. Er hatte ja allerhand schöne Sachen, der Krämer. Rote Sacktücheln, Hosenträger, Handspiegel, Tabakspfeifen, sogar Maulwetzen (Mundharmonikas). Doch abgesehen davon, daß der angehende Pädagoge manches nicht passend fand, hatte ich mit meinem Geldvorrat zu rechnen, der mich ja auch wieder nach Graz bringen sollte.

»So wär ich halt umsonst gegangen«, sagte ich.

Darauf der Krämer: »Damit du nit umsonst gegangen bist — wenn man noch du sagen darf zum Herrn Studenten —, so trink da ein Stamperl Roten.« Damit goß er mir aus der Flasche roten Schnaps in ein Gläschen.

Als ich den getrunken hatte, war mir der Mut gestiegen und die Geldsorge gesunken. Aber nicht beim Krämer wurde eingekauft, daraufhin war der Rote auch nicht gespendet vom alten braven Haselbauer (auch Haselgraber geheißen). Ich ging über das Brückerl zum Bäcker und kaufte einen Vierkreuzerwecken, den ich in die Brusttasche steckte, so daß der Fuhrmann Blasel, der mir nachher begegnete, lachend auf mich herrief: »Nau, der

Waldbauernpeter hat ja eine Hühnerbrust bekemma!«, denn die Vierkreuzerwecken in Sankt Kathrein waren damals nicht danach, daß sie unter dem zugeknöpften Rock unbeachtet bleiben konnten.

Ich kam nach Hause, und nun war für den Christbaum alles beisammen. Aber kaum mir darob behaglich ward, fiel mir ein, daß gerade noch etwas sehr Wichtiges fehlte: die Kerzen. Ich hatte die kleinen Wachskerzen vergessen; wo nehme ich sie her?

Ich nahm sie einfach her.

In einem Bauernhaus ist für alles Rat, nur gehört zur Herbeischaffung manchmal eine Notlüge. Sie ist nicht schwer zu machen. Zur Mutter ging ich und bat, ob sie mir nicht ihren roten Mariazellerwachsstock leihen wollte. Sie fragte, wozu? Na, dann tat ich's halt. Ich ginge in der Nacht zur Christmette, wo in der Kirche alle Leute ihre Lichter hätten, so möchte ich auch eins haben. Sie langte nur in ihren Gewandkasten, da hatte ich den Wachsstock.

Dann ward es Abend. Die Gesindeleute waren noch in den Ställen beschäftigt oder in den Kammern, wo sie sich nach der Sitte des Heiligen Abends die Köpfe wuschen und ihr Festgewand herrichteten. Die Mutter in der Küche buk die Christtagskrapfen, und der Vater mit dem kleinen Nickerl ging durch den Hof, um ihn zu beräuchern und dabei schweigend zu beten. Das *schweigende* Beten, sagte die Mutter gern, sei wirksamer als das laute.

Wenige Jahre vorher hatte ich dem Vater bei diesem priesterlichen Amt noch geholfen, nun tat es schon das Brüderl, und gewiß auch mit jener ehrfürchtigen Andacht, die den Geheimnissen dieser Nacht gebührt.

Dieweilen also die Leute alle draußen zu tun hatten, bereitete ich in der großen Stube den Christbaum. Das Bäumchen, das im Scheite stak, stellte ich auf den Tisch. Dann schnitt ich vom Wachsstock zehn oder zwölf Kerzchen und klebte sie an die Ästlein. Das plagte ein wenig, denn etliche wollten nicht kleben und fielen herab. Ich hätte sehr gern Geduld gehabt, um alles ordentlich zu machen, aber jeden Augenblick konnte die Tür aufgehen und vorzeitig wer hereinkommen. Gerade diese zitternde Hast, mit der sie behandelt wurden, benützten die Kerzchen, um mich ein wenig zu necken. Endlich aber wurden sie fromm, wie es sich für Christbaumkerzen geziemt, und hielten fest. Es war gut. Unterhalb, am Fuße des Bäumchens, legte ich den Wecken hin.

Da hörte ich über der Stube auf dem Dachboden auch schon Tritte — langsame und trippelnde. Sie waren schon da und segneten den Bodenraum. Bald würden sie in der Stube sein, mit der wir den Rauchgang zu beschließen pflegten. Ich zündete die Kerzen an und versteckte mich hinter dem Ofen. Noch war es still. Ich betrachtete vom Versteck aus das lichte Wunder, wie in dieser Stube nie ein ähnliches gesehen worden. Die Lichtlein auf dem Baum brannten so still und feierlich, als schwiegen sie mir himmlische Geheimnisse zu. Aber da fiel es mir ein — wenn sie niederbrannten, bevor die Leute kommen! Wie konnte ich's denn hindern? Wie sollte ich sie denn zusammenrufen? Da konnte ja alles ganz dumm mißlingen! Es ist gar nicht so leicht, Christkindel zu sein, als man glaubt.

Endlich hörte ich an der Schwelle des Vaters Schuhklöckeln — man wußte schon immer, wenn es so klöckelte, daß es der Vater war. Die Tür ging auf, sie traten herein mit ihren Weihgefäßen und standen still.

»Was ist denn *das?!*« sagte der Vater mit leiser, langgezogener Stimme. Der Kleine starrte sprachlos drein. In seinen großen runden Augen spiegelten sich wie Sterne die Christbaumlichter. — Der Vater schritt langsam zur Küchentür und flüsterte hinaus: »Mutter! — Mutter! Komm ein wenig herein.« Und als sie da war: »Mutter, hast *du* das gemacht?«

»Maria und Josef!« hauchte die Mutter. »Was lauter haben s' denn da auf den Tisch getan?« Bald kamen auch die Knechte, die Mägde herbei, hell erschrocken über die seltsame Erscheinung. Da vermutete einer, ein Junge, der aus dem Tal war: es könnte ein Christbaum sein. Sollte es denn wirklich wahr sein, daß Engel solche Bäumlein vom Himmel bringen? — Sie schauten und staunten. Und aus des Vaters Gefäß qualmte der Weihrauch und erfüllte schon die ganze Stube, so daß es war wie ein Schleier, der sich über das brennende Bäumchen legte.

Die Mutter suchte mit den Augen in der Stube herum: »Wo ist denn der Peter?«

»Ah«, sagte der Vater, »jetzt schon, jetzt rait ich mir's schon (jetzt kann ich es mir schon ausrechnen), wer das getan hat.«

Da erachtete ich es an der Zeit, aus dem Ofenwinkel hervorzutreten. Den kleinen Nickerl, der immer noch sprachlos und unbeweglich war, nahm ich an dem kühlen Händchen und führte ihn vor den Tisch. Fast sträubte er sich. Aber ich sagte — selber feierlich gestimmt — zu ihm: »Tu dich nicht fürchten, Brüderl. Schau, das lieb Christkind hat dir einen Christbaum gebracht. Der ist dein.«

Und da hub der Kleine an zu wiehern vor Freude und Rührung, und die Hände hielt er gefaltet wie in der Kirche.

Öfter als vierzigmal seither hab ich den Christbaum erlebt, mit mächtigem Glanz, mit reichen Gaben und freudigem Jubel unter Großen und Kleinen. Aber eine größere Christbaumfreude, ja eine so heilige Freude habe ich noch nicht gesehen als jene meines kleinen Bruders Nickerl, dem es so plötzlich und wundersam vor Augen trat — ein Zeichen dessen, der vom Himmel kam.

Solange die Lichter brannten, war es wie ein Gottesdienst, während der Mutter auf dem Herde richtig ein paar Krapfen verschmorten. Erst als sie verloschen, eins ums andere, bis auch das letzte mit ein paar knisternden Flackern dahin war, huben die Leute an zu reden, und einer brachte, weil es finster geworden war, von der Küche ein rötliches Spanlicht herein.

»Was denn da drunter liegt!« sagte der Vater und zeigte auf den Wecken. »Nickerl, mich deucht, das gehört auch dein.«

Der schöne bräunliche Wecken, mit Weinberln gespickt, weil es Weihnachtsgebäck war, wurde dem Kleinen in die Hand gegeben. Er hielt ihn ganz hilflos vor sich. Die Freude wurde nicht größer, weil sie nicht mehr größer werden konnte. Der Christbaum allein hatte sein ganzes Herzlein ausgefüllt, sowie er auch unsere Kinder ausfüllen würde, wenn der himmlische Lichterbusch nicht so sehr mit irdischem Tand verweltlicht wäre.

Nachher beim Nachtmahl wurden dann allerhand Meinungen laut.

»Heut tät eigentlich 's Krippel auf den Tisch gehören«, meinte die alte Magd.

»'s Krippel ist eh da oben«, entgegnete der Vater und wies gegen den Wandwinkel, wo neben mehreren Heiligenbildern mit kleinen Figuren auch die Darstellung der Geburt Christi war.

»'s kommt halt eine neue Mode auf«, wußte der Junge aus dem Tal zu sagen. »Der lutherisch Verwalter in Mitterdorf hat in ganz Mürztal den Christbaum aufgebracht. Aber da sind wenigstens gute Sachen darunter, und daß jeder was kriegt.«

»Aha, wenn du Geschenke kriegst«, sagte ich gereizt, »da magst auch einen lutherischen Christbaum, gelt?«

»Still seids!« gebot der Vater, der solche Reden nie leiden konnte, und heute am wenigsten.

Also ist die Weihnachtsstimmung schön gewahrt geblieben. Und während wir gekochte Rüben und Sterz aßen, saß der Nickerl beim Christbaum und aß ein Stückchen Wecken, das ihm die Mutter herabgeschnitten hatte. Sich und dem Vater und mir, so war sein Wille, sollte sie auch ein Stück herabschneiden; aber mir war der lang entbehrte Sterz lieber. So zehrte der Kleine noch am

Christtag und am Stephanitag und am Johannstag an seinem Wecken. Aber die Weinberln hatte er schon am ersten Tag aus der Rinde gekletzelt. Endlich war der ganze Wecken weg.

Aber das Bäumlein war noch da, wenn auch kahl und leer, wie sie im Walde stehen. Der Nickerl ließ es auf die Leiste über seinem Bettchen stellen. Und dort stand es gewißlich, bis die Nadeln begannen zu fallen. Dann nahm es die Mutter heimlich weg, hackte es klein und legte es fast zärtlich auf das prasselnde Herdfeuer.

Von meiner Mutter

Das war am 16. Januar 1872. In der Stadt Graz war der lustige Karneval. An den Abenden ein tolles Gedränge auf den Gassen, ein fast betäubendes Rasseln der Wagen, ein Johlen und Schreien, ein Flimmern und Leuchten aus den Gewölben und Auslagen und von den hundert Laternen und zahllosen Transparenten der Fenster. Gold und Silber, Seide und Damast funkelten aus den Glaskästen. Gesichtsmasken in allen Farben und Formen grinsten daneben. Ha, das Leben ist ja gar so toll. Ich eilte durch das Gedränge. Die Uhr am Schloßberg tat sechs Schläge, so hell — sie überklangen alles Geräusch, sie widerhallten von den hohen, lichtdurchbrochenen Mauern der Häuser. Ein ernster Mahner ist der Ruf der Uhr; möge der Mensch auch kindisch spielen mit Flitter und Tändelei, sie rechnet ihm die Stunde vor und schenkt ihm keine Minute.

Ich ging nach Hause in meine stille Stube und begab mich bald zur Ruhe.

Des anderen Morgens lag das Winterglühen der Sonne auf den schneeigen Dächern, ich schrieb eben das Märchen auf von dem verlorenen Kinde — als es an meiner Tür klopfte. Ein Mann trat herein und brachte mir folgendes Telegramm:

»Lieber Sohn, gestern abends um sechs Uhr ist unsere liebe Mutter verschieden. Komme zu uns, wir erwarten Dich in größter Trübsal. Dein Vater.«

— Gestern abends, als ich durch das Weltleben schritt, war es geschehen in der armen Hütte. Und zur sechsten Stunde.

Am andern Tag in der Morgenfrühe war ich im Pfarrdorf. Allein trat ich den Weg an, über schneefunkelnde Höhen und durch lange Wälder, weit hinein in das einsame Gebirgstal. Unzählige Male war ich den Weg gewandelt, immer hatte ich mich ergötzt an dem Glitzern des Schnees, an den funkelnden Eiszapfen, an den Schneemänteln der Baumäste oder, wenn es Sommerszeit war, an dem Grünen und Blühen und Duften, an dem Vogelsang, an den Tropfen des Lichtes, die niedersickerten zwischen den Ästen, an der Ruhe und tiefen Einsamkeit. Wie oft war ich hier mit der Mutter gegangen, als sie noch gesund und blühend gewesen, und später, als sie, durch Krankheit schon zum Krüppel gemacht, an meinem Arm einherwankte. — Und ich dachte auf diesem Waldweg an den Lebenslauf meiner Eltern.

Er war ein junger Mann im Waldhof gewesen. Die Leute hießen ihn den Lenz, nicht weil er so jung und blühend und heiter war wie der Lenz, sondern weil er Lorenz hieß. Sein Vater war, bei einem Raufhandel schwer verletzt, nur kurze Zeit krank gewesen und eines frühen Todes gestorben.

Nun war der Lenz Besitzer des Waldhofes. Um die Traurigkeit seines Vaters wegen ein wenig in den Hintergrund zu drängen, tat er etwas Gutes, er suchte sich ein Weib. Er nahm schier die Ärmste und Unbeachtetste, die im Waldtal war — ein Mädchen, das schauerlich schwarz war die ganze Woche hindurch, das aber am Sonntag doch ein gar zartes weißes Gesichtchen hatte. Es war das Kind einer Kohlenbrennerin, das für seine betagte Mutter arbeitete, seinen Vater aber nie gesehen hatte.

Ein Jahr nach der Hochzeit, im Sommer, schenkte die junge Waldbäuerin ihrem Lenz den Erstgeborenen. Der erhielt den Namen Peter und läuft nun damit durch alle Welt, ein ewiges Kind.

Ihr Leben war so eigenartig, ihr Leben war so gut, ihr Leben hatte eine Dornenkrone.

Unser Hof war nicht klein und seiner Tage gut bestellt; aber meine Mutter spielte nicht die vornehme Bäuerin, sie war die Hausfrau und die Dienstmagd zugleich.

Meine Mutter war gelehrt, sie konnte »Drucklesen«; das hatte sie von einem Köhler gelernt. Sie kannte die Biblische Geschichte auswendig, und sie wußte eine Unzahl von Sagen, Märchen und Liedern — das hatte sie von ihrer Mutter. Dabei war sie Beistand mit Rat und Tat, und sie verlor in keinem Unglück den Kopf und wußte immer das Rechte. »So hat's meine Mutter getan, so hat's meine Mutter gesagt«, meinte sie stets, und das war ihre Lehre und Nachfolge, selbst als die Mutter schon lange im Kirchengarten ruhte. Freilich war zuweilen ein wenig Köhlerglaube dabei, aber in einer Gestalt, daß er nicht schadete, sondern daß er eine milde Poesie verbreitete über das arme Leben in den Waldhäusern.

Die Armen kannten meine Mutter weit und breit; umsonst klopfte keiner an ihre Tür, hungrig ging keiner davon. Wen sie für wahrhaft arm hielt und er bat um ein Stück Brot, so gab sie einen halben Laib, und bat er um ein »Gafterl« (eine Handvoll) Mehl, so reichte sie ihm auch ein Stück Schmalz dazu. Und »gesegn' Euch's Gott!« sagte sie dazu — das sagte sie immer.

»Wo werden wir hinkommen mit unserer Sach, wenn du alles verschenkst?« sprach zu ihr mein Vater oft schier ungehalten.

»'leicht gar in den Himmel hinauf«, antwortete sie, »meine Mutter hat oft gesagt, jedes Vergeltsgott von den Armen graben die Engel in den heiligen Thron Gottes ein. Wie werden wir froh sein zu einer Zeit, wenn wir bei dem lieben Herrgott die Armen zu Fürbittern haben!«

Mein Vater fastete gern jeden Samstag und nahm oft keinen Bissen zu sich, ehe die Schatten zu wachsen anhuben. Er tat das zu Ehren Unserer Lieben Frau.

»Ich sag, Lenz, ein solches Fasten hilft nichts für eine gute Meinung«, versetzte da meine Mutter zuweilen, »was du heut dabei ersparst, das kannst du morgen essen. Meine Mutter hat immer gesagt: Was übrigbleibt durch das Fasten, das opfere der Armut Lasten. — Ich denk, sonst tut es nichts helfen.«

Mein Vater betete an den Abenden, besonders zur »Rosenkranzzeit«, an den Samstagen gerne lang und laut, tat aber dabei häufig allerhand Verrichtungen, als Schuhnageln, Beinkleider ausflicken oder sich gar rasieren. Dabei verlor er nicht selten den Faden vom Gebet, so daß ihm meine Mutter die Dinge oft aus den Händen nahm und rief:

»Meiner Tag, was ist denn das für ein Beten! Knie zum Tisch und bet drei Vaterunser mit Fleiß, ist besser wie drei Rosenkränz, bei dem dir unter dem Herumdalgern der bös Feind die guten Gedanken stiehlt!«

Wenn zuzeiten die Arbeit schwer war, so hielt meine Mutter viel auf einen guten Tisch. »Wer lustig arbeitet, mag auch lustig essen«, meinte sie, »meine Mutter hat alleweil gesagt: Wer sich nichts traut anzubringen, der traut sich auch nichts zu gewinnen.«

Mein Vater nahm vorlieb mit schmaler Kost; er fürchtete immer den Ruin des Hauses.

Das waren in der Ehe die einzigen Zwistigkeiten. Aber sie griffen nicht tief. Sie äußerten sich nur gegeneinander; wenn der Vater mit fremden Leuten sprach, so pries er die Mutter; wenn die Mutter mit fremden Leuten sprach, so pries sie den Vater.

In der Kinderzucht waren sie eins. Arbeit und Gebet, Sparsamkeit und Redlichkeit waren unsere Hauptgebote.

Vom Vater bekam ich nur ein einzigmal ordentlich die Rute. Vor dem Hause hin war ein junger Lärchen- und Tannenanwuchs, der nach und nach so hoch emporwuchs, daß er die Aussicht auf die jenseitigen Berge verdeckte. Ich hatte aber diese Aussicht lieb, und ich meinte, auch der Vater müsse mir Dank wissen, wenn ich — wie ich damals ein unternehmender Knabe war — die Bäumchen umhieb. Und richtig, eines Nachmittags, als alle auf dem Felde waren, schlich ich mit einer Axt in das Wäldchen und hub an, junge Bäume umzuhauen. Da kam zu guter Stunde mein Vater herbei; aber der Dank, den er mir wußte, sah wunderlich aus. »Leih mir die Hack, Bub!« sagte er ruhig. Ich dachte, jetzt greift er selber zu, um so besser, und gab ihm die Axt. Er hieb damit eine Birkenrute ab und strich sie über meinem Rücken glatt. »Wart!« rief er, »wenn du den jungen Wald umbringen willst! Er hat noch Ruten für dich!«

Von meiner Mutter bekam ich die Rute auch ein einzigmal. Da stieß ich einmal — wie ich schon gern auf dem Herde saß, wenn die Mutter kochte — den vollen Suppentopf um, so daß das halbe Feuer gedämpft wurde und ich mir schier die bloßen Füßchen verbrannt hätte. Meine Mutter war den Augenblick nicht dagewesen, und als sie nun auf das mächtige Gezische herbeieilte, rief ich, feuerrot im Gesicht: »Die Katz, die Katz hat den Suppentopf umgeworfen!«

»Ja, dieselb Katz hat zwei Füß und kann lügen!« versetzte die Mutter und nahm mich und strich mich eine lange Zeit mit der Rute. »Wenn du mir noch einmal lügst«, rief sie hernach, »so hau ich dich mit dem Ofengabelstiel!« Ein arges Wort! Aber die Ausführung ist — Gott sei Dank! — nicht nötig geworden.

Hingegen wenn ich gut und folgsam war, so wurde ich belohnt. Mein Lohn waren Lieder, die sie mir sang, Märchen, die sie mir erzählte, wenn wir zusammen durch den Wald gingen oder sie abends an meinem Bette saß. Das Beste in mir — ich habe es von ihr. Sie hatte in sich eine ganze Welt voll Poesie.

Als nach und nach meine Brüder und Schwestern kamen, da hat uns die Mutter alle gleich geliebt, keines bevorzugt. Als hernach zwei in ihrer Kindheit starben, sah ich die Mutter das erstemal weinen. Wir anderen weinten mit ihr und fortan immer, sooft wir die Mutterträne sahen.

Und das war von dieser Zeit an gar oft.

Zwei Jahre lag der Vater auf dem Krankenbett. Wir hatten Unglück an Hof und Feld, Hagel und Viehseuche kamen, unsere Kornmühle brannte nieder.

Da weinte die Mutter im verborgenen, daß wir Kinder es nicht hätten sehen sollen. Und sie arbeitete unablässig, sie grämte sich und wurde endlich krank. Die Ärzte der ganzen Gegend wurden herbeigezogen; sie konnten nicht helfen, aber gut rechnen; nur einer sagte: »Ich nehme nichts von so armen Leuten.«

Jawohl, trotz aller Lustigkeit, die oft gewesen, wir waren arme Leute geworden. Die Fahrnisse waren alle weg, von dem ganzen großen Besitztum blieb uns nichts als die Steuern.

Nun beschloß mein Vater, den verschuldeten Hof so gut als möglich zu veräußern. Aber die Mutter wollte nicht, sie arbeitete, wenn auch krank, allfort mit Müh und Fleiß und ließ die Hoffnung nicht sinken. Sie konnte den Gedanken nicht fassen, daß sie fort sollte von ihrer Heimstätte, von dem Geburtshaus ihrer Kinder. Sie verleugnete ihre Krankheit, sie sagte, sie sei nie gesünder gewesen als nun, und sie wolle arbeiten für drei.

Meine Geschwister glaubten auch, sie könnten das Heimathaus nicht lassen, dabei hatten sie kein gutes Paar Schuhe mehr anzuziehen. Und die Mutter, wenn sie einmal in die Pfarrkirche gehen wollte, mußte sich von irgendeinem Holzknechtweib ein Jöpplein ausborgen, das noch keine Flicken hatte. Und von allem die höchste Pein war der Hochmut der Leute und der Hohn, wenn sie doch zuweilen eine Beihilfe leisteten. Sie hatten die Wohltaten vergessen, welche meine Mutter einst nach ihrem Vermögen jedem angedeihen ließ. Damals war sie die geachtetste Bäuerin in den Waldhäusern. Aber — das Unglück frißt die Freunde! Das hatte auch ihre Mutter, die Köhlerin, oft gesagt.

Aus jener traurigen Zeit, da meine Mutter krank war, will ich hier sein Erlebnis erzählen. Es beginnt mit einem sonnenfreudigen Pfingsten.

An jenem sonnenfreudigen Pfingstmontag war sie neununddreißig Jahre alt gewesen. Es war lustig. Die Saaten standen grün auf den Feldern, und auf der hohen Weide grasten die Herden, die zwar nicht uns gehörten, sondern dem Nachbarn, an denen wir uns aber doch freuten, weil sie munter und leibig waren. Mein Vater hatte die Steuer des vorigen Jahres bereits bezahlt, die wirtschaftlichen Verhältnisse, die während der mehrjährigen Krankheit des Vaters zerrüttet worden waren, schienen sich allmählich zu ordnen, und damit stiegen wir auch wieder im Ansehen der Leute. Wir gingen an diesem Tag mitsammen über die

Auen, und die Kleinen sammelten Blumen, und die Großen lobten durch ein heiteres Wort oder durch ein Lied die Werke unseres lieben Gottes. Da setzte sich die Mutter auf einen Stein und wollte sterben.

Wir schleppten sie nach Hause, wir legten sie aufs Bett, wo sie lange lag — wochenlang, monatelang. Alle Nachbarn kamen und brachten wohlgemeinten Trost; alle Ärzte der weiten Umgebung kamen und brachten wohlgemeinte Medizin. Die Kranke war, wie man hinter ihrem Rücken zugestand, vom Schlag gerührt, sie siechte. Als aber der kühle Herbst kam, da wurde ihr besser, sie lag nun tagsüber nicht mehr im Bett, sie saß auf der Ofenbank oder am Tisch, wo die Kinder spielten, oder am Herd, wo sie den ungelenken Vater im Kochen unterwies. Sie war nicht heiter, und sie war nicht betrübt, sie war ruhig und hatte keine Klage — nur wenn sie allein war, machte sie bisweilen einen schweren Seufzer. So verging der Winter, es kam wieder das liebliche Pfingsten, und die Mutter war krank.

Da kam an diesem Fest die alte Riegelbergerin zu uns, die brachte etliche Semmeln mit, sie gab allerlei Hausmittel an und zählte kerngesunde Leute auf, die durch solche Hausmittel kerngesund geworden wären. Endlich fragte sie, ob wir nicht schon beim Stegthomerl gewesen wären?

Nein, bei dem wären wir freilich noch nicht gewesen.

Warum wir so nachlässig und noch immer nicht beim Stegthomerl gewesen wären? Zu dem müsse man in einer solchen Krankheit doch zuallererst schicken!

Aber es sei soviel weit dahin, wandte mein Vater ein.

»Und wenn es drei Tagreisen wäre, um die Gesundheit ist's nicht zu weit.«

»Das ist freilich wohl wahr, um die Gesundheit wär's nicht zu weit«, meinte mein Vater. »Und meinst, Riegelbergerin, daß er ihr helfen tät?«

»Das Helfen, mein lieber Waldbauer, das steht bei Gott«, antwortete die Riegelbergerin in ihrer gewohnten Überlegenheit. »Wunder wirken kann auch der beste Arzt nicht. Aber kennen tut er's, der Stegthomerl, und sagen wird er's, ob noch eine Hilf möglich ist oder nicht.«

Schon am nächsten Tag ging ein Bote hin über die Berge in das Tal, wo der Stegthomerl wohnte. Er ging früh aus, und er kam spät heim, und er brachte den Bescheid, der Stegthomerl hätte gesagt, er könne gar nichts sagen, solange er die Kranke nicht selber sähe.

Am nächsten Tag ging ein anderer Bote (denn der erste war auf dem weiten Weg hinkend geworden), um den Stegthomerl zu holen. Er kam spät in der Nacht allein zurück und brachte den Bericht, der Stegthomerl gehe zu keinem Kranken, er sei selber nicht mehr jung, auch wolle er sich nicht wieder einsperren lassen, weil die geprüften Doktoren einen höllischen Brotneid hätten und selber jeden unter die Erde bringen möchten. Wenn die kranke Waldbäuerin zu ihm kommen wolle, so ließe sich vielleicht was machen. Aber nachlaufe er den Kranken nicht. Das war doch männlich gesprochen, und wir begriffen es alle miteinander, daß ein Mann, der seinen Wert kennt, sich nicht just wegwerfen wolle. Aber nun war eine große Bedrängnis. Das Wetter, allerdings, das war schön und warm, die Tage waren lang, die Mutter war auch bereit. Doch, konnten wir sie hinübertragen den viele Stunden langen Weg bis zum Stegthomerl? Es war keine Möglichkeit. Fahren? Wir hatten keinen Wagen, und das letzte Paar Zugochsen hatten uns die Gläubiger weggetrieben, bei denen während der Mutter Krankheit neuerdings angeklopft worden war. Die Nachbarn brauchten ihre Ochsen zu dieser Zeit auf dem Brachfeld. Der Knullbauer hatte zwei Pferde, er wollte sie leihen, aber die kosteten für den Tag — der Vater schlug die Hände zusammen — fünf Gulden und den Hafer.

Und als wir um die kranke Mutter herum so betrübt dasaßen, nach Rat suchten und keinen fanden, ging die Tür auf und trat der Knabe des Straßenwirtes herein.

»Was willst denn du, Bübel?« fragte mein Vater.

Das Bübel schlenkerte mit den Händen. »Ja«, sagte es, »der Samersteffel laßt sagen, wenn der Waldbauer sein Roß und Wagen haben will, so kann er's haben.«

»Wo ist denn der Samersteffel?«

»Bei uns sitzt er und hat sein Roß und Wagen bei uns eingestellt.«

Mein Vater sann ein wenig nach, was er sagen sollte; dann sagte er: »Der Steffel, der möcht mir einen schönen Preis machen; sag, ich ließ mich bedanken.«

Der Knabe ging, und nach einer Stunde kam der Samersteffel selber. Es war ein kleiner, wohlbeleibter Mann, der einst, solange die Straße noch nicht gebaut war, über den Alpsteig mit einem Saumroß verschiedenerlei Dinge befördert hatte. Seit die Straße war, hatte er sich ein Steirerwäglein angeschafft, mit dem er Getreide, Salz, Most und sonstiges transportierte, aber alles ums Geld, natürlich, weil er davon leben mußte, und nicht nur das, sondern auch reich werden wollte, um an der neuen Straße ein großes Wirtshaus zu bauen. Ein Gastwirt zu sein, das war sein Ideal, und er hatte auch das Zeug dazu, er war allfort bei Humor und hätte es schon verstanden, seine Gäste zu unterhalten. Heute aber, da er in unsere Stube trat, war er gar nicht bei Humor.

»Ihr macht unsereinem eine recht unnötige Mühe«, sagte er und setzte sich schnaufend auf die Wandbank. »Hast du schon gehört, Waldbauer, daß ich mich Geschäfts wegen wem angekoppelt hab? Wirst so was von mir nicht gehört haben, weil ich's gottlob nicht vonnöten hab. Wenn ich mich aber einmal selber antrag, daß ich was führen will, so führ ich's umsonst. Ich hab gehört, daß dein Weib zum Stegthomerl möcht und kein Fuhrwerk hat. Meine Mutter, Gott tröst ihre Seele, ist auch lang so krank gewesen, ich weiß, wie das ist, es ist ein Elend. Wenn's euch recht ist, so führe ich morgen die Waldbäuerin hinüber zum Stegthomerl.«

Da sind wir alle wohl gar recht froh gewesen. Wir haben nicht weiter dran gedacht, ob die weite Fahrt nützen wird oder schaden, oder ob die neue Medizin angreifen wird, oder wie die Krankheit nachher ausgehen wird. Zum Stegthomerl, nur zum Stegthomerl, damit war uns alles gewonnen.

In der nächsten Frühe, als der Morgenstern zwischen den mächtig schwarzen Eschenbäumen herlugte, wurde ich geweckt. Der Vater mußte ja daheim bei der Wirtschaft bleiben, so sollte ich, der dreizehnjährige Junge, mit der Mutter sein, um darauf zu achten, daß ihr nichts widerfahre. Die Mutter saß schon bei ihrem Frühstück und tat, als ob ihr die Milchsuppe rechtschaffen munde. Der Samersteffel und ich aßen eine Pfanne Sterz weg, und dann fuhren wir davon. Der Steffel saß auf dem Kutschbänklein und redete laut seinem Rößlein zu, daß es heute »einen Gescheiten machen« und recht flink dreintraben solle, »damit wir die Waldbäuerin heimbringen, solang es noch heut heißt«. Meine Mutter saß, in alle ihre Kleider und obendrein noch in den Wettermantel meines Vaters vermummt, auf einem Lederkissen, zu Füßen hatte sie Stroh, und über das Ganze lag eine schwere Bettdecke, aus der nur ein Teil ihres Hauptes ein wenig hervorschaute. Neben diesem Krankenbett saß ich und hatte ein schweres Herz.

Es war noch die frostige Nacht, über dem Wechselberg wurde der Himmel ein wenig blaß. Der Weg ging über die Auen dahin. — Jetzt erwachten die Vögel, jetzt begann die Herrlichkeit des Morgenrotes, jetzt stieg die große Sonne empor. Meine Mutter zog die Decke ein wenig zurück und schaute hinauf in die Sonne.

»Ich hab einen guten Trost«, flüsterte sie und suchte meine Hand anzufassen, »wenn der Sommer ein wenig mithilft und der Stegthomerl auch — ich bin ja doch noch nicht so alt ... was meinst, mein Kind, werd ich gesunderweise noch einmal können die Welt anschauen?«

Ich war so zuversichtlich wie sie, mir war leicht geworden. Die Morgensonne! Die liebe, warme Morgensonne!

Die Mutter wurde gesprächig. »'s ist närrisch auch noch«, sagte sie auf einmal und lachte fast laut, »daß der Mensch so viel gern auf der Welt ist. Meine Leut möcht ich halt wohl ungern verlassen. Mein Lenzl, dein Vater, tät mir soviel derbarmen, wenn er niemand mehr hätte; die Kinder sind noch klein.«

»Ich werde jetzt doch schon ziemlich groß«, war mein Einwand.

Da wendete sich die Mutter mit dem Gesicht ganz zu mir und sagte: »Just du, mein Peter, just du machst mir die meisten Sorgen. Du kommst mir halt ganz anders vor wie andere Buben in deinen Jahren. Hast zur Arbeit keinen rechten Schick — heißt das, Schick schon, aber halt deutsch keine Freud. Ja, ja, wenn du's auch leugnest, ich kenn dir's an, dich freut die Bauernarbeit nicht, du tappst herum und willst was anderes und weißt selber nicht was — schau, das ist gerade das Gefährlichst. So wollt ich unsern Herrgott wohl schön bitten, daß er mich bei dir laßt, daß ich dich kann anhalten, bis ich weiß, was aus dir wird.«

»Ein Fuhrmann wirst, gelt, Bub?« rief der Steffel über seine Achsel her zu uns in den Wagen.

»Ein braver Fuhrmann, der arme Leut tut führen, das wollt mir schon gefallen«, bemerkte meine Mutter; darauf schmunzelte der Steffel ein wenig.

Der Weg ging stark aufwärts und wurde steinig; der Steffel und ich gingen neben dem knarrenden Steirerwagen zu Fuß. Die Sonne war heiß geworden. Es war eine mühevolle Fahrt, und wir kamen nur langsam weiter. Als wir hoch oben durch die fast ebenen, aber finsteren Waldungen der Fischbacheralpe dahinfuhren, da hörten wir kein Wagenrad, denn der Erdboden war dicht mit Fichtennadeln besät, nur daß die Räder bisweilen an eine Baumwurzel prallten. Die Vögel waren still geworden, denn über den Wipfeln lag der heiße Tag. Meine Mutter war eingeschlummert. Ich schaute in ihr blasses Gesicht und dachte: Der Stegthomerl wird schon ein gutes Mittel wissen; es ist doch ein Glück, daß wir zum Stegthomerl fahren können.

»Magst ein Trumm Brot, Peter?« fragte der Steffel.

»Ein Brot, das mag ich schon.«

Und wie ich hierauf das Stück Brot erhielt, lag auch ein Stück Speck darauf, und jetzt fing meine Bedrängnis an. Ich hielt das Ding lange in der Hand und schaute es an und schaute auf die Mutter hin; sie schlief. Den Steffel, der es so gut mit uns meinte, wollte ich nicht beleidigen. Da ich die Sache aber nicht so auf sich und auf meiner Hand belassen konnte, so hub ich endlich an, zuerst ganz leise, aber allmählich lauter: »Steffel!« zu rufen.

»Was willst denn?« fragte dieser endlich.

»Ich tät schön bitten«, sagte ich gar verzagt, »schön bitten, daß ich den Speck da nicht essen müßt. Weil ich halt keinen Speck nicht mag.«

»Du weißt nicht, was gut ist«, lachte der Fuhrmann und befreite mich von meiner Not.

Endlich begann es bergab zu gehen, da holperte der Wagen auf den heißen Steinen, rüttelte die Kranke aus dem Schlaf, und die Sonne brannte ihr ins Mark hinein, und dabei fröstelte sie.

Murmelte der Steffel: »Der Stegthomerl muß schon ein höllisch guter Arzt sein, daß eine solche Fahrt der Mühe wert ist. Nur aushalten, Fuchsel, wir haben nimmer weit.«

Um den späten Mittag war's, als wir ins Tal kamen und vor dem Häuslein des Stegthomerl hielten.

Wir führten die Mutter in die dumpfig mürfelnde Stube, in der alle Fensterlein fest geschlossen waren, dort ließen wir sie auf die Bank nieder und fragten nach dem Thomerl.

Ein altes, brummiges Weib gab uns zur Antwort, der Thomerl wäre nicht da.

»Das sehen wir«, sagte der Steffel, »möchten nur wissen, wo er ist?«

»Kunnt's nit sagen.«

»Wann er kommt?«

»'leicht, daß er nimmer lang ausbleibt, 'leicht, daß er erst in der Nacht einmal kommt, 's ist möglich, daß er zum Schanzwirt gegangen ist.«

Die Alte ging aus der Stube, wir saßen da. Meine Mutter tat einen schweren Atemzug. Der Steffel ging der Alten nach und bat sie um einen Löffel warmer Suppe für die Kranke.

»Wo sollt eins jetzt eine warme Suppen hernehmen; ist schon lang kein Feuer mehr auf dem Herd.« So der Bescheid. Da machte sich der Fuhrmann selber dran, Feuer zu schaffen, Milch zu suchen und zu kochen.

Die Mutter aß nur ein weniges von der Suppe, schob die Schüssel uns zu, daß auch wir was Warmes bekämen.

Als all das vorbei war, gab der Steffel dem Weib einen Silberzehner für die Milch und für das Heu, welches der Fuchs fraß.

Nach einer Stunde, während es in der Stube ein paarmal schier finster geworden war, weil draußen Wolken vor die Sonne zogen, trat der Stegthomerl endlich in die Stube. Es war ein kleiner, dünnbeiniger Mann, der aber einen großen Kopf, breite Achseln, eine sehr hohe Brust und einen tüchtigen Höcker hatte. Und der Kopf war in die Schultern gebohrt, so daß sich das Männlein allemal mit dem ganzen Körper umkehren mußte, sooft es den Kopf wenden wollte. Ich sehe ihn heute noch lebhaft, wie er zur Tür eintrat und uns mit seinem weitläufigen, verdunsenen Gesicht zuerst scharf, dann lächelnd ansah.

Meine Mutter war sogleich unruhig geworden und suchte sich von ihrem Sitz zu erheben, um ihm ehrerbietig ihr Anliegen vorzutragen.

Der Thomerl winkte mit der Hand, sie möge das lassen, und sagte hernach mit etwas lallender Stimme: »Ich weiß schon, du bist die Waldbäuerin aus dem Alpl, dich hat vor einem Jahr der Schlag getroffen.«

»Der Schlag hat mich getroffen?« fragte die Kranke mit Schrecken.

»Hast weit und breit herumgedoktert und jetzt, weil dir sonst keiner helfen kann, kommst du zu mir. Ist allemal so, versterbend kommen sie, und wenn nachher dem Stegthomerl seine Arznei nicht Wunder wirkt und der Kranke draufgeht, so heißt's: Der Stegthomerl hat ihn umbracht.«

Diese Worte waren an und für sich ganz schrecklich zu hören, doch waren sie noch erträglich, weil sie mit lächelnder Miene gesagt wurden und weil der Thomerl nun beisetzte: »Verhoff's, daß es mit dir noch eine Ausnahme hat, Waldbäuerin. Ich werd dich jetzt untersuchen.«

Fürs erste, selbstverständlich, fühlte er ihr den Puls. »Der hupft«, murmelte er, »der hupft.« Dann zog er ihr mit seinen breiten Fingern die Augenlider auseinander und guckte auf das Weiße hinein — und sagte nichts. Hierauf mußte sie den Nacken entblößen, und er legte sein Ohr dran — und sagte nichts. Ferner betrachtete er mit großer Aufmerksamkeit die Linien in der inneren Handfläche, erkundigte sich dann nach dem näheren Befinden der Kranken und fuhr fort, die Pulsadern und die Atemzüge zu untersuchen, so daß ich von der Gewissenhaftigkeit dieses Mannes sofort eine hohe Meinung gewann.

Und als er mit der Untersuchung fertig war, setzte er sich meiner sich langsam wieder in ihre Tücher hüllenden Mutter gegenüber auf einen Stuhl, spreizte die Beine aus, bohrte sein Kinn in seinen Rumpf, und die Arme über der Brust gekreuzt, sagte er: »Ja, meine liebe Waldbäuerin, du mußt sterben.«

Meine Mutter zuckte leicht zusammen, ich sprang auf. Der Steffel aber blieb ganz gelassen auf seinem Platz sitzen, schaute eine Weile starr auf den Stegthomerl und sagte plötzlich: »Mußt du nicht auch sterben? Nein, du wirst hin, altes Kamel, gottverfluchtes!«

Jetzt war's die höchste Zeit. Wir packten eilig zusammen und fuhren heimwärts.

Es war schwül und schattig, der Himmel hatte sich mit Wolken bedeckt, es meldete sich kein Tier, es rührte sich kein Wipfelchen, unser Wagen knarrte schwerfällig dahin. Meine Mutter lag still in ihrer Ecke und schaute mit ihren großen, dunklen Augen die dämmernde Welt an.

Der Steffel saß wutschnaubend auf seinem Bock, allmählich jedoch wurde er ruhiger, und nun brummte er:

»Aber einen *solchen* Rausch haben!«

»Wer?« fragte ich.

»Ein solcher Rausch ist wirklich der Mühe wert, daß man eine Tagreise weit fahrt und ihn anschauen geht«, fuhr der Steffel fort. »Hab mir's ja sagen lassen, daß es selten soll nüchtern sein, das alte Kamel; und heut ist es geradewegs vom Schanzwirt gekommen.«

»'s wird wohl gut gewesen sein«, sagte nun meine Mutter, »wenn er nüchtern gewesen wäre, hätte er mir die Wahrheit vielleicht nicht gesagt.«

Und so sind wir schwer betrübt dahingefahren. Über den Bergen her hat der Donner gemurrt, ganz heiser und dumpf; aus der Ferne her hat die Wetterglocke von Fischbach geklungen. Da richtete sich meine Mutter auf und sagte: »Eins mußt mir zulieb tun, Peter, und den Steffel will ich auch bitten: dem Vater, meinem Mann, tut es nicht sagen, was der Stegthomerl gesagt hat.«

»Tät sich wahrlich nicht auszahlen, daß man so eine Narrenred weitersagte«, rief der Fuhrmann sehr laut, »aber zum Gericht geh ich! Verklagen geh ich ihn! Das tue ich!«

»Bitt dich gar schön, Steffel, laß das sein«, bat meine Mutter, »mußt nicht glauben, daß ich mir das Wort so schwer leg, ich hab mir's selber oftmals gedacht, mit mir wird's ausgehen, wie es mit allen sterbenden (hier: kränkelnden) Leuten ausgeht. Was kann der Stegthomerl dafür! Wir sind nicht zu ihm gefahren, daß wir uns von ihm anlügen lassen. Mich schmerzt es nur, daß wir ihn nicht einmal gefragt haben, was wir für die Aufrichtigkeit schuldig sind.«

Jetzt stieß der Steffel ein Lachen aus und ließ die Peitsche ein paarmal durch die Luft pfeifen, gleichwohl das Pferd nach Kräften seine Schuldigkeit tat.

Als wir über die Höhen dahinfuhren, hatte sich das drohende Gewitter gänzlich verzogen, die untergehende Sonne schien mit einem weichen Goldglanz auf die weite Gegend hin, über Wald und Auen, und ein erquickender Hauch floß in unsere Brust.

Auf der blassen Wange meiner Mutter lag eine helle Träne.

Als wir schweigsam und müde über unsere Auen fuhren, standen die Sterne am Himmel. Allerwärts im Gras rieselte das Lied der Heimchen. An der Zaunschranke, wo unsere Halde anhub, stand eine schwarze Gestalt, welche uns ansprach, ob wir's wären?

Mein Vater war's, der uns entgegengekommen war. Meine Mutter nannte ihn beim Namen; die Stimme war weich und zitternd.

Der Vater geleitete uns in das Haus, ohne eine Frage zu tun.

Erst als wir in der Stube waren und das Spanlicht brannte, fragte er mit Befangenheit, wie es uns denn ergangen wäre?

»Nicht schlecht«, sagte der Steffel, »gar nicht schlecht; wir sind recht munter gewesen.«

»Und der Stegthomerl — was hat er denn gesagt?«

»Der hat gesagt, daß auch die Waldbäuerin nicht ewig leben wird, daß es mit ihr aber noch lange Zeit hat — noch lang. Nur schön achtgeben; zur Sommerszeit hübsch in der guten Luft sein, nicht anstrengen und nicht aufregen, gut essen und trinken und keine Medizin — nur keine Medizin, hat er gesagt. Nachher wird's schon wieder gut werden.« —

Darauf verging eine Zeit. Mein Vater vertraute den Worten des Steffels, von denen er glaubte, daß es die Worte des Stegthomerls waren, und pflegte die Mutter voll Eifer, und als der Winter kam, saß sie am Spinnrocken und spann. Die Maus hatte den Faden nicht entzweigebissen.

Im selbigen Winter kam die Nachricht, daß unweit des Schanzwirtes auf der Fischbacheralpe der Stegthomerl erfroren unter dem Schnee gefunden worden sei. Wir beteten für ihn ein Vaterunser.

Der Samersteffel, der bisweilen zu uns kam und stets der gute, heitere Mann blieb, hatte dem Thomerl auch verziehen, und zwar einzig nur, weil dieser damals unrecht gehabt.

Mir fehlte — um nun wieder auf unsere übrigen Verhältnisse

zurückzukommen — alle Freude an dem Bauernstand und freilich auch die Kraft dazu. Ich ging denn zu einem Handwerk, aber den Eltern konnte ich nicht helfen. Die Sonntagskost, die ich daheim hatte, wollte ich meinem Vater zahlen, er nahm nichts, er sagte, ich sei nach wie vor sein Kind, nur nicht so viel Späne brennen sollte ich in den Samstagnächten, wenn ich zu Hause wäre.

»Mein, so laß ihm die Freud; er hat sonst auch keine«, sagte da die Mutter und war meine Fürbitterin.

Da wurde es mit mir anders. Ich ging in die Welt.

Der Abschied von meiner Mutter war hart, aber nach kurzer Zeit hatte sie es erfahren, daß mein Leben ein glücklicheres geworden.

Wie nun das Glück da war, so kam bald der Neid herangehumpelt — oder die Dummheit? Ein Gerücht ging in den Waldbergen: »Es wär soweit schon recht mit dem Peter, aber wie's eben geht in der Stadt, vom christlichen Glauben wird er abfallen.« Und bald hieß es weiter: »Saubere Geschichten das! Wird ihm auf einmal die ehrlich Arbeit zu schwer und die rechtschaffen Kost zu schlecht, geht in die Stadt und ißt Fleisch am Tag Unserer Lieben Frau und fällt ab vom Glauben.«

Meine Mutter hatte zuerst gelacht, als sie das hörte, sie kannte ja ihr Kind. Dann kam ihr aber der Gedanke: Wenn's denn doch wäre? Wenn ihr liebes Kind denn doch auf Gott vergäße und verlorenginge?

Sie hatte keine Ruhe, sie ging und borgte Kleider aus von der blinden Jula und borgte von einer gutherzigen Hausiererin drei Gulden und reiste — krank und hinfällig, an jeder Hand einen Stock — in die Hauptstadt. Sie wollte sich überzeugen, was Wahres war an der Leute Gerede. Sie fand ihr Kind als armen Studenten in schwarzem, geschenktem Rock und mit zurückgekämmten Haaren. Das gefiel ihr schon nicht recht, doch gelang es, sie zu beruhigen. Aber sie sah in den zwei Tagen ihres Aufenthaltes in der Stadt überall das tolle, leichtsinnige Treiben, sah Außerachtlassung von alten, ihr ehrwürdigen Gebräuchen und Spott über Dinge, die ihr heilig waren, und sie sagte zu mir: »Unter solchen Leuten wirst doch nicht bleiben können, Kind, sie täten dich zugrunde richten.«

»Nein, Mutter«, antwortete ich, »denken kann man, was man will, und gute Gedanken können die Leute nicht rauben.«

Sie schwieg. Aber als sie zurückkam in die Waldberge und wieder das Gerede hörte, war sie gebrochener als je. —

Mit der Wirtschaft war es nun entschieden. Haus und Hof wurden veräußert, den Gläubigern überlassen; meine Geschwister verdingten sich an fremde Bauern. Den hilflosen Eltern wurde ein Häuschen angewiesen, das bisher zum Gut gehörte. Mein jüngster Bruder, der noch nicht imstande war, sich sein Brot zu erwerben, und eine Schwester blieben bei ihnen und übten Pflege an der armen Mutter. Der Vater ging allweg über die Berge zu den Ärzten und verschrieb ihnen schier sein Leben, wenn sie jenes seiner Gattin retten könnten.

In dem Häuschen sah es armselig aus. Die Kranke duldete still. Ihr Augenlicht wollte sie verlassen, ihr Denkvermögen wollte sich auflösen. Der Tod klopfte in wiederholten Schlaganfällen an ihr Herz. Oft schien sie schwer zu leiden, aber sie schwieg; sie hatte nichts mehr mit der Welt — nur nach ihrem Gatten, nur nach ihren Kindern fragte sie.

Es war ein jahrelanges Sterben.

Ich habe sie in dieser Zeit oft besucht. Sie erkannte mich kaum, wenn ich an ihrem Bette stand; dann sagte sie doch wieder wie im Traum: »Bist du's, Peterl? Gott sei Lob und Dank, daß du wieder da bist!«

Im Hochsommer trugen wir sie einmal mitsamt dem Bett aus der dumpfen Stube ins Freie, daß sie noch einmal den Sonnenschein sehen sollte. Ich weiß nicht, ob sie ihn sah, sie hielt das Auge offen und blickte die Sonne an, die Sehnerven schienen erstorben zu sein.

Da kamen plötzlich Tage, da sie umgewandelt war. Sie war heiter und verlangte aus dem Haus.

»Wirst mir doch wohl wieder gesund, Maria, und wir bleiben noch eine lange Weil beisammen«, sagte ihr Gatte.

»Ja«, antwortete sie. —

Das alles hatte ich auf diesem Waldweg überdacht, und jetzt war es vorbei mit diesem armen reichen Leben.

Als ich endlich nach stundenlangem Wandern durch die Wälder des Alpsteigs das strohgedeckte Häuschen am Berghange sah, da war es wie ein bläulicher Schatten über Wald und Feld und allem, und doch lag der Sonnentag darüber. Aus dem kleinen Rauchfang stieg ein grauer Rauch. Ahnt sie's, daß ich komme, kocht sie mir meine Lieblingsspeise? — Nein, fremde Leute bereiten ein Totenmahl.

Lange standest du vor der angelehnten Haustür, deine Hand zitterte, als sie sich endlich an die Holzklinke legte. Da ging die

Tür auf, da tratest du ein, da war es dunkel in der engen Vorlauben, nur ein mattes Öllämplein flatterte in einem Glas, und da sahst du's wohl — an der Wand, unter der räucherigen Bodenstiege, auf einem Brett lag die Bahre, ganz zugedeckt mit einem großen weißen Tuch. Zu Häupten stand ein Kruzifix und die Schale Weihwasser mit einem Tannenzweig . . .

Da fielst du nieder aufs Knie. Endlich kam die Träne. Die Träne, die uns einst das Mutterherz mitgegeben auf die Welt zur Linderung im Leid und zum einzigen Trost in der Stunde, wo kein anderes Heil der Seele naht, wo die Freunde uns nicht verstehen können und das Mutterherz gebrochen ist. Oh, sei gegrüßt, du reiches, ewiges Erbe!

Jetzt ging leise die Stubentür auf, und Maria, die jüngste Schwester, trat heraus. Sogleich hub das Mädchen laut zu weinen an, als es den Bruder sah, von dem sie alle so oft gesprochen, nach dem der Mutter letzter Blick gefragt, und der in der Ferne war, als sie das Auge schloß. Nun lag er da und weinte um ihre Lebenszeit.

Selbst ihre Kinder daheim hatten geschlafen in der Sterbenacht. Erst als das Morgenrot durch die Fensterchen leuchtete, ging der Vater zu ihnen in die Kammer und sagte: »Tut die Augen auf und schaut, über den Wechsel steigt schon die Sonne herauf, und Unsere Liebe Frau tut drin sitzen mit dem heiligen Christkindlein, und auf dem Schemel zu ihren Füßen sitzt eure Mutter und tut aus einem Rocken das himmlische Kleid spinnen.«

Da wußten sie's gleich, es war die Mutter gestorben.

»Willst du sie anschauen?« fragte mich jetzt die Schwester. Dann trat sie an das Haupt der Bahre und hob langsam das Leintuch. Ich sah meine Mutter, noch auf ihrem erstarrten Antlitz lag das Heil. Die Last war weg von meinem Herzen, erleichtert und getröstet, als ob ich auf eine weiße Blume blickte, schaute ich die lieben Züge. Das war ja nicht mehr das arme, kranke, mühselige Weib, das war das von einem Strahl aus längst vergangenen Jugendtagen verklärte Angesicht. Sie lag da im Schlummer und war gesund. Sie war wieder jung und weiß und milde, sie lächelte ein wenig, wie sie gerne tat, wenn sie auf den kleinen, lustigen Knaben blickte, der sich mit seinen Spielzeugen zu ihren Füßen umhertrollte. Die dunklen, glänzenden Haare (sie hatte noch kein graues) waren ihr sorgsam gewunden und guckten an den Schläfen etwas hervor aus dem braunen Kopftuch — wie sie's immer gern hatte, wenn sie an den Festtagen zur Kirche ging. Die Hände hielt sie gefaltet über der Brust mit dem Rosenkranz und mit dem

Wachsstock. Als wie wenn sie eingeschlummert wäre in der Kirche am Pfingstsonntag während des freudenreichen Hochamtes, so lag sie da, und noch im Tode tröstete sie ihr Kind.

Aber an den rauhen Händen sah man's wohl, daß die Schlummernde durch ein mühevolles Leben geführt worden war. So standest du vor diesem heiligen Bild — fast so still und regungslos wie die Ruhende.

Endlich flüstertest du zu dem leise weinenden Schwesterlein: »Wer hat ihr die Augen zugemacht?« —

In der Stube erschallten Hammerschläge. Der Schreiner zimmerte das letzte Haus.

Endlich hüllte Maria das Leintuch wieder über das Haupt, so sanft, so sorglich, wie sie hundert- und hundertmal das Mütterlein zugedeckt hatte in der langen Zeit des Siechtums.

Dann trat ich in die kleine, warme Stube. Der Vater, die ältere Schwester, die beiden Brüder, wovon der jüngere noch ein Knabe war, traten mir betrübt entgegen. Sie sagten kaum ein Wort, sie reichten mir die Hand, bis auf den Kleinen, der duckte sich im Ofenwinkel, und man hörte sein Schluchzen.

Der Zimmermann Sepp hobelte gleichmütig an dem bereits zusammengefügten Sarg und rauchte dabei seine Pfeife.

Später, als draußen schon die Schatten des Nachmittags gewachsen waren weit über die schneeglitzernde Wiese hin, als in der Stube der Sepp auf den Deckel des Sarges das schwarze Kreuz zeichnete, saß der Vater neben demselben und sagte leise: »Wie's Gott will. Jetzt hat sie doch wieder ein eigenes Haus.«

Am ersten Tag nach der Mutter Sterben war kein Feuer gemacht worden auf dem Herd der Hütte. Allmiteinander hatten sie vergessen, daß der Mensch zum Morgen, zum Mittag wohl eine warme Suppe ißt. Hingegen war auf dem Anger hinter dem Häuschen ein hellflammendes Feuer angezündet, um das Bettstroh zu verbrennen, auf welchem sie gestorben war — wie voreinstmal die Vorfahren ihr Wuotansfeuer entfacht haben, den teuren Verstorbenen der Göttin Hel, der Bergenden, empfehlend.

Ich hatte mich auf die Bank gesetzt und das Brüderchen zu mir emporgehoben. Der Kleine blickte völlig furchtsam zu mir auf, ich hatte einen schwarzen Rock an und eine weiße Halsbinde um, ich kam ihm so vornehm vor. Seine kleine Hand, die auch schon Schwielen hatte, hielt ich in der meinen. Dann bat ich den Vater, daß er etwas erzähle aus dem Leben unserer Mutter.

»Wartet ein wenig«, antwortete der Vater und sah wie träumend der Zeichnung des Kreuzes zu. Endlich tat er einen tiefen

Atemzug und sagte: »So, jetzt wär's fertig. Wohl lang hat ihr Kreuz und Leiden gedauert, aber das Leben ist kurz gewesen. Kinder, das sag ich euch, jeder hat keine solche Mutter, wie die eure gewesen ist. Für dich, Peter, hätt sie schier das Leben aufopfern müssen, wie du bist auf die Welt gekommen. So sind sie drauf gekommen nacheinander, die Freuden und Leiden, die Sorg und Not — das Elend! Und wie ich krank gewesen bin auf den Tod und die Ärzte all gesagt haben, ich müßt fort, es gäb kein Mittel mehr, hat mein Weib die Hoffnung nicht aufgegeben, hat mich nicht verlassen. Tag und Nacht ist sie bei mir gewesen, hat auf ihren Schlaf vergessen und auf ihren Bissen Brot. Schier mit ihrem Atem hat sie mir das Leben eingegossen, mein gutes Weib —« Die Stimme wollte ihm brechen, mit dem Rockärmel wischte er sich das Nasse aus den Augen.

»Was eine gute Wartung ist, das sollt eins nicht glauben«, fuhr er fort, »gesund bin ich wieder worden. Wir haben fortgelebt in der Treu; daß du, Peter, in der Fremde dein Glück hast gefunden, das ist deiner Mutter größte Freud gewesen. Wie sie krank und sterbend ist gelegen an die zehn Jahre und drüber, wie sie uns haben hinausgestoßen aus unserem Haus, wie das schlechte Gered ist gewesen, und wie wir doch das größte Vertrau gehabt haben zu euch Kindern, das wisset ihr ja selbst. Völlig dreißig Jahr sind wir beisammengewesen im Ehestand. Allweg hab ich gebetet, *mich* sollt der lieb Herrgott zuerst nehmen, jetzt hat er *sie* doch noch lieber gehabt. — Müsset nicht so weinen, Kinder, ihr seid eurer Mutter beigestanden.«

Weiter sprach er nicht.

Als der Sarg gezimmert war, legte der Vater Hobelspäne als Hauptkissen hinein. Er hatte immer die Gewohnheit gehabt, daß er nach getaner Arbeit zu seinem Weibe ging und sagte: »Jetzt bin ich fertig.« Als er nun die Hobelspäne zurechtgeschichtet und auch die übrigen Vorbereitungen getan hatte, ging er in die Lauben zur Bahre und sagte: »Jetzt bin ich fertig.«

Am späten Abend, als auf dem tiefdunkeln, klaren Himmel der Halbmond stand und sein Dämmerlicht ergoß über die Wälder und schneeschimmernden Auen und über das Waldhäuschen am Hang, da winselte allfort der Schnee am Wege, da kamen aus Bauernhöfen und fernen Hütten Leute herbei. Wenn sie auf den Wegen, die sie gekommen, auch laute, heitere Gespräche miteinander geführt hatten, so wurden sie doch jetzt, da sie dem Häuschen nahten, schweigsam, und man hörte nur das Knistern ihrer Tritte im Schnee.

In der kleinen Vorlauben, die durch das Lämplein matt beleuchtet war, kniete jeder hin auf den kalten Lehmboden und betete still vor der Bahre und besprengte sie dann mit Weihwasser. Hernach ging er in die Stube zu den anderen, die da um den Tisch und den Ofen herumsaßen, Lieder sangen und geistlichen Betrachtungen oblagen. Sie waren alle da, um die arme Häuslerin zur letzten Ruhestätte zu begleiten.

Ich hätte, wären die Leute nicht dagewesen, allfort an der Bahre stehen und die Mutter ansehen mögen. Ich las in ihren Zügen meine Kindheit und meine Jugend. Ich meinte, noch einmal werde sich das klare Auge öffnen und mich anlächeln, noch einmal werde mir das Wort fließen von diesen Lippen, das in ihrer Liebfreude so weich und herzensreich gewesen. Aber wie ich auch ihr lieber Sohn gewesen war, und wie lange ich noch stehen mochte bei ihr — sie schlief den ewigen Schlaf.

Ich ging in die niedere Küche, wo die Nachbarinnen das Totenmahl kochten, ich suchte im Rauch herum die Geschwister, auf daß ich sie tröstete.

Drinnen in der Stube war jetzt alles mäuschenstill und in großer Spannung. Der alte Jäger Matthias, der ein braunes Hemd und einen langen weißen Bart trug, saß am Tisch und erzählte eine Geschichte.

»Ist einmal ein Bauer gewesen«, begann er, »und der hat ein Weib gehabt, gar ein armes, krankes Weib. Und einmal, an einem heiligen Ostermorgen, da ist ihm das Weib gestorben. Wie die Seel von dem Leib abgeschieden ist gewesen, da ist sie dagestanden ganz mutterseelenallein in der finsteren Ewigkeit. Kein Engel hat wollen kommen und sie führen und weisen hinein in das himmlische Paradies. Christi Auferstehung wird gefeiert im Himmel, hat es geheißen, und da hat kein Engel und kein Heiliger Zeit für die arme Seel, daß er sie tät weisen. Die arme Seel aber ist gewesen in unaussprechlicher Angst, sie hat bedacht, daß sie ihrer Krankheit wegen schon lange in keine Kirche hat kommen mögen. Und sie hat schon allweg die Teufel winseln und pfeifen gehört, und sie hat gemeint, jetzt ist sie verloren. O mein heiliger Schutzengel und Namenspatron! hat sie gerufen, kommt mir zu Hilf in dieser Not, sonst muß ich hinab in die Höllenglut! — Aber sie sind halt alle beisammen gewesen im Himmel bei der Auferstehung Christi. Darauf ist das arme Weib schon zum Hinsinken gewesen ohne Trost und Beistand, aber auf einmal ist Unsere Liebe Frau gestanden an ihrer Seiten, gehüllt wohl in ein schneeweißes Kleid und in der Hand zur schönen Zier einen

Kranz von Rosen. Sei gegrüßt und sei getröstet, du armes Weib! hat sie lieblich gesagt zur abgeschiedenen Seel, du bist eine fromme Dulderin gewesen all deiner Tage lang, und an jedem Samstag mein hast du gefastet mir zulieb, und das, was dir dadurch übriggeblieben, hast du den Armen gereicht, mir zulieb. Das will ich dir nimmer vergessen, und wenn mein lieber Sohn seine glorreiche Auferstehung feiert an diesem Tag, so will ich deiner gedenken und dich hinaufführen zu seinem goldenen Thron und zu deinem freudenreichen Platz im Rosengarten bei den Engelein, den ich bereitet habe dir zulieb, und wo du kannst warten auf Mann und Kinder. Und darauf hat Unsere Liebe Frau das arme Weib bei der Hand genommen und hinaufgeführt in den Himmel. — Deswegen sag ich, ein Fasten und ein Almosen zu Ehren Unserer Lieben Frau ist gar ein gutes Werk.«

So erzählte der Matthias im braunen Hemd.

»Auch unsere Waldbäuerin, die wir morgen bestatten, hat gern gefastet«, sagte ein Weiblein, »und rechtschaffen gern gegeben.«

Der Vater schluchzte vor Rührung. Der Gedanke, daß seine Gattin nun im Himmel sei, legte ein gar liebliches Licht in sein betrübtes Herz.

Die alte, rußgebräunte Hängeuhr — das war dieselbe, welche seit dem fröhlichen Hochzeitstag des Waldbauern alle Stunden getreulich gezählt hat, die freudvollen und die leidvollen; welche die erste Stunde wies, als voreinst das Knäblein geboren wurde in der Sonntagsfrühe; welche nun nach vielen Jahren die sechste Stunde zeigte, als der Erlösungsengel durch die Stube zog und seinen Kuß der Dulderin auf die Stirne drückte —, die Hängeuhr rückte ihren Zeiger jetzt gegen zwölf.

Und als so ein vergangenes Leben gemessen war wie ein einziger Tag von Sonnenaufgang bis -niedergang, da sagte mein Vater: »Bub, geh hinaus in den Stall und leg dich ein Stündlein aufs Stroh, daß du ein wenig magst rasten. Wenn es Zeit ist, will ich dich schon wecken.«

Ich ging hinaus, tat in der Lauben noch einen Blick auf die Bahre und trat dann in die freie, kalte, sternenvolle Nacht. Die Mondsichel war hinter die Wälder gesunken; ihren letzten Strahl hatte sie noch durch die Türfuge gleiten lassen auf das Bahrtuch — morgen, wenn sie wieder aufging, war dieses arme Menschenwesen ja schon in der dunklen Erde. —

So lag ich nun im Stall auf dem Stroh, wo sonst meine zwei Brüder schliefen. Neben mir, an Hängeketten, standen oder lagen die drei Rinder und scharrten im Wiederkäuen mit den Zähnen.

Es war eine dunstige Wärme in dem Stall, und von der halbmorschen Decke tropfte es nieder auf mein Strohlager.

Voreinst — ja, da zitterten wohl auch die Tropfen nieder, die Tautropfen von den Bäumen, als dich die Mutter zur ersten Kommunion führte. Du hast ein neues Jöpplein an, und auf deinem Hut steckt ein frisches Rosmarin. Über dem Brustfleck am Hals schaut das schneeweiße Hemdchen heraus, und die Wangen sind rosenrot vor lauter Waschen. Die Mutter hat ein hellfarbiges Kleid, ein braunes Vortuch und eine schwarze, knapp anliegende Joppe an. Das breite Halstuch ist von roter Seide und leuchtet wie Glut und Flamme. Ein grünweißes Blumensträußchen wächst aus dem Busen hervor. Auf dem Haupt trägt sie eine hohe, kostbare Goldhaube, wie sie damals Mode war im ganzen Land; und an beiden Seiten der Stirne gucken die Locken hervor, schwarzglänzend wie zwei große Augensterne und zart und weich wie die Wimpern an den Lidern. Die Wangen sind angehaucht vom Morgenrot, das Kinn ist weiß und lieblich gebogen. Die roten Lippen lächeln ein wenig und grollen dabei, weil du gar so vorwitzig hüpfest, Kleiner, über die Steine und Baumwurzeln und dabei die Nägel aus den Schuhen trittst... Aber in ihrer blühendsten Schöne hat noch kein Kind seine Mutter gesehen; und doch, wie ist es so lustig, Knabe! Da glitzert es im Wald und leuchtet in den grünen Lärchenbäumen, und da duftet das Blühen, und die Vöglein singen auf allen Wipfeln. Kindeszeit, Maienzeit! —

Dumpfe Schläge weckten mich aus meinem Traum, ich fuhr empor. Jetzt legen sie die Mutter in den Sarg, jetzt hämmern sie den Deckel darauf.

Ich stürzte aus dem Stall und in das Haus. Da stand in der Lauben der weiße, schlanke, zugedeckte Sarg, und die mattflakkernde Öllampe beleuchtete nur mehr das leere, öde Bahrbrett.

Ich hätte sie gerne noch einmal gesehen...

Die Leute bereiteten die Trage. Der Vater kniete hinter der Tür und betete; die Schwestern weinten in ihre Schürzen, und der kleine Bruder schluchzte so sehr. Ach, er wollte das Weinen zurückhalten; hatte er doch gehört, für die Mutter sei es am besten so, und sie sei nun in der himmlischen Freude — er hatte ein bißchen gelächelt dazu, aber nun, da sich die Leute anschickten, die Mutter hinauszutragen und fort für alle Ewigkeit, war der Trost vergessen in dem kleinen, bedrängten Herzen.

Ich nahm das Brüderlein an der Hand, und wir gingen in die dunkle, hinterste Ecke der Stube, wo sonst niemand war, wo nur die kranke Mutter gern gewesen. Dort setzten wir uns auf die

Bank. Und dort saßen wir, während draußen alles vorbereitet wurde, während sich die Leute zu Tisch setzten und das Totenmahl verzehrten.

Sie waren gekommen, um Leid zu tragen mit uns; jetzt aßen sie, jetzt lachten sie, und dann taten sie wieder, wie's der Gebrauch war, und sie freuten sich schier, daß wieder einmal einer gestorben war und ihnen dadurch Abwechslung in das alltägliche Leben brachte.

Plötzlich wurden draußen laute Worte gesprochen: »Wo ist der Übertan? Wir finden den Übertan nicht!«

Der Übertan ist ein dünnes Leinengewebe, welches als ein Schleier über den Sarg gehüllt wird und nach dem Glauben des Volkes am Jüngsten Tag dem Auferstehenden als Überkleid dient.

Der Vater wurde durch den Ruf von seinem Gebet aufgeschreckt; jetzt torkelte er herum und suchte die Leinwand in seinem Kasten, auf den Wandstellen und in allen Winkeln. Er hatte sie ja gestern nach Hause gebracht, und jetzt war sie nirgends zu finden. Er wußte auch nicht, wo ihm der Kopf stand: jetzt sollte er dafür sorgen, daß alle zum Mahl kämen, seine Kinder beruhigen, jetzt sollte er eine frische Kerze auftreiben, weil die alte schon auf den Grund gebrannt war und die Leute in das Finstere zu kommen drohten, jetzt sollte er gar in den Stall gehen und die Rinder füttern für den ganzen Tag, da niemand daheim sein würde — und jetzt sollte er sagen, wo er gestern in seiner Wirrnis den Übertan hingelegt hatte. Und in den nächsten Minuten trugen sie sein Weib aus dem Haus.

Alles kam in Aufregung. »So hat der Alte keinen Übertan«, murrten sie, »das hat man auch noch nicht gesehen, daß eine Totentruhen nackt und bloß davongetragen wird, aber bei der armen Waldbäuerin muß es wahr sein: elend gelebt und elend gestorben!«

Auch die beiden Schwestern huben zu suchen an, und Maria rief klagend: »Jesus mein, ohne Übertan darf mir meine Mutter nicht begraben werden; da muß sie noch liegenbleiben daheim, und ich gebe mein Kresengeld (Chrisamgeld, das Patengeschenk) und kaufe ihr das letzte Kleid. Wer hat die Leinwand weggetan? O Gott, jetzt wollen sie ihr das Allerletzt auch noch versagen!«

Ich suchte das Mädchen zu beruhigen, und wir würden im Dorf draußen schon eine Leinwand bekommen, und wenn nicht, so ruhe sie auch unter bloßem Tannenholz in Frieden.

»Du kannst so reden!« rief sie, »hat dir die Mutter seiner Tage nicht auch die Kleider gekauft von ihren blutig ersparten Kreuzern? Und jetzt soll sie auferstehen am Jüngsten Tag in ihrem armen Gewand, wo alle anderen ein weißes Kleid tragen!« In ein lautes Weinen brach sie aus und lehnte ihre glühende Stirne an die Wand.

Aber bald darauf war ein Aufatmen unter den Leuten, der Übertan hatte sich gefunden.

Und als gegessen war — wir genossen keinen Bissen —, und als alles bereit war, da machten sie die Tür auf in die Vorlauben hinaus und knieten nieder vor dem Sarg und beteten laut die fünf Wunden Christi.

Dann stellten vier Männer den Sarg auf die Trage und huben ihn auf und trugen ihn aus der armen Menschenwohnung im Walde und davon über die Heiden und Wiesen und durch hohe Wälder.

Und ringsum war die Winternacht, und über allem lag der Sternenhimmel.

Noch einen Blick auf das leere Bahrbrett, dann zog ich rasch meinen kleinen Bruder mit mir fort, und Vater und Schwestern eilten auch nach, und der ältere Bruder verschloß die Tür, und nun lag die Waldhütte da in der Dunkelheit und in der tiefsten Stille. Das Leben war fort, der Tod war fort — eine größere Einsamkeit kann nicht mehr sein.

Man hörte das Summen des betenden Leichenzuges, man sah das Flimmern der wenigen Laternen zwischen den Baumstämmen. Die Träger gingen mit schnellem Schritte, die Beter konnten schier nicht nachkommen auf dem holperigen Schneepfad. Ich war mit dem kleinen Bruder weit zurückgeblieben, der Knabe konnte so schnell nicht vorwärts. — Im Leben hätte uns die Mutter nie so zurückgelassen, da hätte sie gewartet, ein wenig lächelnd und ein wenig grollend, und den Kleinen an der Hand geführt. Jetzt verlangte ihr schon nach der Ruh.

Vor dem Pfarrdorf am Wege steht ein hohes Kreuz mit dem lebensgroßen Bilde des Heilands. Hier setzten sie nach stundenlangem Wallen vom Gebirge her den Sarg zu Boden und warteten auf den Arzt, der aus dem Dorf kam zur Totenbeschau. Aber als wir zwei Zurückgebliebenen nachkamen, da war der Sargdeckel bereits wieder festgehämmert. So konnte ich dich denn nimmermehr sehen auf dieser Erde, meine Mutter! —

Im Dämmerlicht der Morgenröte zogen sie zur Pfarrkirche ein.

Die Glocken klangen hell zusammen. Mitten in der dunklen Kirche war ein hoher Sarkophag aufgerichtet, es strahlten viele

Kerzen, und es begann ein feierlicher Trauergottesdienst. Der Pfarrer des Ortes, ein alter, blinder Mann mit schneeweißen Haaren, eine ehrwürdige Gestalt, umgeben von Priestern in reichem Ornat, hielt das Requiem. Seine Stimme war hell und feierlich, ein Sängerchor antwortete, und Trompeten und Posaunen tönten durch die Kirche.

Ich sah den Vater an, er mich, wir wußten nicht, wer das alles so angeordnet hatte. Heute weiß ich, daß es meine Freunde in Krieglach gewesen sind, die uns den schönen Liebesdienst getan haben.

Als der Trauergottesdienst vorüber war, wurde der Sarkophag weggeräumt, wurden am Hochaltar alle Festkerzen angezündet, und drei Priester, nicht mehr in Farben der Trauer, sondern in rosigem, golddurchwirktem Meßgewande, traten an die Stufen des Altars, und es wurde ein feierliches Hochamt mit hellem Glockenschall und fröhlichem Musikklange aufgeführt. »Weil sie erlöst ist von dem Leide«, sagte ich zu dem Knaben.

Endlich schwankte der Sarg, reich geziert, von der Pfarrkirche, in welcher die Waldbäuerin voreinst getauft und getraut worden war, dem Friedhof zu. Die Priester und der Sängerchor sangen laut und hell das Requiem, die Glocken klangen über das Dorf weithin in die Wälder, und die Kerzen flackerten im Sonnenschein.

Ein langer Zug von Menschen bewegte sich durch die breite Dorfgasse. Wir gingen hinter dem Sarg und hielten brennende Kerzen in den Händen und beteten.

Draußen zwischen Äckern und Wiesen auf einer sanften Anhöhe liegt der Friedhof. Er ist nicht klein, denn die Pfarre erstreckt sich weithin über Berg und Tal. Er ist eingefriedet mit einem Bretterzaun, viele Kreuze von Holz und verrostetem Eisen stehen darin, und inmitten ragt das Bild des gekreuzigten Erlösers.

Vor diesem Bilde, zur rechten Hand, war das tiefe Grab — gerade an derselben Stelle, wo sie vor Jahren die zwei verstorbenen Kinder der Waldbäuerin gebettet hatten. Zwei frische Erdhügel lagen am Grabe geschichtet.

Hier ließen die Träger den Sarg zu Boden und entkleideten ihn aller Zier, und arm, wie er aus der Waldhütte gekommen war, sank er hinab in die Grube.

»Heut ist's an dir, morgen ist's an mir; so bin ich schon zufrieden«, murmelte mein Vater, und der Priester sagte: »Sie ruhe im Herrn!«

Dann warfen sie Erdschollen hinab und gingen davon. Gingen dem Wirtshaus zu, genossen Wein und Brot und redeten von täglichen Dingen. — Als die zwölfte Stunde war und nach der Sitte die Kirchenglocken noch einmal anhuben zu läuten, der Bestatteten zum letzten Gruß, machten sich die Waldbewohner auf den Weg gegen ihr Hochtal.

Wir Zusammengehörige saßen noch eine Weile beisammen und sprachen traurig von der Zeit, die nun kommen mußte, und wie sie einzurichten sei. Dann nahmen wir Abschied, Vater und Geschwister gingen heim in die Waldhütte, um in derselben wie die Mutter zu leben und zu sterben.

Mich hat ein Freund in Krieglach zu seinem Tisch geladen, hat einen Becher mit Schaumwein gehoben und das Wort gesagt: »Die Toten sollen leben!«

Sie leben in unserem Herzen.

In der letzten Stunde vor der Abreise nach der Stadt ging ich durch ein Nebengäßchen nach dem Friedhof. Das Grab war noch offen, und einsam stand unten der weiße Sarg. — Die Sonne deines letzten Tages geht jetzt unter, und dereinst werden die Zeiten nimmer zu messen sein, vor denen du das irdische Licht gesehen hast.

Die Erde rollte hinab, und über den Bergen der Waldheimat lag ein fremder Schatten.

Als wir um ein Büschel Sonnenstrahlen haben geschickt

Auch in unserem Bauernkalender stand Sonnenschein und trübes Wetter, unabhängig von Sturm oder blauem Himmel draußen in der Welt.

Noch pfiff der Meister ein fröhlich Liedel, rief die Bäuerin herbei: »Geh her, will dir einmal etwas hinaufhängen.« Die Bäuerin kam, der Meister warf ihr das lose zusammengeheftete Jöppel um, strich da mit der Kreide an, zerrte dort an einer Falte und sagte: »Gut ist's, passen tut's.« Aber das Pfeifen war dahin. Zu trennen begann er und zu schneiden am Jöppel und zu brummen dabei. Der Geselle Christian schimpfte, wenn ein Kleid nicht lag, schimpfte über die Weibsbilder, die so höllisch schlecht gewachsen wären und so unzuverlässig, daß sie sich noch, während die Joppen schon in Arbeit stünden, änderten. So ungerecht war der Meister nicht. Er knurrte höchstens über »den Zeug«, der beim Bügeln zusammenschlieft oder schon ursprünglich zuwenig gewesen für ein Bloch übereinand, als es die kugelrunde Bäurin ist. Ein einziges Mal hatten die Mäuse schuld, die ein Joppenmuster derart zugenagt, daß es den Meister beim Zuschneiden irregeführt hatte. Es begann dann ein unerquicklich Schnitzeln und Stückeln, und trübselig war es in der Stube, es mochte draußen die Sonne noch so freundlich leuchten.

Wenn hingegen die Joppe in der Tat wie angegossen auf dem Weibel saß, da pfiff der Meister lustig drauflos, pfiff hell wie eine Drossel und war gar vergnügt. Wenn es zudem auch noch war, daß wir in einem Hause gut gefüttert wurden, so hatten wir alles erklecklich beisammen, was hienieden zu einem echten Schneiderglücke notwendig ist.

So glücklich saßen wir einmal im Statzhofe. Die junge Bäuerin hielt viel auf Schmuck und Zier, und nachdem der Meister gesehen hatte, daß ihr die neue Samtjoppe wie angemalen saß, beschloß er, sie mit unterschiedlichem Zierat, als »Perteln«, Schnürlein, Seidenmaschen, Knöpflein und dergleichen so prächtig auszuputzen, wie man in der Gegend bisher an Pracht nichts Ähnliches erlebt. Überlaut sagte die Bäuerin zwar: So schön! Das wäre wohl aus der Weis, so schön täte sich's für eine Bauersfrau doch nicht schicken, so schön hätte es nicht einmal die Baderin, und die Schulmeisterin schon gar nicht! — Insgeheim flüsterte sie aber dem Meister zu, wie sie es bei der Amtmännin gesehen, daß jetzt die Perteln und »Paßpulaturen« angenäht würden, und so ein Goldschnürl an den Aufschlägen, wie es die Verwalterin trage, stünde freilich wohl sauber. »Sollten sich gerad einmal giften, die Herrenfrauen, wenn's jetzt auch die Bäuerinnen nachmachen oder besser machen; möcht wissen, wesweg die Bauersfrauen alleweil zurückstehen sollten. Man hat eh sonst keine Freud auf der Welt; wenn man kein sauberes Gewand auch nit hat, nachher kann sich eins gleich lebendig eingraben lassen.«

Dachte sich insgeheim mein Meister: Dumm bist, Statzhoferin, aber mir kann's recht sein. Kommt die Ausbandlerei auf, beim Weibergewand, so gibt's mehr Arbeit, und so gut wie der ungarische Schneider bandeln wir auch noch aus, Gott sei Dank.

Um dieselbe Zeit fiel unter anderem der erste April. Und beim Statzhofer hatten sie eine niedliche, aber einfältige Magd, die auch ein wenig lüstern war nach uns Schneidern, heißt das nach unserer Ausbandlerei, obwohl ich einen ganzen Tag lang auf dem Witz herumritt: Mit der möcht' ich lieber anbandeln als ausbandeln mit der!

Der muntere Meister mochte auch so ein Böcklein reiten, denn plötzlich sagte er zu mir: »Was meinst, das treuherzige Wabel soll man doch ein wenig in den April schicken?«

»Tun wir das! Foppen wir sie!« stimmte ich bei. Es zeigte sich aber bald, daß des Meisters Auffassung lange nicht so niederträchtig war als die meine.

»Wabel!« rief er die Magd, als er sah, wie sie an ihrem Kasten stand und ein Feiertagsröckel anzog, »mir scheint, Wabel, du gehst in die Hauptstadt Fischbach hinab.«

»Freilich«, antwortete sie, »die Bäuerin schickt mich um Kaffee und Zucker.« Mir sprang vor Freuden das Herz auf die Zunge und schrie zum Mund heraus: »Juchhe!«

»Wabel«, sagte der Meister, »weil du schon nach Fischbach gehst, wolltest nicht so gut sein und mir beim Bandelkramer was holen? Für der Bäuerin ihre Joppe tät ich drei Ellen Sonnenstrahlen brauchen zum Aufnähen. Aber von der feineren Sorte.«

»Gern«, antwortete die Magd, »was werden sie denn kosten?«

»Zwölf Kreuzer, denke ich, die Elle. Aber vom vorigen Sommer müssen sie sein, gut getrocknete, und daß sie dir nicht etwan abgelegene geben! Sag für den Schneidernatzel, und soll's aufschreiben.«

»Aufschreiben tut er nichts, der Bandelkramer«, wußte die Wabel zu sagen, »wie ich vorige Woche Seidenbandeln hab aufmerken lassen wollen, hat er gesagt: Das Rechnen hätt er wohl gelernt, aber das Schreiben nit.«

»Nachher muß ich dir schon zwei Zwanzigerlein mitgeben«, sagte der Meister, »was übrigbleibt, wirst mir wohl fleißig zurückbringen?«

»Halt ja«, versicherte das Wabel und ging.

Als hierauf die Magd beim Bandelkramer zu Fischbach für den Schneidernatzel drei Ellen Sonnenstrahlen begehrte und die zwei Zwanziger hinhielt, sagte der Krämer: »Saggra, Dirndl, diese War ist mir ausgegangen! Noch ein altes Büschel vom Sechzigerjahr ist da, aber das ist ganz abgestanden, weil es in demselbigen Sommer so kalt gewesen ist, daß die Sonnenstrahlen gefroren sind. Sie sind alle zu spröd und lassen sich nicht biegen, die kann er nicht brauchen, der Meister. Ich geb dir aber einen guten Rat, Wabel, geh ins Wirtshaus hinüber, laß dir für die zwei Zwanziger eine Halbe Wein geben und einen Schweinsbraten und laß dir's auf die Gesundheit des Meisters schmecken.«

So hat die treuherzige Magd denn auch getan. Als sie am Nachmittag nach Hause kam, hatte sie ein so strahlendes Gesicht, daß es schier hell ward in unserer düsteren Stube. Wir ahnten aber nicht, daß dies die Sonnenstrahlen waren, um die wir sie geschickt hatten.

Den Pack mit Zucker und Kaffee legte sie in die Hand der Bäuerin. »Nun«, fragte der Meister, »und auf uns hast vergessen? Was ist mit den Sonnenstrahlen?«

»Jesseles ja!« rief das Wabel, »er hat jetzt keine. Alte hätt er noch, sagt er, wären aber ganz abgestanden und nicht mehr zu brauchen.«

Der Meister schwieg und schmunzelte. Nach einer Weile fragte er die Magd: »Wabel, fällt dir nichts auf?«

»Gar nichts«, antwortete sie.

»Geh«, schmunzelte er, »geh, Wabel, guck einmal in den Kalender!«

Sie ging ihrer Arbeit nach und tat nichts desgleichen. »Sonderbar«, sagte der Meister abends zu mir, »sie tut nichts desgleichen.«

Nach dem Abendmahl, als man sich allseits zum Schlafengehen rüstete, ging ihr der Meister nach, sie blieb an der Kammertür stehen und glaubte, er wolle ihr eine neue Joppe anmessen. Aber der Meister erinnerte sie höflich an die zwei Zwanzigerlein.

»Schneider«, schmunzelte sie, »guck einmal in den Kalender . . .«

Mit dieser Erfahrung bereichert, kam mein Meister kleinlaut zu mir zurück. »Und das«, so machte er endlich seinem Gemüte Luft, »das ist das einfältige Wabel!«

Von dieser Zeit an hatten wir keine mehr in den April geschickt. Der Statzhoferin stand die neue Joppe auch ohne Sonnenstrahlen vortrefflich, und mein Meister bemerkte, als der Spaß von der vornehmen Zier auf Weiberjoppen wieder einmal aufgetischt wurde: »Mit Sonnenstrahlen arbeiten ist nicht so einfach. Ich habe mir damit einmal die Finger verbrannt.«

Der ewige Schneider

Der Toni — das war derselbe, der das Sprichwort hatte: »Ich möcht mir sonst nichts wünschen, wie daß ich bei meiner Leich als kleiner Bub hinten nachlaufen kunnt.«

»Du bist narrisch, Toni«, sagten ihm hierauf die Leute, und andere meinten: »Du bist nicht gescheit, Toni.« Nur einen kannte ich, der ihm auf sein Sprichwort stets entgegnete: »Ja, Toni, das glaub ich, daß du bei deiner Leich als kleiner Bub hinten nachlaufen möchst.« Und dieser eine war ich. Wir saßen beisammen und nähten mitsammen, und auch beim Schwätzen ging uns der Faden nicht aus. Und wollte er schon mitunter ausgehen, so verstand der Toni das Anknüpfen. »Ja«, berichtete er, »deshalb spar ich meine Sach zusamm', daß ich eine schöne Leich krieg. Werdet's schon finden unter meinem Kopfpolster, das Testament. Nur nichts Trauriges, das ist langweilig. Die Musikanten müssen was Lustiges aufspielen; Walzer nicht, die schicken sich nicht auf dem Freithofweg; den Radetzkymarsch oder so was, daß es recht klingt im Wald und die Leut mit Takt traben können. Und daß sie mir nur das Sacktuch mit in die Truhen geben. Alsdann nach dem Begräbnis eine gute Tafel, daß ein Schippel Leut mitgeht.«

»Glaubst du denn, daß sie dich zur Tafel lassen werden, wenn du als Gassenbub hinten nachläufst?« Diesen Einwand machte ich.

»Ist mir auch nichts drum, ich laß sie essen und geh meinem Schneerutschen nach oder, ist's in anderer Jahreszeit, dem Krebsenfangen oder dem Vogelnesterausheben; ein Schlingel bin ich, ein Schlingel bleib ich und ich mag tausendmal auf die Welt kommen.«

Er arbeitete gern, der Toni, aber stets nur mit größeren Unterbrechungen. Er hatte einmal ein schwarzes Röcklein aus feinem Tuche halb erworben, halb geschenkt bekommen, und wenn er das trug, war es, als dehne sich der Mann schlank in die Länge. Man konnte nicht sagen, an dem Toni sei ein feiner Weltmann verlorengegangen, der feine Weltmann war ja doch da und zeigte sich, wenn er Schnaps trank oder betteln ging, voll liebenswürdiger Herablassung seiner Umgebung. In das gewöhnliche Gespräch der Leute mischte er sich nicht gern, er verlegte sich nur auf die Philosophie. Und da sagte mancher von ihm: »Ewig schade, daß er nicht studiert hat, der hat was im Kopf!«

»Haben die Apostel studiert?« fragte er. »Wem's angeboren ist, was braucht denn der noch zu studieren! Gebt acht, was ich das nächste Mal tue!«

Mit dem nächsten Male meinte er das neue Leben, wenn er wieder auf die Welt käme; denn es erging ihm, wie es allen Optimisten ergeht, sein Wunsch war ihm zum Glauben geworden.

Einer Bettlerin Kind war der Toni gewesen, hatte sich durch vierzig lange Jahre heraufgedarbt und heraufgelitten bis zum Bauernschneidergesellen, der länger auf der Wander ist als in der Arbeit und dessen Ideal in einer »schönen Leich« besteht, als ob das Sterben nur so eine Art Jubiläum wäre, welches jeder, der seine Sach ehrlich durchgemacht, etwa von siebzig zu siebzig Jahren einmal das Recht hat, zu begehen. Und in diesem Manne die Sehnsucht nach Wiederholung seines Lebens!

»Ein Mittel wüßte ich schon, daß du als Bübel hinter deinem Sarg dreinlaufen könntest«, sagte ich ihm einmal, »heiraten.«

»Narr!« rief er, »da lauft ja das *Weib* hintendrein und sucht sich unter den Leidtragenden den zweiten.«

»Und meinst nicht, daß auch ein kleiner Bub da sein kunnt?«

»Ein halb Dutzend kann da sein, und Mädeln auch so viel, das sag ich dir! — Aber halt *eine* Sach ist zu bedenken. — Ich weiß nämlich nur eine, die ich möcht.«

»Eine ist ja genug.«

»Ganz gewiß auch. Aber nehmen will sie mich nicht. Für einen, sagt sie, wäre ich ihr zu gescheit und für zwei zu dumm. So foppt sie mich.«

Ich war damals schlecht genug, darauf zu entgegnen: »So foppe du sie auch!«, worauf er mir ins Ohr flüsterte: »Sie läßt sich aber nicht foppen.«

Seine Angebetete war eine schöne Wirtstochter zu Mürzzuschlag — »die ehr- und tugendsamste Jungfrawen im Land Steier«, wie er sie in Anwendung alter Lesart gern bezeichnete.

Sonst soll ihm seine Mutter gesagt haben, ein Handwerk müsse er lernen, damit er einstmals einen Hausstand gründen könne. Und jetzo war ihm just dieses Handwerk im Wege, denn »keinen Schneider nimmt sie nit«.

»Deswegen«, sagte der Toni schwermütig, »wenn ich noch einmal auf die Welt komm, kein Schneider werd ich nimmer.«

»Wirst es aber vergessen haben, mein lieber Toni«, entgegnete ich in würdigem Ernste der Weisheit, »wirst es vergessen haben, daß du schon einmal ein Schneider gewesen bist und daß dir der Stand nicht gefallen hat!«

»Desweg sag ich ja, daß sie mir ein Sacktuch mit in die Truhen geben sollen. Siehst du!« und er zog sein Tuch aus dem Sacke, »jetzt mach ich einen Knoten drin, daß ich nicht vergeß drauf.«

»Und was willst du nachher werden?«

»Ein reicher Stadtherr.«

»Da wär's wohl schad um den Knoten«, meinte ich.

»Da denkst ganz gescheit«, sagte der Toni, »ganz gescheit denkst. — Und jetzt möcht ich dich nur fragen, ob dir's auch so ist; ich hab so Augenblicke, wo es mir vorkommt, als ob ich schon einmal auf der Welt gewesen wäre.«

»Du«, entgegnete ich und ließ die Nadel ruhen, »mir kommt's auch bisweilen so vor. Das ist merkwürdig!«

»Wenn man nur wüßte, was man gewesen ist. Ich muß in einem Lande gewohnt haben, wo die Sacktücher nicht Brauch sind, sonst hätte ich sicherlich —«

»Geh, geh, mit deinen Knoten! Das ist ein Spaß für einmal, den laß gut sein. Wenn ich so nachsimulier über die Sach von wegen ehemals und es zuckt mitunter so ein Lichtl auf — grad so wie ein Lichtl möcht ich sagen — so deucht mich, ich bin derselbige Tropf gewesen wie jetzt.«

»Meinst? Ja, nachher ist's vielleicht doch so, daß wir als kleiner Bub mit unserer Leich mitrennen.«

»Ja, du, Toni, was glaubst denn! Wenn das alleweil so fortginge, wann käme so ein armer Schneider hernach in den Himmel?«

»Weißt«, antwortete der Toni und stützte den Ellbogen auf das Knie, »der Himmel! Mich lust's gar nicht so stark nach dem Himmel. Hab ich mein Stückel Brot zu essen und mein Glas Apfelmost, nachher laß ich's gut sein.«

Und wirklich, er ließ es gut sein, der Toni. Und es war gut. Und es ist heute noch gut. Vielleicht seid ihr ihm auf irgendeiner Straße schon begegnet.

Das ganze alte Kerlchen, welches sich heute so innig des irdischen Sonnenscheines erfreut, daß sogar die Zehen aus den staubgrauen Stiefeln hervorgucken in die lichte Welt. Er geht schon recht bucklig, aber emsig wie ein Wiesel. Sein Bart ist viel weißer als die Pfaid, die ihm am Ellbogen hervorschaut. Der Mann trägt fast nichts mit sich als ein Spazierstöckchen, das er ganz fein zu schwingen versteht und das sich hinwiederum mächtig biegt und baucht, sooft er sich drauf stützt. Nicht wahr, er ist euch schon begegnet? Und ist euch nicht sein rascher, zierlicher Gang aufgefallen? Er muß ja auch sein Käppchen gelüftet und euch gegrüßt haben — flink und lustig gegrüßt und gütig dabei, als wollte er euch was schenken. Seht, der ist's, das ist mein spintisierender Toni.

Ich zweifle nicht, er wird sterben, der Toni, aber er wird nicht aussterben, er wird immer ein ärmliches Leben führen, er wird immer possierliche Hirngespinste weben, er wird sich im Gegensatz zu Ahasver immer nach ewigem Leben sehnen, wird auf all seinen Wegen und Stegen hüpfen, hopsen und tänzeln mit leichtem Fuß, alleweil guten Muts, alleweil ein wenig windig, kurzum — der ewige Schneider.

»Da gehört was dazu«, sagte der Steinbauer, »wo er denn das her hat!«

»Aber schon gar!« rief die Steinbäuerin lachend, »ist doch ein rechter Unchrist, dieser Schneiderbub! Wenn unsere Dirn nicht sozusagen schon Mensch geworden wäre, dürfte man so ein Lesen nicht leiden.«

»Geh«, schmeichelte die menschgewordene Haustochter, »hast nicht noch was bei dir?«

»Bei mir« — entgegnete ich — »bei mir hätt ich schon was, aber« — jetzt richtete ich einen fragenden Blick gegen meinen Meister.

»Wenn's ihnen gefällt«, sagte der schmunzelnde Meister, »so lies halt noch was.«

Wenn's der Meister anschafft und eine menschgewordene Haustochter darum bittet, wird ein junger Schneidergesell doch nicht lange säumen, sein »Gedichtets« vorzulesen. Hoch oben in unseren Waldbergen hob der Meister Natz mit seinem dichtenden Gesellen nicht viel Ehre auf, aber im Tale der Mürz, wo es zur Mode gehörte, bisweilen ein wenig Spitzbub zu sein, da erhob sich ein rechter Jubel, sooft ich etwas von meinen Schwänken, Trutz- und Liebesgsangeln zum besten gab. Letztere waren mitunter »hübsch geschmalzen«, wie der Steinbauer einmal sagte, aber man weiß ja, daß Bauersleute gern fett essen; auch die erwachsenen Haustöchter wischen sich den Mund erst ab, wenn sie satt sind, und so las ich drauflos. Meine Stimme hatte gerade die rechte Stärke, um in der Kinderstube nicht gehört und an unserem Tisch wohl verstanden zu werden; auch soll ich — was mir der alte Steinbauer heute noch gutspricht — die vielen Gedankenstriche gar sinnreich mit den Augen angedeutet haben, die über den Steg dieser Gedankenstriche ein ums andere Mal auf die Haustochter hinübergesprungen sein sollen.

Besonderen Beifall hat das Stück: »A betendi Jungfrau« gefunden. Dieses tut dar, wie eine etwa dreißigjährige Jungfrau den heiligen Kulian um einen Mann bittet. Bei der Stelle

Kolt wird's, da Winta kimt uma,
Und Mana gibt's übroll viel;
An Mon muas ih hobn, sist dafruis (erfriere) ih,
Ich *muas* und geht's aus scha wia's will,
Ih sog enks, sist bring ih mih um!

Ohni Mon woas ma nix z' mochn,
Gibt's da koan Gspoaß und nix z' lochn,
De ledi bleibn möchten, sein drum
Wul dumm!

blieb kein Auge trocken. Die älteren Dienstmägde *weinten* die Tränen, die jüngeren *lachten* sie. Die menschgewordene Haustochter hatte gut lachen.

Solch ungezwungener Beifall hat meinem guten Meister nicht minder wohl getan als mir. Wo war denn sonst noch ein Meister, welcher einen Gesellen hatte, der die Leute lachen machen konnte, ohne sie beim Gewandanmessen zu kitzeln, der sie zum Weinen bringen konnte, ohne ihnen weh getan zu haben. Wo war ein solcher Meister?! — Bald hatte sich in der Nachbarschaft und in der grünen Umgegend von Mürzzuschlag die Mär verbreitet: »Beim Steinbauer haben sie einen gspaßigen Schneider!« Und jetzt kamen sie an den schönen Sommerabenden herbei, und der gspaßige Schneider las ihnen allerhand Gedichtets. Da betrachteten sie mich eine Weile und sagten es ganz laut: »Ausschaut er nicht danach, daß man ihm so was kunt ansehen.«

Mancher Bursche schlich mir nach und ob ich denn nicht so gut wollt sein und ihm ein Briefel schreiben an seinen Schatz, recht hitzig, daß er die Dirn haben muß, und dann wieder so viel betrübt und »schmachtisch«, daß es ihr ans Herz greifen soll, und endlich so gewiß butterweich und keck dabei, wie wenn man eins halst und bußt und nicht mehr ausläßt. Tinten und Papier wollt er schon fleißig zahlen.

Der Lebzelter von Mürzzuschlag bestellte allerhand Sprüchlein für seine Lebkuchen. Und der alte »Abschiedertoni«, dem nach zweiundzwanzigjährigem Militärdienst mit drei Feldzügen nun in seiner Heimat das Betteln erlaubt worden war, wollte von mir einen großen Spruch haben, in welchem seine Heldentaten dargestellt wären und welchen er vor den Türen aufsagen könne.

Wenn ich dann nächtlicherweile im Bette lag, reckte und dehnte ich mich und genoß den Ruhm, der nun auf einmal über mich gekommen war.

Der Steinbauer war ein lustiger Kopf und schenkte an Sonntagen Wein aus. Zu dem kamen schon damals die Sonntagswiener in Scharen gezogen, weil es bei ihm so fröhlich und steirisch zuging. So sagte der Steinbauer eines Tages, da wir bei ihm auf der Ster waren: »Schneider, am nächsten Sonntag, wenn die Wiener kommen, sollen wir was anstellen.«

»Was sollen wir denn anstellen?«

»Einen Spaß.«

Mein Meister, der im wärmeren Klima des fröhlichen Mürztales immer selbst mit auftaute, hat alsogleich eingestimmt.

»Ich weiß schon was«, sagte der Steinbauer, »wir legen alle unser steirisches Gewand an.«

»Dein neues ist noch nicht fertig«, unterbrach ihn der Meister.

»Macht nichts, den Wienern ist das alte auch recht. Nachher machen wir einen Hochzeitszug und singen das Pinzgauerlied.«

Der Hochzeitszug, meinte mein Meister, wäre etwas sehr Gutes, aber das Pinzgauerlied wäre für die Wiener viel zu dumm.

»So soll dein Lehrbub etwas Gescheiters machen«, schlug der Steinbauer vor. Ich erklärte mich dazu bereit unter der Bedingung, wenn sich der Meister aus etlichen verkehrten Nähten, die während des Dichtens etwa entstehen sollten, nichts machen wollte.

So sagte der Meister zum Steinbauer, indem er mit dem Daumen über die Achsel nach mir hinwies: »Da schau ihn an. Er bringt nichts Gescheites zuweg, wenn er dabei nicht auch was Dummes machen kann.«

Sprach der Steinbauer: »Wegen ein paar fehlgeschlagener Hosennähte werden wir schon auch noch nicht betteln gehen müssen.«

Schrie mich der Meister an: »So dicht zu!«

Jetzt fiel mir nichts ein. Und als es Abend wurde, und als ich »zwischen der Lichten« gegen den Gansstein hin spazierenging, fiel mir immer noch nichts ein. Am nächsten Tage tröstete mich der Steinbauer mit dem Sprichwort: »Gut Ding braucht Weile.« Worauf mein Meister sagte: »Da muß es schon etwas sehr Gutes sein, weil es ihm alleweil noch nicht einfällt.«

Plötzlich am zweiten Tage, so um die Jausenzeit herum, hatte ich was. Denselbigen Abend brachte ich in Nöten zu, aber am nächsten Tage war es so weit, daß wir den neuen Text nach der Melodie des Pinzgauer Liedes einstudieren konnten. Toll ging es her, und wir lachten uns fast krumm dabei.

Wir hielten einen Probezug. Der Steinbauer eröffnete als Brautführer den Zug, neben ihm als Braut ging die Haustochter. Als zweites Paar war die erste Kranzeldirn mit dem Bräutigam. Dann kamen wir Sänger! Mein Meister war Baß, ich Tenor. Hinter uns zog der Troß der Kranzeljungfern, Burschen und aller Hochzeitsleute. Die ganze Nachbarschaft war da. Der Gansteinwald machte unser Singen nach und machte das Gelächter nach. Und der Steinbauer rief nach der Probe: »Das wird ein

Hauptspaß für die Wiener werden; so was haben sie noch nicht gehört.«

Ich konnte die nächste Nacht nicht mehr schlafen und hatte weitgehende Gedanken. — Zweimal sagen darf man's nicht, sie nehmen mich mit! Der Meister laßt mir in diesem Bett ohnehin keinen Platz. Wie er sich heut' wieder breit macht! Mehr als *ein* Fragezeichen hat in so einem Bett nicht Platz. Bin daneben nur wie ein kleiner Beistrich; nun, vielleicht ist's mit heute Punktum.

Am nächsten Morgen war Sonntag und es kamen die Wiener. Ich hatte das Volk schon einmal gesehen — dazumal, bei der Kaiser-Joseph-Reise. Schwarze, braune und graue, blasse und bärtige, tollustige, übermütige Leute, alle mit feinen Spazierstöcken, vornehmen Zigarrenspitzen, manche mit Glasscheiblein, die sie sich in die Augenhöhle zwickten und dabei das andere Auge zupreßten, weil solche Herren ja mit einem Auge mehr sehen als andere mit zwei. Viele hatten auch seidene Kübelhüte auf den Köpfen, daß es schon eine Herrlichkeit war. Sie trieben im Walde und auf dem Anger allerlei Kurzweil und tranken Wein, und rings um das Steinbauernhaus war ein Lärm, wie »bei einem besoffenen Kirchtag«.

Jetzt rückten wir mit unserem Hochzeitszuge an. Mit roten Stangentüchern fuchtelten wir in der Luft herum, mit unseren Stimmen suchten wir den Lärm der Zechenden zu überschreien, was uns nicht recht gelingen wollte. Sie nahmen uns nicht wahr. Jetzt drangen wir mitten in den Baumgarten, wo die besetzten Tische standen, postierten uns dort und sangen — an zwanzig Stimmen stark, die aber voneinander nichts zu wissen schienen — mein »Gedichtets« ab. Als wir damit fertig waren und das lustige Lärmen fortwährte, begannen wir es noch einmal zu wiederholen, und zwar noch toller und schriller als das erstemal. Jetzt sahen wir, daß wir Aufmerksamkeit erregten. Ein ganzer Tisch kam in Bewegung, und ich sah, wie sie einen Abgeordneten wählten, der, sich durch die Menge drängend, eilig auf uns zukam. Meinem Meister streckte er die Hand hin und sprach: »Da habts einen Kreuzer fürs Singen und daß aufhören sollts!« — Dann war er wieder davon.

Wir hörten freilich auf, weil uns die Stimmen im Munde steckenblieben. Wir blickten uns starr an. Alsdann schlichen wir einer nach dem anderen seitab. Ich irrte den übrigen Teil des Tages in den Wäldern umher, und als wir am Abende im Hause wieder zusammenkamen, wollte keiner dem anderen ins Gesicht schauen.

Da war es am nächsten Montagmorgen, als das Arbeiten

wieder anging, daß der Meister mir etwas über den flachen Tisch schob und sagte: »Das gehört dein.«

»Brauch's nit«, knurrte ich, denn es war der wienerische Kreuzer.

»So?« sagte der Meister, »hast dich mit deinem Gedichtets so abgeplagt und willst die Belohnung nicht dafür nehmen?«

Da hob ich die Hand und fuhr damit über den Tisch hin, daß der Kreuzer durch die Stube flog und nicht mehr gesehen wurde.

Von diesem Tage an war es mit meiner Poeterei auf eine Weile vorbei. Habe dem Lebzelter auch keine Lebkuchensprüche mehr geliefert, sie wären sicherlich zu wenig süß ausgefallen. Bald darauf zogen wir zwei Schneider uns wieder ins Gebirge zurück.

Seither sind viele Jahre vergangen. Als ich unlängst in die Gegend kam und auch meinen alten Steinbauer besuchte, habe ich die Frage nicht unterdrücken mögen, ob in der Leutstuben, wo wir einst gearbeitet hatten, nicht etwa einmal ein Kupferkreuzer gefunden worden wäre.

Ja, da lachte er hellauf. Erst kurz zuvor hatte ihm eines seiner Enkelein einen über und über mit Grünspan verhüllten Kreuzer gebracht, den es in einer Fletzspalte der Stube gefunden haben wollte.

»Schau«, sagte der Steinbauer, »da ist er. Hat sich das Gesicht verdeckt, warum, das weiß ich nicht.«

»Dieses Geld ist mein«, sagte ich, »will es aufbewahren. Der Poet hat Stunden, wo ihm Erinnerungen — wie diese an mein erstes Honorar — zunutze sind.«

Der Steinbauer schmunzelte und machte dabei gerade so ein Gesicht, als wüßte er wieder einen neuen Spaß. — Aber ich bin nicht mehr darauf eingegangen.

Der Bauernspöttler im Krautaler

Beim Glowoggenbauer in der Stuben waren wir auf der Ster, unser drei. Der Meister pfiff das Kaiserlied, der Geselle raunte mir zu, daß er mich bei den Ohren nehmen werde, wenn ich das Bügeleisen so scharf auf den Tisch fallen ließe, und ich dachte: Wollte Gott, ich wäre auch schon Geselle, daß ich einen Lehrjungen beim Schopf nehmen könnte!

Der Meister merkte den Konflikt und sagte zum Gesellen: »Was hast denn mit ihm schon wieder? Scharf auf den Tisch fallen lassen muß er ja das Bügeleisen, denn sonst wird doch die Hosen nicht glatt.«

»'s ist ja nicht der Hosen wegen«, antwortete der Geselle, »aber der Lehrjung muß halt bisweilen daran erinnert werden, daß er Lehrjung ist. Hat mich auch mein Lehrmeister alle Tag bei den Ohren gezupft.«

— Darum sind sie so lang geworden! Ich darauf. Gesagt hab ich's nicht, aus Furcht, ebenso lange zu bekommen.

Zur selbigen Stunde trat die Glowoggenbäuerin in die Stube. Sie kam vom Krautgarten, wo sie eben junge Kohlpflanzen in die Erde gesetzt hatte, denn es war im Frühsommer.

»Jetzt bin ich aber schon fuchtig!« sagte sie. »Dieser verdächtige Mensch ist wieder draußen.«

— Was für ein verdächtiger Mensch? dachte ich, denn ein Lehrjunge darf nur denken.

»Was für ein verdächtiger Mensch?« fragte der Meister, denn ein Meister darf auch sprechen.

»Der alleweil so herumsteigt«, berichtete die Bäuerin, »und man weiß nicht, was er will. Aus Graz, sagen sie, ist er, oder aus Wien. Eine Hirschlederhosen hat er an und ist kein Bauer, Glasaugen hat er auf und ist kein Herr. Man kennt sich nicht aus. Die Bäuerei wollt er studieren, heißt's, und ein Büchel darüber schreiben.«

»Aha, der Salonsteirer«, sagte der Meister. »Der am vorigen Sonntag beim Raberlwirt zu Mürzzuschlag gesungen hat. So Spaßliedeln gesungen und sich über die Bauern lustig gemacht, und die Wiener, die da sind gewesen, haben ihm Wein gezahlt dafür und brav gelacht.«

»Das Singen wollt mir noch nichts machen«, sagte die Bäuerin, »wenn's ihn freut, warum denn nicht! Aber der schlecht' Lotter, der er ist! Beim hellichten Tag geht man nicht sicher vor ihm. Ich hab's ihm aber gesagt! Der kann sich sein Teil denken.«

Mittlerweile trat auch der Bauer in die Stube. Ein prächtiges Paar, wenn sie so nebeneinander standen allzwei! Er schlug Tabaksfeuer, Funken gab's und im Augenblick gloste der Schwamm. Während er diesen unter den Pfeifendeckel legte, blickte er schmunzelnd auf sein Weib und fragte, was sie denn so in die Hitze gebracht habe?

»Der kurzhosete Stadtherr ist auf dem Krautgarten gewesen«, antwortete die Bäuerin.

»Nanu — und was hat er denn wollen?« fragte der Glowoggenbauer.

»Wie man den kennt, wird's nicht schwer zu erraten sein.«

»So! — Und hast ihn nicht gefoppt?«

Hierauf erzählte die Bäuerin: »Steht auf einmal da und sagt: Guten Morgen, Dirndl! — Sag ich: Erstens nicht guten Morgen, weil's bei uns schon Nachmittag ist, und zweitens bin ich kein Dirndl, weil ich ein Eheweib bin. — Was ich da für Pflanzen tät in die Erde setzen? — Frag er den Hasen oder den Hirschen, wenn er's wissen will, sage ich. Kraut ist's. — He, wer wollt denn so viel Kraut essen? sagt er. — Wir Bauersleut, sag ich, denn das Fleisch, das dazu gehört, essen die Herren. Nachher er darauf: Er wär auch ein Freund von Bauernkost, und ob ich ihn nicht ein wenig wollt mitessen lassen? Und so fangt er an. Ist aber nicht vorwärtsgekommen, ich weise ihm den kürzesten Weg in die weite Welt. Steigt er nachher zum Stadel hinab, schaut dem Buben zu, wie der ein Paar Ochsen einspannt und sagt: Was wollt ihr denn alle drei? Auf den vierten warten, wenn Ihr Zeit habt! gibt der Bub zur Antwort. Darauf geht er in den Wagenschoppen, spöttelt eine Weile über den Düngerkarren, trottet hinten hinaus zum Krautaler und schnüffelt überall herum.«

»Ja«, sagte nun der Meister, »er tut halt das Bauernwesen studieren, daß er nachher darüber Sachen schreiben, Reden halten und Liedeln dichten kann.«

Der Glowoggenbauer lachte auf: »Ein sauberes Bauernstudieren das, wie es der treibt! Im Wirtshaus, wenn die Leut ihre Schwänk machen, aufpassen, aufs Papier kratzeln, lachen, dann ums Haus herumschwänzeln, den Arbeitsmenschen frozzeln, mit den Weibsleuten umtun, bis sie ihn rechtschaffen foppen, das nennt so einer Bauern studieren.«

»Was auf das herauskommt, schaut auch danach aus!« sagte der Meister. »Man versteht's wohl, daß einer den Bauersmenschen nicht immer loben kann, hat auch seine Fehler und manchmal hübsch große noch dazu. Ist jedem gesund, wenn er die Wahrheit hört. Aber so, wie es dieser hergelaufene Mensch treibt, das ist mir schon zu dumm. Hab letztens schon gemeint, ich müßt ihm den Kopf waschen, wie er zu Mürzzuschlag vor den Stadtherrischen seine Wissenschaft losläßt. Die dümmsten und die schlechtesten und die unsaubersten Gesellen müßten wir Bauersleut sein, nach dem seiner Auslegung. Der Beste nichts nutz! Er müßt nur das Maß von sich selber nehmen, sonst wüßt ich nicht, wie er dazu käme, lauter Spitzbuben, Esel und Teppen (Kretins) aus uns zu machen. Seine Ochsen, sagt er, hätte der Bauer lieber als seinen Bruder, und mit den Schweinen lebe er besser, als mit —«

»Wir wissen es schon«, unterbrach ihn der Bauer, »es sind die alten Geschichten, die im Spaß weitererzählt werden, und die so ein Halbpelzer für ernst nimmt. Der müßte erst einen Stock Salz essen mit uns Bauern; der uns hinter den Brustfleck schauen wollt, und einer, der uns kennenlernen wollt, wie wir sind aus- und inwendig, der müßt schon einmal ein zwanzig Jahrl mit uns leben, arbeiten und Gutes und Ungutes tragen; nachher, denke ich, möchte ihm sein leichtsinniges Schwatzen schier vergehen. — Wenn dieser Mensch noch lange umschleicht um mein Haus und Hof, und daß er die Fehler und Schäden aufschmecken will, so soll er schon noch etwas recht Bauernmäßiges erfahren, daß er sich's merkt . . .«

Den Sinn dieser Worte deutete der Glowoggenbauer mit der Faust an. Weiter wurde die Sache nicht besprochen, jedes wendete sich wieder seiner Arbeit zu, der Bauer spaltete Holz, die Bäuerin spann, der Meister schnitt, der Geselle nähte, und ich bügelte.

So ward es Abend. Wir Schneider räumten den Tisch, denn es wurde das Nachtmahl aufgetragen. Milchsuppe, Bohnen mit Kraut, sie würzten es mit frohem Gespräche über dies und das, ich war der einzige, der nicht sprach, sondern fleißig zuhörte und mir meinen Teil dachte. Ich sage dir, Leser, in keinem Lehrsaal später habe ich so viele Lebensklugheit, bei keiner Stadtkurzweil so viel heitere Laune vernommen als an solchen Bauerntischen. Wenn Handwerker im Hause sind, oder auch sonst ein gerngesehener Gast, da zieht des Bauers Seele ihr Sonntagsjöpplein an, und die Unterhaltung ist eine gehobenere als sonst. Auch schneidigen Witz gibt es dabei und warme Herzhaftigkeit — jede Richtung findet ihren Vertreter; kann man sie gleichwohl auswendig voneinander kaum unterscheiden, ist ihr Gehaben für den oberflächlichen Beobachter auch bei einem wie beim anderen, im Grund und Kern sind es doch lauter voneinander verschiedene Menschen, darunter nicht wenige Schelme und Spaßvögel und dabei gemütliche Kameraden.

Der Stallbub kam an jenem Abende etwas verspätet in die Stube, er wollte erst die Rinder satt füttern, bevor er an die eigene Sättigung dachte, denn so ein Stallbub ist nicht minder stolz auf seine Pflicht als der Soldat und der Beamte. Der Stallbub brachte die Nachricht herein, es stiege ihm heute schon das Haar zu Berge, er habe draußen in der finsteren Nacht ein Gespenst schreien gehört. — Einige am Tische erschraken über diesen Bericht, andere lachten; der Bauer blieb ruhig ernsthaft und sagte: »Du sollst nicht so einfältig daherreden, Bub. Auf dem Glowoggenhof schreien keine Gespenster.«

»Nachher muß es was anderes gewesen sein«, meinte der Stallbub. »Schreien tut halt was. Hinter dem Schoppen draußen schreit's, vom Krautaler her.«

Was denn das sein kunnt? rieten sie herum. Der Krautaler ist ein tiefer Schacht senkrecht in die Erde hinab, etwa einen Klafter weit und vier Klafter tief; es ist mit glatten Holzlatten ringsum verschlagen und dient zur Aufbewahrung des »Grubenkrautes« über den Winter. Die Kohlköpfe werden im Herbst in einem großen Kessel weich gebrüht, in diesen Schacht gelegt, dann mit Brettern zugedeckt und mit großen Steinen beschwert. Auf diese Weise hält sich das Kraut lange Zeit frisch und fault nicht; im Laufe des Jahres wird es allmählich heraufgenommen und gekocht. Zur Sommerszeit ist der Aler fast allemal schon leer, und auf seinem Grunde liegt nur die Strohschicht, auf welcher das Kraut gebettet gewesen.

Und von diesem Krautaler her schrie jetzt nach Ansicht des Stallbuben ein Gespenst.

Ein paar Knechte legten die Löffel weg und gingen hinaus, um nach der Ursache des Geschreies zu forschen. Nach einiger Zeit kamen sie zurück und sagten, es wäre nichts weiter. Der Salonsteirer, oder wer er wäre, sei im Krautaler und könne nicht herauf.

»So soll er unten bleiben!« rief die Bäuerin.

»Da hat er Zeit zum Bauernstudieren«, sagte unser Geselle.

»Er wird bei seinem fürwitzigen Umhersteigen hinabgefallen sein«, vermutete der Bauer. »Schreit er kläglich?«

»Hübsch kläglich«, antwortete ein Knecht.

»Bittet und betet er?«

»Nein, er schimpft«, berichtete der Knecht.

»Nachher ist ihm nichts geschehen«, sagte der Bauer. »Stroh hat er eh unten. Und wir wollen jetzt auch schlafen gehen.«

Lieber Himmel, was war das allemal für eine selige Wendung für mich, als es Nacht ward und Zeit zum Schlafengehen! Ins Bett sank ich und vergaß vor dem Einschlafen sogar die Augen zuzumachen — sie fielen von selber zu. — Peter, steh auf! Mit diesem Rufe erweckte der Meister mich allemal wieder zum Leben, und es war Morgen. — In dieser Nacht jedoch wurden wir früher geweckt.

Der Glowoggenbauer war nicht so schnell eingeschlafen als wir Schneider. Vielleicht war er in Sorgen. So ein Hauswirt muß des Tages arbeiten und des Nachts denken. Wie ich den Glowoggenbauer kannte, sprang sein Sinnen von eigener Kümmernis auf fremde. — Es gibt Leute, denen es schlechter geht als mir, die Frost leiden müssen, während mir die große Schafschur Sorge macht; die Hunger leiden müssen, derweil ich an die Erweiterung der Vorratskammer denken muß. Ja, Narr, ist so einer nicht etwan in der nächsten Nähe von meinem Haus? Hat's nicht geheißen, der Stadtherr wär in den Krautaler gefallen? Und kann nicht herauf. Kann sich was 'brochen haben, und keinen Beistand. Kein Abendbrot, die Nächte sind kalt jetzt, und keine Decke! Schreit um Hilfe, und kein Mensch geht zu ihm. Noch auslachen statt helfen. Was gibt's denn für Hundsfötter in diesem Glowoggenhof? — So dachte der Bauer in der stillen Nacht. Dann stand er auf, zog sich an und weckte mehrere Leute.

»Was hat's denn?« rief mein Meister zur Kammertür hinaus, als er den Lärm hörte.

»Den Stadtherrn müssen wir aus dem Krautaler tun«, antwortete der Bauer.

»Wärst aber schon nicht gescheit«, redete jetzt rasch aufgemuntert unser Geselle drein. »Weißt ja, wie er sich lustig macht über euch Bauern, im Wirtshaus, und was er vom Stößelhautz umeinanderplauscht: daß der von seinem sterbenden Weib weg zur kalbenden Kuh tät laufen und so! Und ein solches Lugenmaul willst du aus dem Krautaler ziehen? Geh, laß ihn bei seiner Meinung.«

»Dummer Schneider!« verwies der Glowoggenbauer. »Das tun wir Bauersleut uns schon nicht an, daß wir so einem Stadtschnackel recht geben, wenn er uns beschimpft. Heraus aus dem Loch muß die Kreatur!«

Also sein Wort, und dann ging er mit einer langen Leiter über den Hof und hinaus hinter die Gebäude. Wir hasteten in die Kleider und eilten ihm nach. Kamen just zurecht, wie der Bauer hinabrief in den Schacht: »Ist er noch unten?«

In der Tiefe wimmerte etwas, also war er noch unten. Unser Geselle huschte zum Bauern und zischelte ihm ins Ohr: »Seine Sündenlitanei halt ihm vor, ehe du ihn heraufziehst. Reim ihm's! Höllisch reim ihm's, daß er sich's merkt!«

»Er wird sich's schon merken«, antwortete der Bauer ganz ruhig und rief hinab: »Achtgeben! Es kommt die Leiter!«

Nicht lange hernach, und der Stadtherr kletterte zähneklappernd vor Frost herauf.

»Nur gleich in die Stuben und eine warme Suppen!« also der Bauer, nahm den Geretteten an der Hand und führte ihn ins Haus. Und nicht *ein* scharfes Wort!

Eine halbe Stunde später kauerte der Salonsteirer im Bette unter drei schweren Wolldecken und schämte sich. Die ganze Nacht schämte er sich, und am nächsten Morgen schlich er höchst geräuschlos davon.

Ob er nach dieser schönen Nacht noch im Lande umherzog, um in den Wirtshäusern die Bauern schlecht und lächerlich zu machen, das weiß ich nicht. Wenn er klug gewesen wäre, so hätte er die Geschichte vom Krautaler in zierliche Reimlein gebracht und dieselben sich und andern zu Nutz und Frommen manchmal zum besten gegeben.

»Der Mensch«

Eine zoologische Studie

»Der Mensch gehört zur Gattung der Säugetiere, erlangt ausgewachsen die Höhe von sechs Schuh und ein Alter von achtzig Jahren. Er kommt in allen Ländern vor und ernährt sich von Fleisch wie auch von Pflanzen. Sein Fell ist glatt, der Scheitel behaart, beim Männchen auch die Schnauze. Von Natur sanft, kann er gereizt zum blutdürstigen Raubtier werden, in welchem Zustande er in Massen sich gegenseitig tötet. Leidenschaftlich ergeben ist er dem Safte der Trauben, und hat er gesoffen, so ist er —«

Der Vorleser brach plötzlich ab. Die Zuhörer hatten gelacht, und nun fragte der alte Herr Haselbauer: »Nun, wo fehlt's denn, daß du nicht weiterliest?«

»Es ist zu dumm!« lachte der Vorleser Eustach.

»Nu, dann laß es gut sein.«

Und es wurde darüber zur Tagesordnung geschritten.

Die alte Liesel, welche dem Vorgange beigewohnt hatte, nahm die verdächtige Geschichte aber durchaus nicht so leicht. Heimlich wußte sie sich das Heft zu verschaffen und eilte damit in die Strohkammer, wo ihr der eben anwesende Schusterwenz, der ein alter Schriftgelehrter war, den Aufsatz vorlesen mußte, und zwar einschließlich der Stelle, die »zu dumm« war. Die Magd schlug beide Hände zusammen und vermochte kein Wort zu sprechen. Der Schusterwenz schwieg auch, sie waren beide sprachlos und starrten einander an.

Kurze Zeit hernach war das Heft beim Pfarrer. Und ein paar Tage später saß dieser auf dem Hügel, der hinter der Kirche aufragte und mit Kiefern und Weißbirken bewachsen ist. Unter einer solchen Birke saß er, seine manchmal ein wenig gichtischen Beine mit einem Wollentuche zugedeckt: »Nur Wärme an den Füßen!« Das war ja das einzige Gut, welches er energisch von allen den Genüssen dieser Welt begehrte. Sonst war er zufrieden und wußte gar nicht, wie arm er war. Er blätterte jetzt in den neuesten Schriften des Waldbauernbuben. Da geschah es denn, daß dieser zufällig des Weges kam. Der alte Herr duckte sich und ließ den Burschen vorbeigehen bis zum Kreuze hin. Als der Peterl demselben nahte, zog er den Hut vom Haupte und ging vorüber. Der Pfarrer atmete auf: »Gottlob, das heilige Kreuz kennt er noch.« Dann rief er laut: »He, Peterl, komm her einmal!«

Dieser kehrte um und trat an den Birkenbaum, sich entschuldigend, daß er Hochwürden nicht früher gesehen hätte.

»Um so mehr bin ich mit dir beschäftigt«, sagte der Pfarrer und schlug das Heft zurecht; »da lese ich gerade eine schöne, wie es heißt, zoologische Studie, benamset: Der Mensch. Sage mir, hast du das selber erdacht?«

Ich widersprach nicht.

»Aber Kind, was treibst du denn?« rief er aus. »Der Mensch Säugetier! Raubtier! — Der Mensch ist ja ein Ebenbild Gottes!«

»Das leugne ich nicht«, hierauf meine Antwort.

»Nun, dann kannst du wieder gehen.«

Und die Inquisition war zu Ende. Das Heft aber hatte er bei sich behalten, woraus ich schloß, daß es ihm gefallen müsse.

Später habe ich erfahren, daß einen Tag nach dieser kurzen Begegnung unter den Birken die alte Liesel wieder beim Pfarrer war, um sich zu erkundigen, wann der Scheiterhaufen für den Ketzer denn eigentlich errichtet werde. Der Pfarrer soll ihr geantwortet haben, seitdem die Eisenbahn gehe, sei das Holz zu teuer.

»So!« gab die Alte scharf zurück, »und in der Hölle wird die ganze Ewigkeit hindurch geheizt!«

Hierauf der Pfarrer achselzuckend: »Möglich, daß sie dort Steinkohlen brennen!«

»Und hat der hochwürdige Herr nicht gelesen von der behaarten Schnauze und daß der Mensch, wenn er gesoffen hat, ein Schweinehund ist? He?«

»Na, das ist ja leider manchmal wahr!« sagte der Pfarrer.

Und nun konnte auch die alte Liesel gehen. Sie hat mich von dieser Zeit an nicht mehr verklagt, wich mir aber aus, wo sie konnte. Nur einmal noch gab sie ihrer Stimmung gegen mich deutlichen Ausdruck. Am Heiligen Christabend war's, als der alte Haselbauer seinen Kindern die Haare schnitt. Als er mit allen fertig war, rief er mir, der ich beim Ofen saß, zu: »Nu, Peterl, setz dich her da auf den Dreifuß, will auch dir deinen Pelz herabscheren; um ein Schaf mehr oder weniger kommt's mir nicht an.« Und mir, der ich an langen Haaren nie Mangel litt, war das recht. — Nun, als er mich in der Arbeit hatte, rief die Magd, welche eben den Tisch scheuerte, dem Haarschneider zu: »Wirst die Schere schartig machen — bei dem!«

»Wieso?« fragte der alte Haselbauer.

»— wenn du unversehens in die Hörner schneidest —?«

So drastisch faßte der Pfarrer meine Verwandtschaft mit dem Bösen nicht auf, aber eine gewisse Besorgnis meinetwegen war ihm doch anzumerken. Und als die Zeit kam, von der nun bald erzählt werden soll, und da ich vor meiner Auswanderung vom guten alten Herrn Abschied nahm, faßte er mit seinen beiden kühlen Händen meine Rechte und sprach: »Kind! Du bist zwar jetzt schon groß geworden, für mich bist du aber immer noch das Kind, das ich gesegnet, dem ich die erste Heilige Kommunion gereicht, das ich unterwiesen in unserem christlichen Glauben und das ich immer recht lieb gehabt habe. — Du gehst jetzt fort von daheim, du gehst in die weite Welt. So einfältig wie ein Kind gehst du dahin und weißt nicht, welche Gefahren dich dort erwarten. Du freuest dich auf die große Stadt, und recht so, du wirst viel lernen. Aber du weißt nicht, wie ganz anders dort die Menschen sind als daheim bei uns. Sie werden dir anfangs recht gut gefallen, doch glaube mir, wenn du so wirst wie sie, dann bist du verführt! Du hast Neigung zur Weltlichkeit, auch ein wenig zur sogenannten Aufklärung. Ist ja gut, man soll sich aufklären lassen soviel man kann, das heißt, man soll sich der Wissenschaft befleißigen und Gott auch kennenlernen in all seinen Werken. Aber eins soll man nicht, und das mußt du mir jetzt versprechen, mein Kind: Unseren lieben Heiland Jesus Christus vergiß nicht. Seine heilige Lehre, die dir deine gute Mutter, dein frommer Vater, dein besorgter Seelenhirte beigebracht haben, vergiß nimmer. Bist du im Glück oder in der Not, des Herrn Wort sei dir Wegweiser und Trost, das wünschet dir dein alter priesterlicher Freund, der jetzt vielleicht das letztemal zu dir spricht in diesem Leben. — B'hüt dich Gott, b'hüt dich Gott, mein Kind! Und achte stets darauf, daß du dich an den Füßen nicht erkältest!«

Er hatte recht, der liebe alte Herr, es war das letztemal gewesen damals, daß er zu mir gesprochen. Doch seiner Worte gedenke ich heute noch mit Rührung, achte stets auf einen christlichen Lebenswandel, besonders aber, daß mich nicht an den Füßen friert.

Hier muß ich einmal stillstehen, muß zurückdenken an das vierzehn- oder fünfzehnjährige Waldbauernbübel.

Damals beiläufig war es, daß ich in den Thomasnächten nicht schlafen konnte. Den Hexen, welche in dieser Wintersonnwendnacht auf den Blocksberg zur Ratsversammlung reiten, kann ich an meiner Schlaflosigkeit keine Schuld beimessen, denn dazumal war mir alles, was Hexe hieß — ob jung, ob alt —, über die Maßen gleichgültig. Von dem Lager selbst ist auch nichts Besonderes zu berichten, denn ich erinnere mich, daß zur Winterszeit die Bettdecken allwöchentlich einmal in den heißen Ofen kamen, in ein Klima, welchem nachgerade jeder braune Springer zum Opfer fiel.

Die Ursache meiner Schlaflosigkeit war wohl der am nächsten Tage stattfindende Thomasmarkt.

Das Geld hatte ich stets beisammen und hielt es in einem hohlen Ei, welches aus Holz bestand und rot gefärbt war, wohl verwahrt. Die Hühner in Alpel legten keine hölzernen Eier, aber eine alte Hausiererin ging um, die mir, dem »gamperen Bübel«, jenes schenkte, mit der genauen Anweisung, wie man es auseinanderschraube und Geld hineintue. Das erste war keine Kunst, aber das letztere, wie man Geld hineintue, gelang mir nur, wenn ich eins hatte. Da nun aber der Mensch einmal das hohle hölzerne Ei besitzt, so hat der liebe Gott die Hühner erschaffen, welche andere Eier legen, die so eingerichtet sind, daß sie die Mutter verkaufen kann. Und so schickte mich denn — wie schon früher erzählt worden — die Mutter stets mit einem Handkörbchen voll Eier zu den Dorfwirten in Krieglach, woselbst ich für meinen Teil stets zwei Kreuzer »Tragerlohn« erhielt. Solche Einnahmen tat ich regelmäßig in mein hölzernes Ei, das ich sonach allemal stets zuschraubte und als Schatzkästlein aufbewahrte. Ich erinnere mich noch, wie mir bei diesem Einschrauben der Kupferkreuzer einmal ein weitläufiger Vetter zugeschaut und gesagt hat: »Bub, du hast in deinem Ei ja kein Eiweiß drinnen! Da seh, ich geb dir eins.« Und legte mir ein blinkendes Silbergröschlein hinein.

Sooft ich ins Dorf zur Kirche ging, nahm ich mein Ei mit. Und wenn ich dann am Obstkrämer vorbeiging oder am Lebkuchenstand, griff ich in den Sack nach meinem Ei, zog es aber nicht heraus, sondern dachte: Wenn ich wollt, ich kunnt mir gut Sach kaufen, aber ich mag nicht, ich heb mein Geld für den Thomastag auf.

Und am Thomastag — es mochte schneien oder der alte Schnee vor Kälte winseln — gingen wir zur frühen Morgenstunde mit einer Spanfackel den weiten Weg nach Krieglach zur Rorate und zum Markt. Als wir über den Kirchenplatz schritten, wo bei Fackelbeleuchtung die Krämer ihre Buden errichteten, blickte ich jedesmal gegen das Eckhaus hin, an welchem schon ein leerer, kahler Bretterschragen stand, der mir das Herz rascher klopfen machte. Die feierliche Rorate war für mich an diesem Tage so viel als verloren; mein ganzes Herz fühlte ich in der rechten Hosentasche, denn in derselben stak das hölzerne Ei.

Nach dem Gottesdienst drängte ich mich durch die surrende Menschenmasse und zwischen den prangenden Buden gegen das Eckhaus hin. An den Wänden und Dächern der Häuser lag schon der Schimmer des aufgehenden Tages; oftmals auch zitterte ein Nebel von Schneeflocken nieder auf die wimmelnde Menschenmasse und auf die Zelte der Verkaufsstände, und da strebte ich mit doppelter Ungeduld dem bewußten Holzschragen zu, besorgt, ob dort die Dinge gegen den Schnee wohl gut verwahrt seien.

Und so sehe ich dich im Geiste heute noch stehen, du lieber Mann aus Kindberg, mit deinem weiten Lodenmantel und deinem grünen Steirerhut — hast noch einen Fetzen davon, so schenke ihn mir; du glaubst es nicht, wie du mir noch teuer bist aus jener Zeit, da du in den Reihen der anderen Krämer dastandest und zwischen dem Pelzkragen deines Mantels und deinem blonden Schnurrbarte gemächlich den Rauch der Zigarre hervorbliesest und so auf deinen »Stand« hinschmunzeltest, auf welchem die Güter ausgebreitet lagen. Ich konnte damals nur nicht begreifen, wie du die Schätze gegen eitel Geld hinzugeben vermochtest; aber mir kam dieser dein Leichtsinn gut zustatten, soweit mein Eiweiß und Dotter reichten.

Bücher! Bücher hatte der merkwürdige Mann. Aber nicht Bücher mit vergilbten Blättern und verschimmeltem Schweinsledereinband; nicht Bücher mit lateinischen Predigten, wie der Schwendtoni eines besaß, und aus welchem er seine Zauberformeln zu lesen vorgab, wenn er das Wetter oder eine Krankheit seiner Rinder beschwören wollte — bis es erst spät offenbar wurde, daß im Buche nicht Zauberformeln stünden, sondern lauter Predigten »gegen die Verdamblichkeit der Hexereyen und denen Folgen in derer und der anderen Welt«. — Ganz neue Bücher hatte mein merkwürdiger Mann. Sonst war mir fast gewesen, Bücher stammten alle aus alter Zeit, Bücher mache man heutzutage gar nicht mehr. (Den Irrtum möge mir Gott und die fünfzehntausend deutschen Schriftsteller von heute vergeben!) Und hier sah ich Bücher, deren Blätter so weiß waren wie der Schnee, der darauffiel, mit schönen Bildern irdischer Dinge und mit einem Drucke, der so glatt und scharf war wie feinster Streusand. Diese Eigenschaften hatten vor allem die »Volkskalender«. Der Kalender war daran das wenigste, diesem aber folgten Geschichten, Lieder, Weltbeschreibung und possierliche Späße, daß es schon eine Freude war.

Anfangs starrte ich immer nur so von weitem darauf hin, lange aber ließen sich die Finger nicht zurückhalten, obschon der Mann im Lodenmantel einigen Zweifel in die Zahlungsfähigkeit des kleinen Knirpses zu setzen schien.

»So ein Büchel da — was es denn kostet?«

»Das da? Das kostet sechsunddreißig Kreuzer.«

»Schlechtes Geld?«

»Gutes Geld.«

Zu jener Zeit war nämlich die Wiener Währung unter der Bezeichnung »schlechtes Geld« und die Konventionsmünze als »gutes Geld« in Umlauf. Letzteres wog schwer — und ganz ging er dran und drauf, der Inhalt meines hölzernen Eies. Hingegen war der Volkskalender mein Eigentum.

Während ich meinen Schatz in den Sack preßte, nahte der Herr Pfarrer. Wohlgefällig blickte er mit seinem breiten Gesicht, auf welchem sehr viel Freundlichkeit Platz hatte, zu dem Bücherstand hin und blätterte in den Werken. Dann langte er gemächlich in den Rocksack und zog die Brieftasche hervor. — Jetzt paß auf! sagte ich zu mir selber, jetzt kauft der Herr Pfarrer die Bücher alle weg! Wahrlich, so ein Herr hat den Himmel schon auf der Welt. — Der Herr Pfarrer machte ein paar Schritte seitwärts und kaufte sich — ein Kistchen Zigarren. Ohne sich weiter um den Bücherstand zu kümmern, nahm er das Kistchen unter den Arm und ging, stets das Handküssen der Leute von sich abwehrend, durch die Menge davon. Ich hatte ihm lange nachgestarrt. Ich konnte mich ob der Selbstverleugnung und Entsagung des Herrn Pfarrers kaum fassen. Endlich warf ich noch einen Blick auf die Bücher und machte mich auf den Heimweg. Ich konnte mir an diesem Tage keine Semmel kaufen, denn das Ei war erschöpft, und ich hatte wahrlich auch keinen Hunger; Herz, Seele und Magen klammerten sich an das Buch, das ich im Sacke trug.

Und als hernach — nein, man mag nicht alles haarklein erzählen — kurz, ich las das Buch vom Anfang bis zum Ende, las im Kalender jeden Heiligen, jede mutmaßliche Witterung, jede Bauernregel, jede Finsternis, ich betrachtete an den Bildern jeden Strich und erbaute mich zum Schlusse noch an den Anzeigen von allerlei Gegenständen, die mich nur deshalb interessierten, weil sie im Kalender standen. Und als ich mit dem allen fertig war, fing ich von vorn wieder an. Es ist wahr; so werde ich den Kalender mit der gleichen Aufmerksamkeit und Freude im Laufe des Jahres wohl drei- oder viermal gelesen haben. Und dabei zählte ich schon die Tage bis auf den nächsten Thomastag, da ich mir den neuen Jahrgang zu erwerben hoffte.

Da begegnete mir in dem nächsten Jahr, so etwa Anfang Mai, ein Unglück.

Unsere Hühner, die — ich sage es etwas absichtlich — mit ihrem Eheherrn stets in bestem Einvernehmen lebten, überschütteten alle Nester, Heuböden und Scheunen mit Eiern, und ich mußte wöchentlich zweimal mit der Ware ins Dorf, was meinen Vermögensverhältnissen recht zustatten kam.

Auf solchem Wege traf ich einmal mit des Brotschimmelschneiders Marianne zusammen. Sie ging immer barfuß und war gerade so lang wie ich, und ich hatte ihr, wie schon früher erzählt, mehrmals auf die Zehen getreten, ohne daß es ihr besonders wohl und mir besonders weh getan hätte. Die Marianne trug heute auch einen Eierkorb.

Wir gingen eine Zeitlang still nebeneinander her, *sie* mit den Eiern, *ich* mit den Eiern. Endlich redete ich sie an: »Tragst Eier?«

Darauf sie: »Tragst du auch Eier?«

Und ich: »Wie gibst sie denn du?«

Und sie: »Wie gibst sie denn *du?*«

Und ich: »Wo gehst denn hin?«

Und sie:

»Zum Schmied um Zinn,
Zum Bäckn um Brot,
Dein Fragen host rot.«

Damit bog sie wegsab. So hinreißend gottlos war das! Ich wendete ihr mein Auge nach, meine Füße stolperten über eine Baumwurzel — im nächsten Augenblicke war der Pfad übergossen mit Eiweiß und Dotter. Das erstemal, daß es mir passierte. Freilich wohl auch das letztemal, denn an diesem Tage entsetzte mich meine Mutter vom Eiertransporte; das Geschäft und dessen Ertrag fiel auf meinen jüngeren Bruder.

Insoweit verschlug es nichts, ich hatte es nun auf dem Kirchwege viel bequemer als sonst, konnte mich zu anderen Burschen gesellen, die mich früher spöttisch das »Eiertrappel« genannt hatten. — Als jedoch der Thomastag kam, war im hölzernen Ei fast kein Geld da für den neuen Kalender. Ich stand wohl lange vor dem Bücherladen und las von weitem die Titel. Ich sann und sann, wie ich doch zum Kalender käme, aber unumstößlich war die Tatsache: Hast kein Geld, so kannst keinen kaufen. — In dieser Stunde kam mir der Gedanke: Und kannst keinen kaufen, so mach dir selber einen! — Rasch wandte ich mich um, verschaffte mir durch meine wenigen Kreuzer Papier, Tinte und Feder und ging heimwärts. — Derselbe Weg war nicht minder glückselig als jener, da ich den neuen Kalender in der Tasche getragen hatte. Heute trug ich ihn im Kopf. Allerlei fiel mir ein, was ich in das Buch schreiben würde, und als ich nach Hause kam, ergriff ich Nadel und Zwirn, nähte flink aus weißen Papierbogen ein Büchlein zusammen und begann zu schreiben. Das wurde der erste der fünf Jahrgänge jener wunderlichen Erzeugnisse, die ich »Volkskalender« benannte und die heute noch in meiner Lade aufbewahrt liegen. Ich schrieb Erzählungen, Gedichte und allerlei andere Aufsätze hinein, ich zeichnete die Bilder dazu, ich verfaßte das Kalendarium und traf's in der »mutmaßlichen Witterung« so gut wie jeder »gelernte Kalendermacher«. Für den nächsten Pfingstmontag kündete der gedruckte »Mandelkalender« meines Vaters: Sonnenschein, in meinem Jahrbuche aber stand für diesen Tag Donnerkeil und Regen; und siehe, schon zur Morgenstunde, da wir in die Kirche gingen, hub es an zu donnern und zu regnen, daß an unserm Leibe kein Faden trockenblieb. Meine eingetroffene Weissagung wurde verbreitet, mein Kalender gewann an Ansehen. Leider ist dieser gute Ruf nur zu bald kläglich zuschanden geworden, als im nächsten Jahrgang unerhörterweise — Pfingsten vor Ostern stand.

Für das Lesen der Kalender oder das Besehen der Ausstattung hatte ich zwei Kreuzer (schlechtes Geld) als Sold bestimmt; doch seit ich aus jenem unseligen Versehen Pfingsten, das liebliche Fest, auf Ende März verlegt hatte, wollte keiner von meinem Volkskalender mehr etwas wissen. Nur der Schanzschusterflorl kam eines Samstagabends, verlangte den Kalender anzuschauen, und als er damit fertig war, begehrte er die zwei Kreuzer.

So blieb mir nichts übrig, als meinen Volkskalender selbst zu lesen. Trotzdem fabrizierte ich an den Jahrgängen fort; der weitläufige Vetter, der öfter zu uns ins Haus kam, sah mir bei meiner Arbeit sogar mit stillem Vergnügen zu, und einmal, als ich aus weißem Papier wieder ein Buch zusammenheftete, um es frisch vom Kopf weg vollzuschreiben, zog er seine Pfeife aus dem Mund und sagte: »Ich seh's, Bub, du bist kein Bauer nicht, du bist zu was anderem geboren. Was du findig bist und flink mit der Nadel! Du mußt ein Schneider werden.«

So ist es der weitläufige Vetter gewesen, der zuerst mein Talent entdeckt hat. Und sein Wort ist denn in Erfüllung gegangen. Doch nach wie vor, an stillen Feierabenden und in langen Nächten, schrieb ich Kalender und Bücher, die ich mir zum großen Teile während der Arbeit zurechtgelegt hatte, so daß mein Meister weit öfter als einmal gefragt hat, wo ich denn meine Gedanken hätte? Da ich sie verleugnete, so war anzunehmen, daß gar keine vorhanden. Ich schrieb ein Predigtbuch unter dem Titel: »Weg in die Ewigkeit«. In Stunden weltlicher Stimmung schrieb ich an einer periodischen Schrift: »Freue dich des Lebens.« Dazwischen arbeitete ich an Dramen und Lustspielen. Später verfaßte ich eine Monatsschrift, benannt: »Fröhliche Stunden, erscheint alle Vollmondnächte.« Ferner gab ich eine Zeitschrift, betitelt: »Meine Gedanken«, heraus und auch ein Prachtwerk, von eigener Hand ganz besonders glänzend illustriert, zwei Jahrgänge »Museum«. (Ich wiederhole hier der Übersicht wegen.)

Die Leute wunderten sich, wollten aber mein Gebaren nicht recht gutheißen; allerdings sagte mein Lehrmeister mehrmals: »Wenn er nicht sonst so brav tät sein und ehrsam, ich wollt ihn gleich fortschicken; bei der Arbeit ist er gar nicht so gescheit. Es stecken ihm allzuviel Fabeleien im Kopf.«

So vergingen die Jahre, und die Zahl meiner Schriften wuchs von Woche zu Woche. Da begann sich in mir allmählich jener Teufel zu regen, den manche meiner Leser vielleicht aus eigenem kennen — ein ruheloses Gespenst, schmeichelnd und trügerisch — die Sehnsucht nach der schwarzen Kunst. Heute weiß ich's: Die Druckschwärze ist so harmlos und wohlfeil wie Stiefelwichse und wird zuweilen auch als solche verwendet. — Die Zeitung! Ich kannte sie vom Einschlagpapier her, in welches der Kaufmann die Kleiderstoffe, den Zwirn und die Knöpfe zu wickeln gewohnt war. An einem Freitagabend spät war's, da ich neben meinem schlummernden Meister noch nähte, als mir der Gedanke kam, etwas von mir Gedichtetes in die Zeitung zu geben. Am nächsten Sonntag verfaßte ich das Schreiben und sandte es nach Graz. Nicht lange, und ein Brief vom Leiter der Zeitung kam, der alle meine bisher verfaßten Dichtungen zu sehen verlangte. Ich erschrak. Woher das Postporto nehmen, wenn der einfache Brief schon fünf Kreuzer (gutes Geld) kostete?!

Zu jener Zeit aber wurde ich inne, wozu auf Erden ein Firmpate unter anderem gut ist. Mein Firmpate, der brave Schmiedhofer in Alpel, hatte zur selben Zeit einer Waldangelegenheit wegen in Graz zu tun. Der ließ den Eisenbahnzug im Mürztale lange pfeifen und ging zu Fuß den sechzehn Stunden langen Weg in die Hauptstadt. Bevor er fortging, fragte ich mich bei ihm an, ob er mir eine Gefälligkeit erweisen wolle.

»Von Herzen gern, Peter, tu mir's nur sagen, was du für ein Anliegen hast.«

»Ob der Göd nicht so gut sein wollt und meine Gschriften nach Graz mitnehmen und in die Zeitung tragen?«

»Warum denn nicht? Tu mir das Zeug halt zusammenrichten.«

Der arglose Mann! Als er meine »Gschriften« sah, schlug er die Hände zusammen und rief: »Jesses, da muß ich ja einen Buckelkorb nehmen!«

Die Papiere gaben wohlgewogen fünfzehn Pfund.

»In Gottesnam!« sagte der Pate, »wenn du den ganzen Kram im Kopf hast tragen können, so werde ich ihn doch 'leicht wohl auf dem Buckel tragen mögen.« Und nahm einen Tragkorb und lud auf — und ich sah dem Manne lange nach, als er, fast gebeugt unter der Last, mit all meinen Dichtungen den steinigen Waldweg hin schritt und endlich im Schatten der Tannen verschwand.

Ich glaube, ich bin in jener Stunde dagestanden, lahm und starr, als wär meine Seele davongetragen worden. Diese aber ging voraus — Quartier machen.

Die ersten Ferien

Im Schatten der grünenden Bäume,
Da sitz' ich so gerne allein,
Da fallen mir goldene Träume
Der fernen Vergangenheit ein.

(Volkslied)

Die ersten Vakanzen waren kaum zu erwarten.

Man sollte meinen, ein lernbegieriger Mensch, der sich so spät und so schwer in die Lehrsäle fand, wäre aus denselben kaum mehr herauszubringen gewesen. Und rieten mir ja meine Freunde, ich sollte über die zwei Ferienmonate hübsch in der Stadt bleiben und den erst vor wenigen Monaten begonnenen Unterricht durch Privatlehrer an mir fortsetzen lassen. Der Rat war gut, aber er machte mir übel bis in den Magen hinab, denn das Heimweh war in dem zweiundzwanzigjährigen Waldbauernbuben größer als die Lernlust. Wenn meine Freunde und Lehrer nicht Seelenkenner gewesen wären und es nicht so eingeteilt hätten, daß ich mitten in meinem grünen Heimatlande und selbst in den Waldbergen lernen konnte, ich wäre ihnen entlaufen, ich wäre daheim ein verkommener Mensch geworden, und es wäre ein Elend gewesen.

Nun, die ersten Vakanzen waren endlich da, ich nahm meine Bücher in eine große Seitentasche und eilte aus der heißen, blendenden Stadt in die kühlen Berge, in deren Tälern der Duft der jungen Heumahd war und über deren Höhen der hochsommerliche Julihimmel lag.

Das Haus stand noch auf den Matten zwischen den Wäldern, und es hatte sich in demselben gar nichts verändert, als daß die Schwalben wieder um die grauen Bretterdächer schwirrten, auf welchen bei meinem Fortgehen der Schnee gelegen war. Selbstverständlich, es war eine große Freudigkeit, als der Student einkehrte, und meinem Vater kam ich ganz besonders recht. Es war die genötige Zeit, ich sollte zu den Heuschöbern oder zum Vieh, was ich am liebsten wollte — so einem angehenden »Herrn« da muß man schon die Wahl lassen.

Es war ein böses Ding. Denn ich wußte, meine Lehrer würden mich zum Beginne des neuen Schuljahres nicht nach Heu und Vieh fragen, sondern nach den Grundsätzen der deutschen Sprachlehre, der Rechenkunst usw. Und wie auch sollte ich es von meinem Vater verlangen können, daß er mir Dach und Tisch gebe, und ich leistete nichts dafür! Dann die Nachbarn: Jetzt ist er schon wieder daheim und arbeitet nicht; der bringt seine Eltern an den Bettelstab!

Verstimmt ging ich über den Bergrücken nach Haustein oder Hauenstein hin. Der dicke Hausteiner Wirt, Lorenz Haas hieß er, ein Mann, weit und breit bekannt wegen seiner Herlebigkeit, denn er warf jeden Gast, der ihm nicht zu Gesichte stand, zur Tür hinaus; wegen seiner Gutmütigkeit, denn er verlieh und verschenkte allmählich den größten Teil seines Vermögens an die Leute; wegen seiner Wohlbeleibtheit endlich, denn in seinen besten Jahren mußten wir Schneider um ihn herumlaufen wie um die alte Dorflinde, wollten wir ihm einen Rock anmessen — Herr Lorenz Haas ließ mir jetzt zum ersten Male das Glas Bier auf einer blechernen Ehrentasse vorstellen und tat die Bemerkung, ich hätte als Schneidergesell ein lustigeres Gesicht gemacht denn jetzo als Studiosus.

Da vertraute ich ihm denn, daß der Studiosus auf seinen Vakanzen keinen rechten Platz zum Lernen habe und sich werde bequemen müssen, seine Studien auf der Hutweide fortzusetzen.

Sagte Herr Lorenz: »Das wäre nicht übel!«

Sagte ich: »Es ist aber sehr übel.«

Hierauf ließ er sich seinen feingeschliffenen Weinstutzen zur Hälfte mit Wein, zur Hälfte mit Wasser füllen; dann sagte er rasch und schnarrend: »Ich weiß dir was!«

»Gut wäre es gewesen, wenn ich in meiner Kammer zu Graz verblieben wäre«, meinte ich.

»Das wäre gut gewesen«, sagte Herr Lorenz Haas, »aber noch besser ist, daß du über die acht Wochen zu uns herausgekommen bist. Eine Wohnung weiß ich dir. Da steht ein Bett und ein Tisch und ein Schrank drinnen, und zu den zwei Fenstern winken die Birken herein! Wenn dich nur die Nachbarschaft nicht geniert.«

Des wäre ich nicht heikel, meinte ich, Lärm mache mir nichts.

»Sie macht auch keinen. Meine Taverne oben auf dem Föhrenriegel, die kennst?«

»Ja, recht gut«, sagte ich, »bin in ihr ja einmal vier Wochen in die Schule gegangen, zum Firmunterricht.«

»Jetzt ist schon lang keine Schule mehr in meiner Tavern, wie du weißt, jetzt steht sie leer. In der früheren Schulstube hat der Küster das Heilige Grab stehen, welches am Karfreitag in der Kirche aufgerichtet wird, und die Bahrstangen, glaube ich, und anderes Kirchengeräte. Und im Stübel, wo der Schulmeister gewohnt hat, hätte jetzt prächtig so ein fleißiger Studiosus Platz. Die Aussicht ist auch nicht übel.«

»Ja, über den Kirchhof hin«, sagte ich.

»Macht dir das was?« fragte Herr Lorenz.

»Das macht mir nichts«, antwortete ich, »aber der Mietzins?«

»Der wird dir auch nichts machen. Mich soll es freuen, wenn du dich in meiner Taverne einwohnst, und zum Essen hast nur einen kleinen Weg herab in mein Haus. An einem Tisch, wo für zehn gekocht ist, wird für den elften auch noch ein Teller sein. Mach dir nichts draus, Waldbauernbub, ich hab dich allfort gern gehabt, und jetzt sei bei mir daheim.«

's war doch ein guter Mann. Und jetzt hatte ich eine Stunde von meinem Vaterhause eine ruhige Wohnung, wo ich unbeirrt von Heu und Vieh lernen konnte.

Ich vergesse es auch nicht mehr, das Stübchen in der Taverne zu Hauenstein. Wenn ich des Morgens in meinem weißen Linnen erwachte, war das eine Fenster voll Wald, wie er jenseits des engen Tales am Berge stand. Das Dörflein tief im Tale, das sah ich nicht, es war versteckt unter den hellen, quellenden Büschen und unter den alten Ahornen und Linden. Und am anderen Fenster zitterten die Schatten der Birkenzweige, und zwischen den Birkenzweigen schimmerten die bemoosten Steine des nahen Föhrenriegels und die wettergraue Wand des Kirchturms, hinter dem die Sonne aufstieg, die rein, wie ich sie seither nirgends mehr gesehen, durch die großen Glasscheiben auf die blankgescheuerten Dielen meiner Stube fiel.

Und um die Kirche liegt der Kirchhof, ein wenig uneben, hie und da ein wenig ausgetreten. Alles miteinander steht auf einem Hügel und ist mit einer niedrigen Mauer umgeben, über die vom Hange heraus die Baumwipfel ragen. Und alles frisch, duftig und sonnig, und wenn ich das Fenster öffnete, strömte eine kühle, von Vogelsang durchklungene Waldjugend herein.

In der Pfarre Hauenstein sterben jährlich bloß vier oder fünf Menschen — und diese nicht einmal gern. Und der Boden des dortigen Kirchhofes ist so festgetreten und hat einen so dichten Rasen, daß man darauf wandelnd nicht jenes Gefühl hat wie auf anderen Friedhöfen, wo mit jedem Schritte der Boden zu wanken und zu sinken scheint.

Meine Stube war in Ordnung. Die Bücher hatte ich schön hingestellt in den Schrank und das weiße Papier hingelegt auf den Tisch. Als ich jedoch das erstemal zum Frühstück hinabgestiegen war ins Haus des Herrn Lorenz Haas, da sagte ich: »Zum Studieren will sie mir nicht passen.«

»Wer?« fragte Herr Lorenz.

»Die Taverne. Das ist ein so liebes, stilles, einsames Haus, daß ich fast glaube, in ihm werde ich dichten.«

»So dichte.«

Als ich wieder zurückkam in meine Stube, war das Bett und alles hübsch in Ordnung gebracht; da setzte ich mich an den Tisch und schaute zu den Fenstern hinaus, einmal in den besonnten Wald, das anderemal auf den bebauten Kirchhof, und in mir war das Gefühl des heimatlichen Friedens, der mit gleicher Größe ist über der lebendigen Welt und über dem Rasen der Schläfer.

In der Morgenstunde stieg auch der Pfarrer zur Kirche herauf und las sein Amt. Die Orgel klang zart zu meinem Stüblein herüber. Dann schritten die wenigen Kirchengänger an meinem Fenster vorbei und guckten wundershalber auch ein bißchen herein auf diesen jungen Menschen, der auf der Welt so eigen herumregiert, jetzt als Waldbauernbub, jetzt als Schneidermensch, jetzt als Stadtstudent und jetzt wieder wie ein Einsiedler bei den Toten.

Dann ging vielleicht einmal ganz langsam und bescheidentlich die Tür auf, und meine Mutter kam herein und schaute, ob ich in meiner neuen Wohnung wohl alles habe, was ich brauche, machte sich etwas zu schaffen, daß es mir gut sei, und sagte dann, gegen das Kirchhoffenster deutend: »Das Fenster ist dir einmal gesund, kannst schön aufs Sterben denken.«

Ein andersmal kam mein Jugendfreund Eustach, der gab sich laut und lustig, und wenn ich ihm mit meiner Kirchhofpoesie anhub, lachte er mich aus und sagte, ich wäre ein Student, der auf die Totengräberei studiere. Der gute, lebenslustige Bursche! Heute ist er Moder, aber nicht auf dem friedensstillen Gottesacker zu Hauenstein, sondern im weiten, dürren, staub- und lärmumbrausten Leichenfeld einer großen Stadt.

Als er nämlich später gehört hatte, mir ginge es gut und ich gedächte sein, war er mir nachgekommen in die Stadt und hatte Arbeit genommen in einer Fabrik. Von Woche zu Woche wurde er blässer; wenn wir am Sonntage miteinander gingen, riet ich ihm stets, er solle wieder heimkehren zur ländlichen Arbeit in der Waldluft. Er antwortete: nein. Und als ich ihn fragte, warum er nicht mehr heim wolle, antwortete er noch entschiedener: nein. Erst im Spital gestand er mir, er möchte wohl sein Heimattal noch einmal sehen, aber er wolle der Leute Spott nicht hören. Er hätte bei seinem Fortgehen gesagt, er käme nur als »Herr« wieder zurück aus der Stadt; nun sei er aber noch ärmer geworden, als er gewesen, und die boshaften Leute, die seinen Fortgang verhöhnten, würden seine Rückkehr noch mehr verhöhnen. Da sterbe er lieber in der Fremde. Ich kam hierauf noch drei Tage nacheinander zu seinem Lager, wo er so emsig beschäftigt war, Atem zu holen, daß er dazwischen kaum noch einige Worte zu sprechen vermochte. Am vierten Tage war sein Bett leer und mit der Decke zugehüllt. Der Wärter bedeutete mir, er sei in der Nacht fertig geworden. Ich ging in die Leichenhalle, sah lauter fremde Gesichter, aber das seine nicht. Ich ging in den Seziersaal und hatte mit den Herren Streit. Der Leib meines Freundes wurde dann unverletzt im Wohnhaus aufgebahrt und in christlichen Ehren bestattet.

So ward es später mit Eustach, der jetzt meine stille Taverne am liebsten zu einem Tanzboden umgestaltet hätte. Er blieb selten lange bei mir, und so war ich allein den langen Tag, nur daß draußen mitunter der alte Bettlerhiesel vorüberwankte, dem die Leute so viel Almosen gaben, weil sie ihn so sehr fürchteten. Der Bettlerhiesel tat nämlich solche Leute, die ihm zu wenig gaben, »in die Höll hinabbeten«. Das heißt, er hub mit seiner eintönigen Stimme langsam an zu fluchen und wankte so, mit entblößtem weißem Haupt, tiefgebeugt am Stabe, leise und beharrlich fluchend um das Haus, bis alle Einwohner mit Haut und Haar in die unterste Hölle verwünscht waren. Er tat jeden einzeln ab und nahm stets auch dessen Vater und Mutter und ganze Verwandtschaft mit, sie mochten noch leben oder schon im Grabe ruhen. Gewöhnlich geschah es dann, daß ein Nachtragsalmosen aus dem Hause kam, was die Folge hatte, daß der Bettler anhub, die in die unterste Hölle Verwunschenen in die mittlere, von da in die obere Hölle heraufzubeten und von dieser sie endlich in den Himmel emporzusegnen. Beides, nach unten und nach oben hin, tat er ohne Haß und ohne Liebe, es war Geschäftssache. Er trieb auch sonst allerhand sonderbare Stücklein, und die Leute nannten ihn einen Halbnarren, weil er ihnen für einen ganzen zu närrisch schien. Als er starb, hat man in seinem Strohsack Geld gefunden, was zum Teile die Bruderschaft eines Stiftes in Empfang nahm, um den Bettlerhiesel in den Himmel hinaufzubeten.

Wenn nun aber um meine Taverne stundenlang kein lebendiger Mensch war und nicht einmal ein alter Bettlerhiesel über den Kirchhof hinkte, erinnerte ich mich, daß der Herr Pfarrer zu Haustein gesagt hatte, ich solle mich doch bisweilen bei ihm anmelden. Es war damals die Zeit, wo jeder Simpel über religiöse Dinge rasch und wegwerfend aburteilen zu müssen glaubte; ich setzte des Pfarrers Wein zu und führte dabei als einer, der jetzt hoch im Studium sei, eine sehr naseweise Sprache. Der geistliche Herr war geduldig und sagte: »Gott beschütze dich noch manches Jahr, die Klärung wird sich dann schon vollziehen.«

Öfters ging ich in den kühlen Waldgraben hin und wählte mir am rauschenden Bach ein Sitzplätzchen zum Studieren; als ich aber drauf saß, schaute ich auf die grünbemoosten Steine, um die das Wasser gischtete, oder in die finsteren Schatten zwischen den Baumstämmen hinein, und es vergingen die Stunden. Dann ging ich auf den weiten Sandwegen der Berghöhen und schaute über die Birken- und Kiefernwälder bis zu den fernen blauen Bergen, und über die ganze weite Gegend war der sonnige Sommernachmittag hingehaucht. Wenn ich endlich des Abends zurückgekehrt war in meine dunkle Taverne, da dämmerten die hellen Bilder noch lange in meiner Seele, ich setzte mich an das Fenster und schaute auf den Kirchturm oder auf den Berggrat, wo man das

Farbenspiel der untergehenden Sonne sah, und tat, was ich den ganzen Tag getan hatte, ich träumte.

An einem solchen Abende war die Stunde, mit der meine zweiundzwanzig Lebensjahre voll wurden. Da sagte ich zu mir: Jüngling! Blut Gottes! Ist es nicht schade um die kostbare Zeit, daß du sie verträumst?! Siehe da hinab in die Häuser und Hütten, die Menschen denken nicht an die Schönheit dieser Welt, aber sie lieben sie. Sie fügen sich zusammen in warmen Freuden und begehen süße Stunden. Dem Schneiderjungen schon waren Herzen offen gewesen, dem Studenten mit den langen Locken werden deren noch mehr offen sein. Nur dreihundert Schritte brauchst du zu gehen — und selbst wenn es vierhundert wären —, und du stehst vor jemandem, der lange heimlich nach dir auslugt, der sich vor einem Kusse nicht länger sträuben wird, als es fürs erstemal Sitte ist.

Die Kirchturmspitze funkelte noch ein letztes Mal in der Sonne, und der Junge blieb sitzen am offenen Fenster und sah den Abend dämmern und sah die Nacht werden.

Und in der Nacht, da spielte der sinkende Halbmond draußen auf der Kirchhofsmauer und in den stillen Büschen. Da waren blasse Streifen und Tücher gezogen über den Rasenplatz hin, und es rührte sich einmal ein Zweig, und es zitterte einmal ein Laub, und doch war es stiller als still — die Kirchturmuhr aber schmiedete in ihrem langsamen Ticktack an dem Ring der Ewigkeit.

Endlich, da der Mond vergangen war und die schwere Nacht lag, in welche ich auch noch eine Weile hinausstarrte, weil man in solcher Nacht fiebernde Gedankenungeheuer tief versenken und verhüllen kann — zündete ich endlich das Licht an und deckte mir mein Bett auf. Und als ich auf dem Bette saß und noch immer wachend träumte und mir leid war um den Tag, der verträumt worden, und mir leid war um die Nacht, die verschlafen werden sollte, flog plötzlich etwas zum offenen Fenster herein, kollerte klappernd auf den Boden und lag dann mitten auf demselben still. Ich schaute hin, es war ein rundes, löcheriges Ding. Der Atem blieb mir stehen, wie ich so darauf hinstarrte und wie es so auf mich hergrinste. Es war ein Totenschädel.

Vor Entsetzen waren meine Glieder lahm und meine Gedanken. Als ich zu mir kam, schloß ich das Fenster und schloß die Läden, daß nicht etwa noch das ganze Zugehör zu mir hereinspringen konnte. Endlich kam ich mit mir dahin überein: Von selber kommt so ein Ding nicht geflogen. Wenn es auch einmal ein Menschenhaupt gewesen war, das Unsinn trieb, so verläßt es jetzt doch nicht sein kühles Kissen, um mitternächtig eine Geburtstagsvisite zu machen. Mein wunderlicher Gast — er blieb liegen, wo er lag und grinste mich an — war eigentlich ganz jugendlich, er hatte noch alle Zähne — vielleicht waren wir zusammen in die Schule gegangen. Fürs erste verrammelte ich nun die Tür und setzte mich in Wehrstand — nicht gegen den Knochen, sondern gegen den, der ihn wohl aus dem Beinhaus in die Stube geschleudert haben mochte. Aber draußen regte sich nichts. So wurde ich allmählich dreister, hob den Totenschädel auf und stellte ihn auf den Tisch.

Doch mit einem solchen Gesellen ist es schwer, eine Unterhaltung anzuknüpfen. Wie wir uns eine Weile so still gegenübersaßen, war es sehr langweilig. Über Sein und Nichtsein wäre ein nicht unpassendes Gesprächsthema gewesen. Aber keiner fing an.

Nachdem das Grauen sich verzogen hatte, wurde unsere Bekanntschaft insofern traulicher, als ich den Schädel in die Hände nahm — so ein Ding wiegt viel leichter, als man glaubt — und ihn einmal über und über betrachtete. Und jetzt war auf einmal alle Beklemmung weg, mit der Berührung der Masse war das gespenstische Wesen zerstoben. Wie der Tod im Grunde doch harmlos ist! Nur das Leben bäumt sich so närrisch dagegen auf und stößt jenen Angstruf aus, vor dem es dann selbst bis ins Mark erschrickt.

Und dann ertappte ich das Ding bei einer menschlichen Schwäche. Ich nahm wahr, daß ein Vorderzahn des Oberkiefers mit einem lockeren Metallstift am Kiefer befestigt war. Also falsche Zähne! Sollte in diesen Höhlen das Gehirn einer Frau geherrscht haben? Kannte ich nicht auch einen Mann, der sich einen vorderen Oberzahn, den er sich beim Klarinettenblasen ausgebissen, zum Behufe des Klarinettenblasens wieder ersetzen ließ? Der lustige Musikantenjackel, Gott habe ihn selig, er starb in jungen Jahren, nachdem er aufgespielt hatte, was das Zeug hielt. Bei meines Vaters Hochzeit soll er der Lustigmacher gewesen sein; der Mann hatte Grütze gehabt da drinnen in dieser Beinbüchse. Ja, wahrlich, das war niemand anderer als der Schädel des Musikantenjackel — erschienen, um mir das Geburtstagsständchen zu bringen.

Die Nacht war übrigens geruhsam. Am frühen Morgen stieg ich hinab zu meinem Frühstück. Herr Lorenz hatte mir heute das Tischchen mit einem rotblumigen Tuch bedecken und darauf einen Rosenstrauß und einen Gugelhupf hinstellen lassen.

Ich fragte, seit wann in Haustein die Glückwünsche nächtlicherweile zu den Fenstern hereinflögen?

»Wieso?« fragte Herr Lorenz.

»Der Musikantenjackel hat mich aufgesucht.«

»Der ist ja schon seit wenigstens fünfzehn Jahren tot!« rief mein Gastherr.

»Freilich ist er tot«, sagte ich, »und das ist eben das Verdächtige. Da seht ihn!« — Und hielt den Schädel hin.

Herr Lorenz trat einen Schritt zurück.

»Junge«, sagte er dann, »mit solchen Sachen treibt man keine Späße.«

»Aber solche Sachen treiben sie mit uns. Um Mitternacht ist er mir zum Fenster hereingeflogen.«

Jetzt hörte ich hinter dem großen Backofen, in welchem die berühmten Hausteiner Semmeln gebacken wurden, ein gurgelndes Lachen. Saß der alte Bettlerhiesel dort und lachte mich aus. Jetzt stand's nicht lange an, so glaubten wir zu wissen, wer den Knochen in meine Stube geschleudert hatte. Herr Lorenz schritt sehr rasch auf den Alten zu und hob sein fünffingeriges Hausgericht drohend über das graue Haupt.

Mir gelang es noch rechtzeitig, die Gefahr abzuwenden, worauf der Bettlerhiesel sich erhob, feierlich vor mich hinstellte und anfing in langsamer, eintöniger Art etwa so zu reden: »Vergelt's Gott, Herr. Hundertmal vergelt's Gott, Herr. Glück in dein Haus und Dach und Fach. Dein Rat und Tat soll gesegnet sein. Vergelt's Gott, Herr. Deine arme Seel' soll in den Himmel fahren. Deine Freunde in den Himmel fahren. Deine Feinde in die Höll fahren. Vergelt's Gott, Herr. Der heilige Erzengel Gabriel soll dein Diener sein. Im ersten Himmel ist dein Vorhof. Im zweiten Himmel ist dein Hochzeitsmahl. Im dritten Himmel soll dein Ehebett sein. Gott der Vater wird dich krönen. Gott der Sohn wird dich umarmen. Gott der Heilige Geist wird deine Freud und Seligkeit sein in alle Ewigkeit, Amen. Vergelt's Gott, Herr. Vergelt's Gott, Herr.«

Der Schädelschleuderer war er also wohl doch nicht gewesen. Ich habe auch nicht wieder nachgeforscht. Möglich, daß der Eustach etwas gewußt hätte.

Es mutet mich seltsam an, heute, da diese Dinge in meinem Gedächtnisse wieder aufstehen. Es ist die Flut einer fremden Welt darüber hingefahren, aber sie verlief, und aus dem Schlamme steigen die alten Gewächse, die mich wie Schlingpflanzen stets von neuem umweben. Andere sehen die Zukunft in leuchtenden Farben, die Vergangenheit ist ihnen dunkel geworden, sie wenden sich von ihr ab, als von einem unwiederbringlich Verlorenen. Mich deucht, nichts ist so sehr unser Eigentum als unsere Vergangenheit, die uns aufgebaut hat, die wir sind. Es sind unbedeutende Dinge; mag wohl nicht immer gerechtfertigt sein, daß ich sie erzähle, denn so kann ich sie nimmer vor die Seele der Leser stellen, als sie vor meiner eigenen stehen — so traumhaft bunt und magisch, so wehmutsreich und mild, daß ich mir nach meinem Tode gar keinen anderen Himmel wünsche als den, meine Vergangenheit noch einmal durchleben zu dürfen. Wenn der Bettlerhiesel die Macht gehabt hätte, den Menschen ihr vergangenes Leben zurückzubeten, so hätten ihn wohl viele vielleicht zur Tür hinausgewiesen, ich aber hätte ihm alles, alles dafür gegeben, was mein war.

Ich wäre ja doch wieder dazugekommen.

Als wir das Geld haben fortgetragen

Ich war wieder auf Ferien, schaute durch das Fensterglas hinaus und plante, wie denn dieser junge, freie und lustige Bursche einstweilen am besten zu verwenden wäre? Das Fensterglas wurde alsbald trübe, weil ich ihm mit dem Munde zu nahe kam. Und mit vielem andern ist es auch so: Die größten Freuden werden oft trüb oder vergehen gar, wenn sie der Hauch eines Mundes berührt. Studenten kümmert das nicht.

Jetzt, wie ich wieder einmal so ins Freie guckte, war hinter mir ein Räuspern, und da stand der Ortsvorstand von Kathrein am Hauenstein. Er hatte höflich den Hut abgezogen und glättete nun mit der Hand sein graues Haupthaar und schaute mich sehr gutmütig an.

»Muß doch ein wenig nachsehen, was du machst — wenn man noch du sagen darf!« lautete seine Anrede.

Du sagen, ja das versteht sich. Der Haselbauer, der Karl — und das war der Ortsvorstand —, ist mir während der Handwerkerzeit einer meiner liebsten Menschen gewesen, weil er gar gutherzig war und weil er eine so besondere Art von Töchtern hatte — doch, das gehört auf einen anderen Fleck. Kurz, beim Dusagen blieb's, und so sagte denn der Vorstand: »Hättest nicht Lust, morgen mit mir eine Lustreise nach Vorau zu machen? Das Chorherrenstift ist schön anzuschauen, und die geistlichen Herren haben einen guten Wein.«

Es waren Gründe da, mich zu besinnen.

»Ich habe dort ein verwunderliches Geschäft«, fuhr der Karl

fort, »und weil mir durch den großen Wald allein woltern die Zeit lang wird, so wär's mir frei ein Gefallen, wenn du mittun wolltest. Daß ich dich zehrungsfrei halten tät, müßtest mir halt nicht für übel nehmen.«

Die Gründe, mich zu besinnen, waren nun nicht mehr da. Mit Freuden war ich zur Lustreise nach Vorau bereit.

»Ein bissel was zu tragen haben wir halt auch«, sagte der Vorstand, »wir wollen damit brüderlich abwechseln, und so wird's für einen nicht schwer sein. Vielleicht passiert dir ein *solches* Tragen dein Lebtag nicht mehr.«

»Was wird's denn sein?« fragte ich.

Nun hob er seinen Zeigefinger auf und sagte: »Da will ich dich einmal raten lassen, Studiosus. Morgen ums Sonnaufgehen kommst zu mir aufs Frühstück, vielleicht hast du's bis dahin fertig.«

Ich hatte an demselben Abend vor dem Einschlafen richtig ein paar Stunden nachgedacht, was wir denn nach Vorau zu schleppen haben würden. In Vorau war das Bezirksgericht, das nimmt allerhand Sachen, aber diesmal mußte es nach den Andeutungen des Karls was Besonderes sein.

Ums Sonnaufgehen war ich da; auf dem Tische dampfte schon der Kaffee, der in der Morgenfrische, die zu den offenen Fenstern hereinströmte, köstlich duftete. Und auf dem Tische lag die braune Seitentasche des Karl, die er auf seinen Kaufmannsfahrten nach Graz — er war ja der Ortskrämer — stets mithatte und an deren behaarter Decke noch die Klauen des Rehbockes waren, von dessen Haut die Tasche stammte. Diese Tasche war heute ganz gewaltig vollgepfropft, war schwer wie Blei und klirrte ein wenig, wenn man sie hob und schob.

Anfangs trug sie der Karl, später nahm ich sie über die Achsel.

»Wie schwer schätzest du sie?« fragte mich mein Genosse.

Ich berechnete nach dem mir damals noch immer am nächsten liegenden Anhaltspunkt.

»Das sind zum wenigsten drei Bügeleisen«, sagte ich, »wiegen zwölf Pfund.«

»Hast nicht schlecht geschossen, und wenn ein Pfund Silbertaler auch so schwer ist als ein Pfund Bügeleisen, so schleppen wir heute zwölf und ein Viertel Pfund nach Vorau.«

»Wir werden doch keine Silbertaler schleppen?« war meine Frage.

»'s wird aber doch nicht weit gefehlt sein«, sagte der Karl.

»Ja, wachsen denn heuer in Kathrein am Hauenstein die Silbertaler auf den Bäumen wie Holzäpfel?«

»Auf den Bäumen wie Holzäpfel nicht, aber unter der Erde wie Erdäpfel. Ja, Studiosus, wie du itzt dahertrabest, hast du einen vergrabenen Schatz über der Achsel hängen. — Bist durstig, so wollen wir beim Mostmichel abrasten.«

Beim Mostmichel im Narrenhof nahmen wir eine Labnis; und dort, wo der Vorauer Wald beginnt, der den stundenlangen Bergrücken bedeckt und zu beiden Seiten weit hinabgeht in die Lehnen und Engtäler, wo dann am Saume die Bauernhöfe und kleinen Dörfer hängen — an der Straße also, wo dieser Wald beginnt, setzten wir uns in den Schatten und rasteten eine Stunde lang.

Der Karl sah mich von der Seite an und rief hernach, auf die Ledertasche schlagend: »Na, was sagst du dazu?«

So richtete ich mich denn empor, tat den Mund auf und sagte: »Da kann ich gar nichts sagen.«

»Und ich sag«, versetzte der Karl, »ich sag, das Geld ist eine harte Sach!«

»Ja, besonders wenn's von Silber ist —«

»— und nicht dem gehört, der's tragen muß.«

»Gehört es also nicht dir?« fragte ich.

»Schau mich an, Student. Kann ein Mensch, der so ausschaut, wie ich, Silbergeld haben? Wird ein Kaufmann seine Barschaft anderswo vergraben als in abgestandenen Waren? Kann ein Mensch, der jetzt im neunten Jahr Ortsvorstand zu Kathrein am Hauenstein ist, einen vergrabenen Schatz besitzen?«

»Ich weiß es wohl, Karl, daß du als Vorstand für die Leute, die gepfändet werden sollen, die Steuern oft aus deinem eigenen Sack zahlst. Wie oft hast du den Stegbauer ausgelöst, den Schachenhans, den alten Grabentickel!«

»Den alten Grabentickel«, murmelte der Karl, »ja, ja, den Grabentickel habe ich richtig auch ein paarmal ausgelöst. Die Witwe von ihm ist erst vor etlichen Wochen gestorben.«

»Der hast gewiß auch du das Begräbnis gezahlt!«

»Beileib nicht, die hat Geld genug gehabt, schier so viel, daß zwei Männer, ein junger und ein alter, dran zu schleppen haben. Ja, Studiosus, dieser Ranzen voll Taler ist von der Grabentickelin! Sie hat ihn mir auf dem Totenbett anvertraut.«

»Dahinter steckt gewiß eine merkwürdige Geschichte.«

»Ah, versteht sich, und die soll ich dir nun erzählen«, sagte der Karl. »Ja, ich habe mir oft schon gedacht, wenn ich einen alten Silbertaler in der Hand gehabt: Wüßte einer die Geschichte von deinem Lebenslauf!«

»Bisweilen wird's besser sein, man weiß sie nicht.«

»Das sag ich auch. Aber bei den Talern der Grabentickelin kann man sich seinen Teil herausnehmen — heißt das, nicht aus dem Ranzen, sondern aus der Geschichte. — 's ist noch nicht vier Wochen aus«, erzählte der Karl, »just am Magdalenentag ist's gewesen, daß ich aus der Kirche eilends zur kranken Tickelin gerufen werde. — Bin ja kein Arzt und kein Priester, sage ich. — Macht nichts, meint der Bote, sie wolle just den Vorstand haben. Darauf bin ich in ihr Häusel gegangen und hab sie wolter krank gefunden. Ich muß mich gleich zu ihr setzen, sie nimmt mich bei der Hand und sagt, daß sie zu mir das Vertrauen hätte, und hebt an zu erzählen; von ihrem Mann, dem Grabentickel, zuerst, wie er sie geheiratet hat. Er ist Holzknecht in Kreßbach gewesen. Und da wäre der Tickel halt alleweil so viel unruhig und aufgeregt gewesen, und sie hätte nicht gewußt, warum. Nachher, am ersten Tage nach der Hochzeit, habe er ihr's frei mit Zittern und Fiebern vertraut, er wäre nicht so arm, wie die Leute von ihm meinten, er habe von seinem Vater her noch ein Erspartes, und er selber hätte sich auch was erwirtschaftet; er habe das Geld zwar gut verwahrt oben unter dem Hausdach, zwischen den Brettern, die doppelt übereinander liegen und wo kein Dieb hindenke, aber er sei halt immer in Angst, daß es ihm gestohlen werden könne. — Die Tickelin soll den Tickel sehr gern gehabt haben, doch sie hätte sich nicht viel aus dem Geld gemacht: Ist's da, so ist's gut, und ist's nicht, so lebt man wie andere Leut, die auch nichts haben als den lieben Gesund und den Fried. Sie haben aber nicht gelebt wie andere Leut, sie haben schlechter gelebt, und der Tickel soll sich halb zu Tode gearbeitet haben, daß sich nur um Gottes willen das Geld alleweil vermehren möcht. Und dabei die immerwährende Angst, ob nicht doch auf einmal wer einbricht, oder das Haus niederbrennt, oder das Silbergeld auf andere Weise zugrunde geht. Endlich hat ihm darüber gar kein Essen mehr geschmeckt, er hat die lieben langen Nächte nicht schlafen können, und was ihm das Weib auch zugeredet hat, er sollt sich sein Leben doch nicht mit dem Geld verderben; wenn er's schon verderben wollt, so sollt er's lieber mit Essen und Trinken tun. Soll nichts genutzt haben, noch alleweil ärger soll es worden sein mit der Angst und mit dem Geiz beim Tickel, bis das Weib mit dem Geld spießfeind worden ist. — Was meinst, Student, was wird jetzt geschehen sein?«

»Den Verstand wird er verloren haben«, mutmaßte ich.

»Nein«, sagte der Karl, »das Geld hat er verloren. Denn wie

das Weib jetzt fest davon überzeugt gewesen: Tickel, dieses Silbergeld ist dein Unglück!, hat sie es ihm heimlich weggenommen und vergraben für eine Zeit, wo sie den Sparpfennig einmal gut brauchen möchten.«

»Vergraben!« rief ich in meiner Entrüstung (ich verlegte mich damals stark auf das Gescheitmachen des Landvolkes), »vergraben und nicht in die Sparkasse gelegt?«

»Die Tickelin da oben im Kreßbachwald hat von einer Sparkasse all ihrer Tage nichts gehört«, belehrte mich der Karl, »oder hat sich darunter einen Tontiegel mit einem Loch vorgestellt, durch das man die Taler hineinstecken, aber nicht mehr herauskriegen kann. Anstatt das Geld in fremde Hände zu geben, hat sie gemeint, es wäre gescheiter, es in einen Eisentopf zu tun und sicher zu vergraben.«

»Und was hat denn ihr Mann dazu gesagt?«

»Der Tickel soll freilich schauderhaft wild und schier verrückt worden sein, wie er wahrgenommen, das Geld wär weg, und sein Weib hat ihn beim Glauben belassen, daß es Diebe fortgetragen hätten. Nachher soll der Tickel ein anderer geworden sein. Wenn's mit dem Sparen so ausgeht, ist's gescheiter, den Verdienst flottweg wieder verbrauchen, soll er gesagt haben, und von dem Tag an — hat mir die Tickelin erzählt — sollen sie brav gegessen und getrunken und keine Not gelitten haben. Jetzt sind auch die Sorgen weggewesen, von wegen des Geldes, und der Tickel — nu, du hast ihn ja auch noch gekannt, Student — ist dick und fett worden. Feilich soll er ein paarmal, wie er so ein Häufl Geld vor sich liegen gehabt, vom Aufsparen gesprochen haben, aber sein Weib hat allemal gesagt, für Diebe wollten sie nicht fleißig sein, und hat ihn nicht mehr anfangen lassen. Und richtig ist's so gegangen, daß sie von dem heimlich vergrabenen Geld keinen Kreuzer benötigt haben. Der Tickel hat ohne viel Sorg gelebt und ist auch so gestorben. Und wie die Tickelin auf dem Totenbett gelegen ist, hat sie mir das alles anvertraut, und ich habe nachher in Gegenwart von Zeugen das Geld ausgegraben und die Sach bei Gericht gemeldet.«

»Was geschieht jetzt mit dem Geld«, war meine Frage.

»Das geht zum Bezirksgericht und will warten, bis sich ein Herr dafür findet.«

»Darauf wird's nicht lang zu warten brauchen«, war meine Ansicht.

»Vielleicht recht lang«, sagte der Karl. »Es sind keine Verwandten da. Ein Bruderssohn vom Tickel soll noch leben, aber man weiß nicht, wo er ist. Wird er in Jahr und Tag nicht gefunden, so ist das Geld verfallen.«

Nun wußte ich die ganze sonderbare Geschichte, und wir rückten wieder an.

Zu Vorau am Stifte, vor dem Herrn Bezirksrichter, hat der Karl das Silbergeld in eine große Lade geschüttet, daß es gar merkwürdig geklimpert hat. Die Beamten in den anstoßenden Kanzleien haben gestanden, sie hätten zeit ihrer Praxis niemals ein solch schönes Klimpern gehört.

Der Herr Bezirksrichter selbst unterließ es nicht, mit seinen Fingern die Silberstücke ein wenig aufzukrausen, und wir weideten — zu Lohn für das Tragen — unsere Augen. Uralte Münzen waren dabei, aus aller Herren Ländern und Zeiten. Die meisten trugen wohl das Bild Leopolds und der Maria Theresia. Sie waren gar abgegriffen, so daß man die Prägung oft nicht mehr erkennen konnte. Manche waren durchlöchert, beschnitten und gar nicht mehr rund. Etliche waren so groß, daß der Karl sagte: »Helle Kaffeetopfdeckeln!« — Hätte ich damals nur einige Münzkenntnisse besessen, ich wüßte sicherlich Wunderdinge zu berichten von diesem Schatz des Grabentickel.

Endlich, nachdem das Geld von Berufenen geschätzt worden und alles in Ordnung befunden war, schob der Bezirksrichter die schwere Lade zu, und wir konnten nun gehen.

Wir taten uns was zugute im Wirtshaus, und dann gingen wir leicht und lustig heimwärts. Ein paar Tage lang hatte die Haut meiner rechten Achsel, auf welcher der Riemen gelegen, einen blauen Streifen. Dann vergaß ich der Sache und erst nach vielen Jahren ist mir jenes Geldtragen nach Vorau wieder in Erinnerung gekommen. Ob sich für das Silbergeld des Grabentickels der rechtmäßige Erbe gefunden hat, das weiß ich nicht. Vermutlich haben die schönen Taler ihrem neuen Herrn bessere Dienste erwiesen als ihrem alten; möglicherweise auch noch schlechtere.

Wie es dem weisen Stin als Zuschauer erging

Der alte Kerl beschloß, ein weiser Mann zu werden, und machte sein Testament. Sein Werkzeug verschrieb er dem Meister Natz, sein Gewand dem Trödler Absalon, seine Seele Gott dem Herrn und seinen Leib der braunen Schafmarl.

Die braune Schafmarl aber sagte: »Wozu brauch ich seinen Leib, ich hab selber einen.«

»Eben deswegen«, hatte hierauf ein loses Maul bemerkt, »Gott ist dreifach, und wenn der Mensch Gott ähnlich werden will, wie es auf der Kanzel verlangt wird, so muß er wenigstens zweifach sein, sonst kann er dreifach sein Lebtag nicht werden.«

So töricht redete unser Geselle Stin nicht, der beschlossen hatte, ein weiser Mann zu werden.

»Wenn sie meinen Leib nicht will, die braune Schafmarl«, sagte er, »es macht nichts; er soll der armen Seel noch als Ausgedinghäusel gut sein, bis sie der Herr zu sich nimmt.«

Nun bedurfte aber das Ausgedinghäusel ein Dach. Der weise Stin hätte sich zwar nicht geschämt, das Ebenbild Gottes unverhüllt herumspazieren zu lassen, aber die Leute haben schwache Augen, und endlich durfte er es auch der edlen Schneiderzunft nicht antun, sie mit einem neuen Brauch zugrunde zu richten. Also der Trödler Absalon muß das Gewand noch ein wenig hängen lassen auf dem langen Stin und sonach darf der Meister Natz einstweilen seine Hand auch nicht ans Werkzeug legen, das ihm von dem liederlichen Handwerksburschen Schulden halber zu Recht verschrieben ist.

So blieb es äußerlich beim alten. Wer aber, wie ich, Gelegenheit hatte, näher mit dem Gesellen zu verkehren, der konnte wohl erfahren, was der Stin für ein schreckbar weiser Mann geworden war.

»Leute!« sagte er trostweise, wenn ihnen irgend etwas schief ging. Und als der Schnaller-Hies der Welt die Drohung in das Gesicht schleuderte: wenn sie fortfahre, so jämmerlich zu sein, so werde er sich erhängen! »Leute«, sagte der Stin, »machen wir den Spaß mit, solange er dauert. Er dauert nicht lang, und wir haben noch immer Zeit genug, tot zu sein.«

Der Schelm! Nach diesem Grundsatz kann der größte Weltverächter das Leben hundert Jahre oder länger tragen. Zum Totsein haben wir immer noch Zeit genug. Der Grundzug der Weltanschauung meines Gesponses war aber ein anderer. So sagte er einmal zu mir: »Kind, die Welt ist ein Theater.«

»Ganz recht«, warf ich ein, denn auch ich wollte weise sein, »ein Theater! Aber ein Trauerspiel, und wir müssen mitspielen, mein Lieber!«

»Wer schafft (befiehlt) mir's denn?« fragte der Stin. »Ich bin Zuschauer, habe mein Eintrittsgeld gezahlt und will mich unterhalten.«

»Du hast ein Eintrittsgeld gezahlt? Wieso?«

»Oder meine Eltern für mich.«

»Deine Mutter vielleicht. Dein Vater schon gar nicht, der hat bei deinem Eintritt noch was herausbekommen. Ja, mein Lieber, der Eintritt in dies Theater ist umsonst gewesen, aber den Austritt mußt du bezahlen!«

»Ich kaprizier mich nicht auf den Austritt«, lachte der Stin, »ich bleibe meinetwegen in Ewigkeit da sitzen und schau der Komödie zu. Langweilig wird mir nicht, wenn ich sehe, wie der dumme Teufel geschunden wird, und der Schlechte zieht die Haut des Geschundenen an, bis er darunter selber erstickt.«

»Schindest du oder wirst geschunden?«

»Ich tu nicht mit, ich bin Zuschauer. Ich pfeife oder klatsche, und geht's mich weiter nichts an.«

»Und wenn sie vor deinen Augen deinen Bruder sengen und brennen?«

»Ja, mein Schätzbarer!« rief herauf der lange Stin, »das, was man so unter Brüdern Mitleid nennt, das muß man sich abgewöhnen, sonst ist man das elendste Geschöpf auf Gottes Erden. Bei Auftritten, wo du nicht lachen kannst, mußt du weidlich schimpfen, und wo das auch nicht geht, da halte dir Augen und Ohren zu und gib acht, daß dich selber nichts zwickt.«

»Aber ehrenhalber mußt du dich doch kümmern um die Mitmenschen!«

»Ehrenhalber? Mein junger Genosse und Milchbruder beim frischen Wasser, was heißt ehrenhalber? Ehre ist das, wenn du so tapfer und klug bist, dir die besten Bissen zu verschaffen, und Schande ist das, wenn du ein armer Schlucker bleibst.«

»Je, Herr Philosophus und Schneidergeselle!« rief ich aus, »Ihr seid ja ein Rindvieh!«

»Nicht ganz genau«, antwortete er, »Rindvieher haben bei diesem schönen Theater zwar auch keine großen Rollen, sie sind Choristen; ich aber bin Zuschauer, und wie oft soll ich dir das sagen?«

Einmal war ein Kirchweihfest und als Glanzpunkt desselben beim Schanzwirt ein martialisches Raufen. Der lange Stin war auch dabei, aber er duckte sich hinter den Ofen und guckte hervor und kicherte und schrie »Bravo!«, als sie aneinandergerieten. Sie zogen die Schlagringe und Messer, die Unbeteiligten wollten beschwichtigen, der Zuschauer hinter dem Ofen aber klatschte — als der erste Geschlagene auf den Boden hin getaumelt war — mit den Händen und schrie: »Bravo! Bravo!« Alsbald rief einer:

»Was geht's den an, hinter dem Ofen! Frotzeln will er uns!« Sie zerrten ihn hervor und sättigten ihm den Buckel unter gewaltigem Applaus aller Anwesenden.

Als der Philosoph arg zertrillt zur Tür hinauswankte, zischelte ihm einer zu — wetten mag ich nicht, ob ich's nicht selber war —, diesmal hätte der Zuschauer auch seinen Teil bekommen an der Handlung, diesmal sei es umgekehrt gewesen, hätten die Schauspieler Beifall geklatscht. Da ward der Zuschauer zum Rezensenten und knirschte: »Hundsgemeine Bande, das!«

Damit war es aber noch nicht vollkommen abgetan. Die Gerechtigkeit streckte ihre Hand aus, nahm etliche der Raufer beim Schopf, und darunter auch den weisen Stin. Der sei die eigentliche Ursache, hieß es, der habe mit seinem Geklatsche und Bravogeschrei so lange gehetzt, bis die Metten losgegangen. Wurde hierauf der Stin feierlich in den Gemeindekotter getan. Früher hatte er mehrmals geäußert, er werde sein Lebtag nicht »sitzen«, dazu könne man keinen zwingen; sperre man ihn schon ein — was übrigens unmöglich sei, weil er sich ja grundsätzlich an nichts beteilige —, so wolle er stehen, damit man nicht sagen könne, er sei einmal »gesessen«. Im Gemeindekotter ging das nun aber nicht, denn der war für den langen Bengel zu niedrig. Er kauerte also auf seinem Stroh, und wenn man zum winzigen Fensterlein hineinguckte, so stellte er sich tot.

Ich bin gegen sehr weise Leute von jeher boshaft gewesen; so rief ich eines Tages durch das Loch hinein: »Guten Abend, Zuschauer! Du gibst es aber vornehm, jetzt hast du gar eine Loge!«

Er tat das Klügste des Weisen, er schwieg.

»Einen Gucker haben sie dir auch hergetan«, fuhr ich fort, auf das Fensterchen deutend, »nur ein klein bissel schade, daß dir das Haus des Gemeindevorstandes seine hintere Seite zukehrt. Ein Kehrichthaufen und das Bretterhüttel daneben.«

»Es ist höchst langweilig«, knurrte der Stin.

»Vielleicht geht dir das Welttheater bald zu Ende«, tröstete ich, »bereite dir dein Austrittsgeld. Wenn die zwei sterben, die deinetwegen niedergeschlagen worden sind, so kostet's dir bloß den Kopf.«

»Meinetwegen, wenn's keine edleren Körperteile trifft!« sprach er; daraus schloß ich, daß er noch bei Humor war.

In denselben Tagen hatte der Ochenberger auf seiner Ödgart Feuer angezündet, um das abgehauene Gestrüppe zu verbrennen. Zur nächtlichen Zeit erhellte dieses Feuer auf dem Berghang das ganze Dorf. Ich ging zufällig zur Nachtstunde wieder am Gemeindekotter vorüber. »Schläfst du schon, Zuschauer?« rief ich zum Loch hinein.

»Hol's der Teufel!« knirschte er, »mach, Kamerad, daß sie mich auslassen.«

»Schau, Augustinus, ich bin jetzt auch auf deinem Standpunkt; bei dieser Weltkomödie ist es wirklich am besten, man mischt sich nicht drein, macht den Zuschauer und unterhält sich. Man müßt sonst aus der Haut fahren bei dem Elend. Zum Beispiel jetzt. Denk dir, Stin, das Unglück! Das Dorf brennt. Am unteren Rand hat es angefangen. Drei Häuser sind schon hin, der Wind trägt die Flammen über alle Schindeldächer her, siehst du den Schein? Siehst du ihn? Das ganze Dorf gilt's! Schau du, just hebt schon dem Gemeindevorstand sein Hausdach an zu brennen!«

Der Stin war dermaßen aufgesprungen, daß sein Kopf in die Decke schier ein Loch stieß. »O Freund, edler, treuer Mensch!« rief er und hielt die Arme zum Fensterchen heraus, »befreie mich! Rette mich! Sie vergessen meiner!«

»Geniere dich nicht, verbrenne ganz ruhig«, so mein Zuspruch, »mir geschieht nichts, ich bin schon so klug, etwas zurückzutreten, wenn mir's zu heiß werden sollte. Und wenn du mir schon einen Spaß machen willst: Stirb recht heldenmütig, so etwas sieht sich immer gut an. Halt, jetzt ist mir gar ein Funke an den Rock geflogen.«

»Sackermentsgesindel!« wütete der Stin, »verbrennen lassen sie einen! Keine Nächstenlieb, keine Menschlichkeit mehr auf der Welt!«

»Mach dir nichts draus, Kamerad. Es ist eben ein Theaterbrand, wo auch die Zuschauer mit zugrunde gehen. Nichts weiter. Aber verdammt heiß wird's da, vor deiner Loge.«

»Höhne mich«, sagte der Stin in sich zusammenbrechend. »Höhne mich, wie du willst, ich hab's verdient.«

»Wenn du sagst, du hast es verdient«, rief ich, »so hast du es nicht verdient. Das Leben ist ein Schauspiel, ich lasse es gelten, aber wir sind Zuschauer und Mitwirkende zugleich. Leiden und mitleiden, sich freuen und mitfreuen, das heißt Menschenleben. So halten wir's, so tragen wir's, bis es klingelt und der Vorhang fällt.«

Der Stin wimmerte in seinem Kotter.

»Gute Nacht, Stin. Der Brand ist gelöscht. Morgen, hat der Gemeindevorstand gesagt, wirst du frei, dann streiche einen Teil deines Testaments durch. Dein Werkzeug und dein Gewand behalte für dich. Deine Seele magst du Gott dem Herrn empfehlen und deinen Leib der braunen Schafmarl; Freuden auf Erd und im Himmel, Freuden im Überfluß, aber lauter gemeinsame. Gute Nacht, Stin!«

Ob der weise Stin wieder »töricht« genug geworden, um ein guter, echter Mensch zu sein, ich weiß es nicht. Wenige Tage nach seiner Befreiung aus dem Kotter hat er sich fremd gemacht und ist in die weite Welt gegangen.

Als der Gestorbene zurückkam

Es war mitten in einer Sommernacht. Vor mir lag der breite Weg zwischen den finsteren Waldbäumen in einem weißen Band, denn es schien der Vollmond darauf. Dort und hier stand von einem hohen Tannenwipfel der schwarze, zackige Schatten mitten in die Straße herein; hier und dort lag querüber ein schwarzer Balken, welchen die Füße des einsamen Wanderers mühelos durchbrachen, denn es war wieder nichts als der Schatten eines hoch über den Wald aufstrebenden Stammes. Wo Lichtungen und Büsche waren, schwebten in stillen Bogen Leuchtwürmchen; zu hören war kein Lüftchen und kein Wasserrauschen, meine Schritte gingen gleichmäßig wie eine Pendeluhr, und in meinem Haupte erzählte die Erinnerung Geschichten aus der Vergangenheit.

Hier auf dieser Waldstraße mußte ja die Stelle bald kommen, oder war ich an ihr schon vorüber, wo mein Jugendfreund Johann Würtel verunglückte? Der Köhlerhansl, wie er genannt wurde; an einer dieser steilen Berglehnen hat ihn beim Holzriesen ein abgleitender Baumstrunk totgestoßen.

Denke einmal nach, Leser, ob du nicht etwa einen Jugendfreund und Gedankenspielgenossen gehabt hast, mit dessen Hilfe du die Welt erschaffen hättest, wenn sie nicht schon in aller Breite um euch dagelegen wäre! Da die Hauptsache aber einmal geschehen war, so mußtet ihr euch mit Reformen begnügen und eine Weltordnung aufstellen, die alles Elend und unrecht von dieser Erde verbannt haben würde, die auch sehr leicht durchführbar gewesen wäre, wenn die Leute nur gewollt und euren großen Absichten nicht schnurgerade entgegengearbeitet hätten. Sie wollten nicht, daher mußtet ihr endlich alle Pläne fallen lassen und euch selbst durch das Elend und Unrecht winden, so gut es ging.

So auch war es mit meinem Freunde Johann und mir. Es gäbe

auf der Welt heute keinen Armen und Kranken, keine Bösewichter, keine Gewalttaten und Kriege mehr, wenn es damals nach unserem Willen gegangen wäre. Besonders mit allen Religionszwistigkeiten hätten wir auf das reinste aufgeräumt. Denn — um es nur recht zu sagen — der Köhlerhansel, so jung an Jahren und so weltlustig er gewesen sein mochte, war ein Gottesgelehrter. Anfangs pflegte er vor allem die heilige Dichtung. So verfaßte er ein Weihnachtsspiel, welches er mir wiederholt vorlas. Es war in Strophen abgeteilt, jede Strophe schloß mit den Worten: »Ehre sei Gott dem Vater und dem Sohn, und dem heiligen Geist am Hexenthron.« Als ich ihn einmal darüber zur Rede stellte, was er eigentlich mit seinem »Hexenthron« sagen wolle, war der Hansel geradezu empört über meine »langen und doch so unzulänglichen Ohrwaschel«, die statt »höchsten Thron« »Hexenthron« hören konnten. Über diesen Punkt aufgeklärt, fand ich nun die Dichtung tadellos.

Einen ganzen Winter über schrieben wir uns gegenseitig Briefe philosophischen Inhalts, worin ich mehr in das Sentimentale, er mehr in das Theoretische schlug. Er grübelte, wenn die stillen Gluten seines Meilers und vielleicht auch die seines Herzens nichts mehr zu tun gaben, über der Bibel und anderen heiligen Schriften, und vielfach konnte man ihn bei diesem Lesen und Grübeln den Kopf schütteln sehen: Es ist nicht in Ordnung, und es ist nicht in Ordnung. Einmal sagte er mir so dreist, daß ich erschrak: »Peter! Sünder! Heide! Bruder! Unser Glauben ist ganz höllisch verfahren. Wenn Gott nicht gar so gütig wäre, er müßte uns auslachen.«

Ich wußte aber nicht recht, wie er das meinte, und er sagte damals auch nichts weiter. Allmählich aber kamen wir doch ins Spintisieren, und weil uns dabei Gedanken und Ideen anflogen, die uns ob ihrer Großartigkeit und Gottheiligkeit selber überraschten, so beschlossen wir, daß ich mein Handwerk liegen und stehen lassen, zu ihm in den Wald kommen sollte, und daß wir beide zusammen eine neue Religion gründen wollten. Einstweilen kamen wir nur am Sonntagnachmittag zusammen in der Köhlerhütte, um die Hauptgrundsätze aufzustellen. Dabei besserte der Johann sein Gewand aus; ich half ihm nicht dabei, obzwar ich es besser verstanden hätte, denn mir, dem Schneider, war das eine Werktagsarbeit, und die war auch nach unseren Satzungen an Sonn- und Feiertagen verboten. Hingegen erinnerte ich mich, daß wir uns während der Religionsgründung einmal gegenseitig die Haare schnitten, und daß ich dem Johann mit dem Schermesser die jungen

Bartsprossen wegkratzen mußte, wobei es etwas Blut gab, was für Religionsgründer gar nicht uneben stand.

Derlei Spielereien kamen uns aber teuer zu stehen. Anstatt daß wir eine neue brauchbare Religion zustande brachten, verloren wir — wie das schon zu gehen pflegte — die Gläubigkeit bei der alten, und eines schönen Tages warfen wir die Frage auf, ob es denn wirklich einen Gott gäbe und ob es mit der Unsterblichkeit der menschlichen Seele wohl seine Richtigkeit hätte? Es war damals nämlich Brauch geworden, daß Leute, um sich den Anschein tieferer Bildung zu geben, beides leugneten und sich auf »Materialisten« hinausspielten. Nun, wir zwei jungen Männer wollten mit dieser Sache auch noch fertig werden. Weil wir sie aber doch ein wenig ernster nahmen, als das sonst bei Leuten unseres Alters vorkommt, so blieben wir mitten im Zweifel stecken und konnten weder vorwärts noch zurück.

So stand es um die Zeit, als wir uns trennen mußten. Ich ging in die Fremde, er blieb in der Köhlerhütte. Der Abschied war in einem Wirtshaus, nachdem wir bis spät in die Nacht dort beisammengesessen und beim Obstmost noch einmal, gleichsam zusammenfassend, unsere gewohnten Gespräche geführt hatten. Noch erinnere ich mich, daß sich mein Freund in bezug auf unsere Zweifel folgendermaßen geäußert hatte: »In Gottes Namen, ist nichts, so ist nichts; deswegen werd ich kein Lump, das sag ich.« So war auch mein Fürnehmen. Dann begleitete mich der Hansel bis zur Linde. »Da gilt's«, sagte er und hielt meine Hand noch fester, anstatt sie zu lassen. »Freund, ich weiß noch was. Wir werden uns nimmer untreu. Sehen wir uns nicht mehr, so ist's das erste- und letztemal. Gib mir ein Bussel. So. Und jetzt will ich dir was sagen. Wenn einer von uns früher stirbt als der andere, und es ist ein Gott und eine Ewigkeit, so muß er zurückkehren auf diese Erden und es dem anderen sagen. Ist dir das recht?«

Ich war einverstanden.

»Ängstigen wollen wir uns nicht, mit Gespenstersachen oder so«, fuhr der Hansel fort, »wenn's mich zuerst sollt treffen, ich komme zu dir wie ich bin, beim Tag oder bei der Nacht, und will dir's berichten.«

»Aber wenn der Leib in der Erden liegt, wie willst denn kommen?« war in tiefem Ernst meine Frage.

»Komme ich nicht, so weißt, es ist nichts. Sonst wirst mich schon erkennen. Siehst du mich nicht, so will ich dir's anders kundmachen, ein Zeichen sollst haben. Und trifft's dich früher, so besuche du mich. Jetzt geh. Leb wohl, Peter, und schreib einmal.«

So war's und nichts weiter. Wir waren weit auseinander gekommen, der Köhlerhansel und ich, und wir haben uns noch ein paarmal geschrieben. Jeder von uns lebte sich sachte in einen besonderen Kreis ein, die Dinge, die uns einst zusammengehalten, hatten sich aufgelöst oder anders gestaltet, wir verließen einander, ohne daß wir es merkten, ohne daß es uns weh tat. Jahre später fand sich bei einem Briefe, den mir ein Bekannter aus der Heimat geschrieben hatte, als *post scriptum* folgender Bericht: »Mache Dir auch zu wissen, daß im vorigen Monat der Köhlerhansel, den Du auch gekannt hast, im Zedelwald beim Holzen verunglückt ist. Hat ihm ein rutschender Baumstamm die Brust eingestoßen, ist auf der Stelle tot geblieben.«

Die alten Zeiten und die alten Gestalten sanken immer tiefer in den Abgrund. Als ich jetzt aber nächtlicherweile still und allein jene Waldstraße ging und durch den Zedelwald, in welchem mein armer Freund in jungen Jahren plötzlich hat sterben müssen, da ward mir alles wieder wach, was ich einst mit dem Hansel erfahren, getrieben und gesprochen hatte. Und da trat mir auch jene Verabredung beim Scheiden lebhaft vor die Seele, und ich dachte: Wenn er jetzt käme?

Wenn er mir jetzt begegnete und brächte mir die Botschaft von einem Leben in der anderen Welt!

Um mich war der heilige Frieden der Mondnacht. In geheimnisvollem Lichte lag der Pfad vor mir zwischen den finsteren Tannen, und als sich die Straße um eine Böschung bog, sah ich etwa zwanzig Schritte vor mir, dort, wo eine Mulde den Berg herabging, eine weiße Gestalt stehen. Sie stand ganz unbeweglich, als warte sie auf mich, bis ich herankam.

Schmal und schlank war sie und hatte einen großen, fahlschimmernden Kopf. Eine hölzerne Säule war's, die eine Tafel trug; und auf der Tafel standen die folgenden Worte:

»Allhier habe ich, Johann Würtel, am 19. Oktober 1870 beim Holzen mein Leben müssen lassen im 33. Jahr meines Alters. Wanderer, bete für mich ein Vaterunser, auf daß Gott meiner armen Seel in jener Welt barmherzig sei.«

Also war mir mein Freund erschienen. Ein Grauen ging durch mein Wesen, als ich so, gleichsam Aug in Auge, dem längst Begrabenen gegenüberstand. Er war mir erschienen, und ich konnte doch nicht sagen, daß ein Wunder geschehen.

Das Wunder vollzieht sich still in der Seele des Lebendigen, des Zweifelnden, des nach trostreicher Wahrheit Ringenden.

Das eine ward mir von neuem klar: die Toten leben in unserer Erinnerung; ob sie außer dieser geistigen Welt noch in einer anderen leben oder nicht, darüber zu sprechen wage ich nicht. Ich für mich weiß es wohl.

Die Geschichte vom Stausel mit den sieben Krankheiten

Als vor vielen Jahren eines Tages ein Schafhirte in die Holzknechthütte des Heschelwaldes trat, kam er just zurecht, wie der Kristenstausel anfing zu sterben.

Der Kristenstausel, ein Holzknecht im Heschelwalde, war eine Stunde früher noch dagestanden stramm und starr wie die Wettertanne vor der Hütte. Ein etwa fünfunddreißigjähriger Mann mit brauner Haut, schwarzem Schnurrbartbuschen und dunklen, brennenden Augen, die — wie man sagte — nicht ins Pulverhorn gucken durften, ohne daß ein Unglück geschah. Holzknecht war er nur zur Hälfte, zur anderen Hälfte war er Wildschütz. Die beiden Hälften hätten vielleicht einen ganzen Kerl ergeben, wenn der Stausel nicht alleweil so arg krank gewesen wäre. Er hatte nämlich ein »saures Geblüt« und den »Knochenschimpel« und die »Lungensucht« und die »Abzehrung« und das »Magengromeln« und den »Herzdampf« und die »Schlagelsucht«. Sieben schwere Krankheiten, das war kein Spaß! Schon eine allein bringt die Leut um; aber es war vielleicht gerade gut, daß ihrer mehrere waren, so nagte eine an der andern und ließen den Stausel in Ruh. Wenn aber sechse in ihren Nestern schliefen und etwa nur der Herzdampf munter war oder das Magengromeln, da konnte es der Kranke oft schier nicht aushalten, da lag er zu allerlängs hingeworfen auf der Holzbank und ächzte und vermachte sein Gewand den Kameraden. Aber schon nach kurzer Zeit mußten sie das Gewand wieder zurückgeben, weil er es selber anzog und in den Holzschlag ging.

Ein Hirtenmädel war in demselbigen Walde, das hatte Gott dem Stausel zum Ärger erschaffen. Das kam öfters in die Hütte und trällerte den Holzknechten in *einem* Atem folgende Sachen vor: »Springt da Hirsch übern Boch tritt ma mei zwiedopplts driedopplts Brombirlab Blättablott oh is schon a hüscha Mon der ma mein zwiedopplts driedopplts Brombirlab Blättablott in oa Othn nena kon der wird mei Mon.« — Der Stausel konnte nicht ihr Mann sein, denn mit seinem kurzen Atem brachte er es nur bis zum ersten »Brombirlab Blättablott«; dermachte er es noch bis zum »hüschen Mon«, da war schon nicht mehr so viel Luft in seiner »Lungel«, daß davor ein Streichholzflämmchen auch nur hätte zucken können, und das war die Folge des »Herzdampfes«.

»Das »Magengromeln« (Knurren im Magen) plagte ihn alle Tage; nahm er etwas dagegen ein, so bekam er das »saure Geblüt«, welches sich besonders durch »Sengen« (Sodbrennen) kundgab. Nahm er nichts ein, so drohte die »Schlagelsucht«, da kam ein Zustand über ihn, den der Stausel selbst am besten zu schildern wußte: »Just souviel schricki bin ih. Wan's himlazt (blitzt) oder dunnert, do schreckt's mih, was sist wou an Rumpla mocht, do schreckt's mih, wan gah a Schuß follt, do schreckt's mih ah! Da follt ma 's Geblüat van Koupf owi, ganz owi und wird ma blow vor 'n Augnan.« Wenn der baumstarke Holzknecht und Wildschütz mit kläglicher Fistelstimme solches sagte, da war es ordentlich zum Weinen, falls man nicht hätte lachen müssen.

Manchmal hatte er, besonders nach Anstrengungen, ein krebsrotes Gesicht, aber das kam nur vom »sauren Geblüt«; oft mußte er, besonders im Sommer, arg schwitzen, das kam aber nicht von der Hitze, sondern vom »sauren Geblüt«. Ein Bauernarzt hatte ihm geraten, recht viele Süßwurzeln zu essen, es half aber nichts. Zucker aß er in ganzen Stücken, die er mit den Zähnen zerknackte. Honig aß er löffelweise, es half nichts, das Geblüt wurde alleweil noch saurer. »Es steht oh«, sagte er mit ergebener Miene. »Däs is holt a sou, wia ba da Milch, in da großn Hitz oder in an schlechtn Gschirr wird's saur, zageht, wird Wosser und Toupfn — aftn kon ma s' weckschüttn. Mit mein Geblüat is's akrat a sou. Da Bruggnthomerl (das war der Winkelarzt) hot gsogg, sa long nouh an oanzigs guats Bluatströpfl in mir war, wurd's as holtn, wiar oba 's leßti Tröpfl saur is, aftn is gor.« — Wiederholt hatte der Kristenstausel sich Egel setzen lassen, aber die waren auch nicht so dumm, als sie aussahen, das süße Blut sogen sie ihm aus, das saure ließen sie ihm drinnen.

Fast noch schlimmer als das »saure Geblüt« war der »Knochenschimpel«. Bei den Zähnen hatte er angefangen, die wurden braun und morschten ab, so viel er auch Tabak kauen mochte, was dagegen das beste Mittel ist. Dann kam's in die Fuß- und Handknochen, dort zwickte und zwackte es, bohrte und »bremselte« (juckte), und das war der »Knochenschimpel«. — »Die Boan«, sagte er, »wern ma schimpel (schimmelig) wiar a Stuck Brot in an Keller. Zerst moant da Bruggnthomerl, wurdn s' rauch wiar a

Budlhaubn, aftn wia die Knouchn üba und üba rauch sein, aftn frißt sih da Schimpel einwendi eini, aftn wird 's Geboan morb wiar a Mouder und aftn bricht da Mensch zsom wiar a faula Bam.«

Gegen diesen fatalen »Knochenschimpel« gab es nur ein Mittel, das Abbeten. Die alte Holzmieslin, eine in wunderwirkenden Dingen erfahrene Frau, strich ihm mit dem Daumen kreuzweise über Arme und Beine: »Menschenhand (oder Fuß), ich streich dich, Menschenhand, ich bekreuz dich, mit unseres Herrn Jesus Kreuz und Pein soll dein Fleisch und Bein gesegnet sein, heilig, heilig, heilig sei der Herr Saboath in alle Ewigkeit, Amen.« — Als auch das nicht anschlagen wollte, sagte die Holzmieslin: »'s is ols zspot, da Schimpel hat sich scha z'weit einigfräissn.«

Also wurde es mit dem Stausel immer schlechter, und auch die »Schlagelsucht« trat immer drohender hervor. »Mitn Schlagel (Schlag) däs is a sou«, belehrte uns der Stausel über seinen Zustand: »An iada Mensch hot in sein Koupf drei Bluatstroupfn, de henkn in Hirn as wia die Tautropfn af an Groshalm. Wan da rechti Bluatstropfen owifollt, seln straft (streift) in Menschen 's Schlagl af da rechtn Seitn; wan da linggi Troupfn owifollt, selm straft's 'n af da linggn Seitn, und wan da mitteri Bluatstropfen owifollt, selm trifft 'n 's Schlagl ban Herzen und da Mensch is hin.«

Also war es eines Tages, nachdem das »Magengromeln« und das »saure Geblüt« schlimme Ausdehnung gewonnen hatten und nur mehr ein einziger guter Tropfen im Hirne hing, daß der Stausel unter dem »Knochenschimpel« plötzlich zusammenbrach und zu gleicher Zeit, wahrscheinlich durch die Erschütterung, der Blutstropfen herabfiel. Und gerade zur selben Stunde trat ich, der Schafhirte, in die Holzknechthütte des Heschelwaldes.

»Peda!« röchelte der Sterbende und hob ein wenig seine Hände mit den ausgespreiteten Fingern, »mit mir is's vabei. Mih hat 's Schlagel trouffn, 's Herzschlagel hot mih trouffn. — Bist mar ollaweil liab gwen, Peda, sullst ah an Ondenkn va mir hobn, lous zua. In mein Gwondtrühel findst a blows Schachterl, däs ghört dein, schütt's nit aus. Frouschaugn. Ih hon's amol von an oltn Zigeuner kriagg für a Trum Speck und a Pfeifn Tabak. Er hot de Frouschaugn nit brauchn kina, weil er ka Suntakind is gwen; ih hon's ah nit brauchn kina, weil ih ah koans bin. Du bist a Suntakind, du konnst as brauchn. Ollamol, wan 's Manscha vul is (bei Vollmond), nimst a Frouschäugl ein und konnst da dabei wos wünschn.«

Soweit sprach er, da war wieder der Herzkrampf da, der sogar durch das »Schlagel« nicht umzubringen gewesen. Ich nahm die blaue Schachtel aus der Gewandtruhe, wünschte ihm »baldige Gesundheit«, obzwar er schon so viel als tot war, und ging meinen Schafen nach.

Kurze Zeit darauf bin ich in eine andere Gegend verschlagen worden. Die geerbten Froschaugen waren erbsengroße, grünlichgraue Kügelchen. Sooft Vollmond war, schloß ich mich in meine Kammer, und bei verriegelter Tür und bei vernageltem Fenster und Kopf zerrieb ich mit einem Stein und großer Feierlichkeit ein Froschauge, nahm das Pulver auf die Zunge, und während ich mir einen Wunsch dachte, war es verschluckt. Die Wünsche gingen fast allemal in Erfüllung, nur manchmal etwas ungeschickt. So zum Beispiel wünschte ich mir gleich beim ersten Vollmond eine Tabakspfeife und richtig, schon am nächsten Tag, als mir die Schafe auf das Kornfeld gekommen waren, schmiß mir der Großknecht aus Zorn die seine an den Kopf. Der Wunsch nach einem »lieben Dirndel« wurde vom Vollmonde so verstanden, daß ich ein junges Schwesterlein bekam, das sechste Geschwister, welches mir die Milch wegtrank, die ich sonst des Morgens von der Mutter erhalten hatte. Am redlichsten erfüllt ward der Wunsch nach einem Schnurrbart, nur daß der zehn Jahre nachher kam. Im ganzen beklagte ich mich über die schlechten Froschaugen und meinte, sie würden eben schon zu alt und abgestanden sein, um noch zu wirken. Eines Besseren belehrte mich jedoch der Mesnerhansel, der erinnerte daran, daß solche Froschaugen nur bei einem Sonntagskinde angriffen, ich aber als eins von einem (wahrscheinlich blauen) Montag im Kirchenbuch stünde. Schlau wie ein Advokat fragte mich der siebenspannige Schuster (so geheißen, weil er sieben Gesellen hatte), wie der Wortlaut gewesen sei, mit welchem der selige Kristenstausel mir die Froschaugen vermacht habe. »Ja«, meinte ich, »er hat halt gesagt, daß ich sie am Vollmond einnehmen soll und mir dabei was wünschen könnte.« Da hielt der Siebenspannige mir einen alten zerrissenen Stiefel hin und sprach: »In der Thomasnacht um zwölf schrei in diesen Stiefel hinein: sali en dami! Dann stecke ihn rasch an den linken Fuß, und dabei kannst du dir auch was wünschen. Wohlgemerkt, wünschen kannst du dir, was du willst — ob's in Erfüllung gehen wird, weiß ich nit. Der Stausel wird's auch nicht gewußt haben.« — Sali en dami! Jetzt war ich um ein ganzes Streichholzköpfchen klüger.

Dann waren die vielen Jahre vergangen, und nun kam das

weitere. Als Student durchwanderte ich wieder einmal jene Gegend. Da wurde ich eines Tages vom Gewitter überrascht. In einer schief in den Grund gesunkenen Waldhütte nahm ich Zuflucht. An der Tür stand ein braunes knochiges Weib, das hatte Haare auf den Gesichtswarzen und auf den Zähnen und rief, als sie mich sah, mit einem kurzen Gekreisch ihre Brut herbei. Diese kam aus den dunklen Tiefen des Nestes hervor und bestand aus drei jungen, stattlichen Dirnen, die mich anglotzten. Mit zottigen Mähnen (eine hatte aber das Haar kurzgeschnitten) kamen sie auf breiten Pfoten langsam herangestapft. Sie hatten alle Männerjacken an und eine nebelte aus der Tabakspfeife. In wehrhafter Stellung standen sie mit ihren plumpen Gliedern da, während ich unter Sturm und Regen mit der Alten verhandelte, ob man eintreten dürfe. Endlich standen die Dirnen ein wenig beiseite, so daß ich mich an ihren strammgestemmten Ellbogen vorüber knapp in die Hütte zwängen konnte. Da drin war's schier finster und dumpfig. Es roch nach modrigem Holz, altem Leder und feuchtem Gewand. Als die Augen sich ein wenig zurechtfanden, sah ich im Winkel des Kachelofens einen großen Mann sitzen. Er beugte sich vor, stützte die Ellbogen aufs Knie und tat nicht viel desgleichen. Auf dem Kopfe hatte er eine schwarze Zipfelmütze tief über die Ohren herabgezogen, ein schwarzer Bartwisch stand ihm unter der Nase hervor. Sooft es blitzte oder donnerte, zuckte er zusammen und dabei zog er die Zipfelmütze immer noch krampfhafter über Ohren und Augen herab. Ich fragte das Weib, ob er ihr Mann sei; sie hatte darauf gar keine Antwort, sondern rief auf ihn hin: »Olta Norr, Stausel, 's tuat jo nix, 's is schon übri hintern Berg und wird wieda lichta.«

Nun erkannte ich einen alten Bekannten, den Kristenstausel, der vor so vielen Jahren an Knochenschimpel, Herzschlagel und noch an mehreren anderen Krankheiten gestorben war. Daß er jetzt noch lebte, war lediglich dem Umstand zu verdanken, daß damals die reißenden Krankheiten sich gegenseitig selber auffraßen und den Kranken glücklicherweise verschonten. Das erzählte er mir bald, denn wir wurden sofort miteinander gesprächig. Auch erinnerte er sich noch des einstigen Schafhirten, von dem er gehört, daß er seitdem ein Graf geworden sei, was ihn gar nicht wunder genommen, weil selbiger ja die Froschaugen gehabt hätte. — Als es dazumal mit dem Sterben nichts gewesen war, hatte er's mit jener Geißhirtin versucht und es mit vieler Übung richtig so weit gebracht, das Stücklein vom »Hirsch übern Boch« in einem Atem hersagen zu können. Darauf nahm sie ihn und erzeugte mit ihm etliche Hünenkinder, von welchen sich sogar die Dirnen derartig entwickelten, daß von den Leuten ihre Dirnenhaftigkeit angezweifelt wurde. Burschen, welche Versuche machten, darüber ins klare zu kommen, wurden durchgeprügelt und hinausgeschmissen.

Mit dem Stausel stand's doch immer noch armselig. Zur Zeit war er lahm, gichtbrüchig und hatte nebst Schwindsucht, Milzbrand, Wassersucht und anderen schrecklichen Krankheiten den Zapfelfall, den Hirnschwund und den Leberkrebs. Seit etlichen Tagen war er heiser. »Jo«, hauchte er, »'s Zapfel is mar ohigfolln. Die Kuhlerliesel kunt's wieder auffaziachn, is oba hiaz z' Fischboch entn.« Hat nämlich, um dir, lieber Leser, seine weiteren Ausführungen zu verdeutlichen, jeder Mensch in der Kehle ein Fleischzäpfchen; wenn du in den Spiegel schaust, kannst es sogar an dir selber sehen. Nun, dieses Zäpfchen fällt dem Menschen manchmal hinab in den Magen, und dann ist er heiser und kann kein lautes Wort sprechen. Oben mitten auf dem Scheitel hat der Mensch ein bestimmtes Haar, und wenn man daran zieht, so kann man wie durch eine Schnur das hinabgefallene Zäpfchen wieder heraufziehen in die Kehle. Aber die wenigsten finden unter den tausend Haaren das rechte auf dem Scheitel, diese Geschicklichkeit muß angeboren sein. Die Köhlerliesel kann es, aber solches Weibsbild war jetzt in Fischbach drüben, und so mußte der arme Stausel sein Zapfel im Magen liegen lassen, bis sie zurückkehrte. Ja, wenn er sich nach Fischbach hinübertragen lassen könnte! Gehen kann er nicht einen einzigen Schritt, vor lauter Knochenschimpel.

Viel schlimmer war der Hirnschwund. »Mit'n Hirn is's a sou«, unterrichtete mich der Stausel, »wan da Mensch olt wird, aftn geht eahm 's Hoar aus. Wan eahm 's Hoar ausgeht, aftn schlogg d' Sunhitz durchn Koupf und aftn hebb 's Hirn on zan zagehn (zum schmelzen) wiar a Speck oder a Buda zageht ba da Hitz. Und mei Hirn zageht mar ah, destwegen bin ih imeramol souviel damisch und wirfli (schwindelig), daß ih go nit dastehn mog. Bis 's leßt Batzl Hirn zagongen is, sogg die Kuhlerliesel, aftn wird's gor mit'n Menschn. Derawegn, mei Koppn, mei Koppn!« — Also hatte seine Kappe dreifachen Zweck, die Augen vor dem Blitz, die Ohren vor dem Knall und das Hirn vor dem Sonnenstrahl zu bewahren.

Die weitaus schlimmste und schrecklichste Krankheit des Stausel jedoch war der Leberkrebs. Mit bewundernswerter Gelassenheit erzählte er mir, daß er schon über dreißig Jahre lang an diesem

Übel leide. Bei einem unvorsichtigen Wassertrunk hatte er wahrscheinlich ein junges, ganz kleines Krebslein mitverschluckt. Das fiel ihm erst auf, als er immer Magenzwicken hatte, natürlich, als das Tier im Magen größer ward, hub es an, seine Scheren zu gebrauchen. Der Bruggenthomerl war schon lange tot, so ging der Stausel zum Kofelschneider nach Stanz, der aber verstand es nicht. Der Kofelschneider gab eine Medizin, die das Vieh abwärts treiben sollte, ohne zu bedenken, daß ein Krebs nicht vorwärts, sondern rückwärts geht. Und so war er richtig statt in den Bauch hinab in die Leber heraufgestiegen. »Hät d' Medrizin«, sagte der Stausel ganz richtig, »*herauf*gloadt, gstott hino, so war 's longschinkad Mistviech zrugg owi und untasih aus. Hiazt hot so sih in da Leba festgsetzt, und do zwickt's und grobb's und beißt's und frißt's, und ka Mensch bringg's mehr außa. Und dös is a sou: Bis da Krebs d' Leber aufgfressn hot, is's gor mit an Menschn.«

Während der alte Stausel mir sein ungeheures Elend also vorstellte, hub seine Heiserkeit wesentlich an zu schwinden, als ob das »Zapfel« gar nicht warten wollte auf die Köhlerliesel, sondern ganz aus eigener Kraft sachte heraufstiege an seinen angestammten Platz. Das Gewitter hatte sich auch verzogen, und so konnte der Stausel guten Mutes fortfahren, mir von den unzähligen merkwürdigen Krankheiten zu berichten, die in seinem Körper seit länger als fünfzig Jahren daran arbeiteten, ihn umzubringen. Er wurde dabei völlig munter und stopfte sich langsam eine Pfeife an. Während er mit verzerrtem Gesicht den Rauch mühsam aus dem Rohre sog und ausspuckte, jammerte er seinem Weibe vor, daß es, ach, wohl schon ganz mit ihm zu Ende sei, weil ihm der Tabak so gar nicht mehr schmecke. Sie brachte ihm zum Trost einen großen Topf mit Kaffee. Die Hünenbrut des alten Stausel ernährte ihn reichlich im Walde, versorgte ihn mit allem andern, damit er sich ganz seinen merkwürdigen Krankheiten widmen konnte. Während der Stausel den Kaffee mit einem großen Holzlöffel bedachtsam ausschaufelte, schwieg er und gab sich mit Feierlichkeit dem Genusse hin. Als die braune Suppe alle war, wischte der Alte den Löffel mit der Zunge ab, steckte ihn an ein Seitenhenkelchen seiner Lederhose, wo er vorher gesteckt hatte, und begann wieder, sein Elend zu betrachten. Alle andern Krankheiten zusammen, meinte er, fürchte er noch immer nicht so sehr, als die eine, das »Pfnausen«. Was das wäre? fragte ich; da legte er die Spitzen zweier Finger an seine Stirn, schloß die Augen, tat den Mund auf und nieste. »Helf uns Goud!« rief das Weib.

»Orma Stausel, muaßt scha wieda sou viel pfnausn!« — »Däs is die ollagfahrlicherst Kronkhat!« seufzte der Stausel, »ba koaner ondern Kronkhat wird da Mensch so viel Helf uns Goud sogn wie ban Pfnausn. Däs bringg mih um, werds as scha sechn, meini Leut, 's Pfnausen bringg mih um.« Als er merkte, daß ich ungläubig war, fuhr er fort: »Däs is holt a sou: an iada Mensch muaß pfnausn. Koana pfnaust öfter, als wos a Hoor am Leib hot. Hot da Mensch sar ouft pfnaust, nochha tuat er in letztn Pfnauser und pfnaust sei Seel aus, und aftn is's gor.«

Um die Zeit, da ich so ganz zufällig in die Behausung des todkranken Stausel geraten war, zählte der Mann fünfundachtzig Jahre. Und siehe, dieser Mensch, der schon vor einem halben Jahrhundert von sich und anderen aufgegeben war, ist nun wenige Wochen nach meiner Begegnung — geheilt worden.

Das ging so zu. Der Stausel hatte einen alten Kugelstutzen, eine sichere Hand und ein scharfes Auge. Aug und Hand, meinte er oft, sei an ihm noch das beste, alles andere wäre dem Juden zu schlecht. Da mußten seine Töchter den lahmen Mann manchmal, wenn der grausam strenge Jäger Martin weit weg war, hinaustragen in den Wald, wo er hernach zwischen Jungwachs kauerte und auf das Reh oder den Hirschen wartete. Und an diesem Tage nun kam anstatt des Hirschen der Jäger Martin, und als er den Wildschützen sah, riß er sein Gewehr von der Schulter, um ihn anzuschießen. Heissa, wie jetzt der Stausel aufsprang und durch das Dickicht lief, hinab gegen die Hütte! Als seine Leute ihn so über die Maßen flink dahereilen sahen, meinten sie heilig nichts anderes, als der Stausel habe den Tod in die Hütte gehen sehen und spute sich nun, ihn nicht zu versäumen.

Allerdings fiel er, hier unter sicherer Hut, sofort wieder in sein schweres Siechtum, aber ich dächte doch, man sollte dort, wo das Wunder geschah, eine Votivsäule errichten und darauf schreiben: »Hier ist ein lahmer Mann gehend geworden, heiliger Jäger Martin, dir sei Lob und Ehr!«

Der lustige Andredl

Da war in einer sternhellen Sommernacht Leichwache beim Altenbacher in der Kohleben. Nicht wie sonst waren wir diesmal zusammengekommen, daß wir rings um die Bahre des Toten einen fröhlichen Kranz von Schabernack aufführten, zu seinen

Ehren allerhand Kurzweil trieben, gleichsam, als ob wir unser Leid um ihn gewaltsam betäuben müßten, obschon zumeist gar keines vorhanden war. Denn was sollte es für uns junge Burschen denn ein Leid sein, wenn irgendwo ein alter Mann oder ein sieches Weib gestorben war und der Tote nun in seinem sanften Frieden dalag auf der langen Bank? Erst wenn wir die Trauer der Angehörigen sahen, die auch wieder nicht in Weinen und Klagen laut ward, sondern in einer stummen, schwermütigen Ergebung, trauerten wir in der gleichen Art redlich mit. Sonst bedeutete, wie gesagt, das endliche Absterben eines alten Menschen für uns eher ein Freudenfest, bei dem wir die Totengebräuche ganz munter mitmachten und Essen und Trinken uns gut schmekken ließen.

Diesmal war das nicht so. Über dem Altenbacherhof lag eine dumpfe Schwermut; der Wehruf wegen eines so schrecklichen Sterbens war vergellt. Eltern und Geschwister standen, saßen wortlos, tränenlos herum, und es war kaum zu merken, ob sie das leise mitklagende Trostwortsprechen der Nachbarn hörten oder nicht. — Zwei Tage und zwei Nächte lang hatte das Mädchen ununterbrochen geschrien, man hatte die entsetzlichen Schmerzrufe bis zu den Nachbarhäusern hin gehört, und die Leute konnten keine Stunde schlafen und keinen Bissen essen, wegen des herzzerreißenden Schreiens der armen neunzehnjährigen Marianna.

Nun war sie still geworden. Still, wie nichts stiller sein kann auf der weiten Welt, lag sie da, die vor wenigen Stunden noch mit heller Stimme um Rettung gerufen hatte in der ohnmächtigen Erdenwelt. Alles war versucht worden, jeder und jede hatte einen Rat gewußt, und jeder Rat war ausgeführt worden. Nichts und nichts. Das Schreien war in Stöhnen, das Stöhnen in Röcheln übergegangen. Dann waren noch Atemzüge gewesen, so langsam, so sanft und leicht, als versinke sie in einen süßen Schlaf, und dann der heilige Frieden, der nimmer aufhört.

Der nimmer aufhört?

Wir saßen in der großen Stube an zwei Tischen, beteten laut oder plauderten leise, und einer wie der andere schaute manchmal auf die Wandbank hin, wo die weiße Kammertuchleinwand, an der noch die ungefügen steifen Falten waren, einen länglichen schmalen Körper zudeckte. Woran sie hatte sterben müssen, wir wußten es alle miteinander nicht. Ein ungeheurer Schmerz in den Eingeweiden war gekommen, der hatte eine solche Glut entfacht in den Gliedern, daß ihre Hand den fast brannte, der sie angriff.

Und aus dieser Hitze drang ein eiskalter Schweiß — es war nicht zu verstehen. Es gab damals in der Gegend keinen Arzt, wir wußten nichts, als daß sie jetzt tot war, und das brauchte kein Totenbeschauer erst zu bestätigen. Manchmal ging eine Jugendgesponsin hin und hub sachte die Leinwand vom Gesicht, daß man sie anschauen konnte. — »So schön! So friedsam! Als ob sie tät schlafen!« Ein anderes Wort hörte man kaum lispeln an ihrer Bahre, und mir — der ich ebenfalls einmal hingelugt hatte — schien die schlummernde Marianna stillvergnügt zu sein; keine Spur vom Leide, fast kam es mir vor, als lächle sie heimlich in sich hinein darüber, daß sie allem Schmerz und Elend ein Schnippchen geschlagen hatte und gestorben war. Lebte sie heute noch, sie wäre ein betagtes, abgerackertes Weib mit vielen Runzeln auswendig und noch mehr Sorgen inwendig, und zu guter Letzt als Ziel und Lohn für alle Bravheit und Mühsal doch noch das leidige Sterben. Das hast du besser gemacht, Marianna, dachte ich ihr zu, wie sie so schön und weiß dalag. Nicht das letztemal, daß ich mich in einen Toten verliebte, aus reinem Beifall darüber, daß er gestorben war. Alsogleich wäre ich bereit gewesen, eine Lustbarkeit anzuheben bei jenem Leichwachen, wenn mir jemand geholfen hätte. Aber in aller Ohren schrillte noch das gräßliche Schreien, und die Leute waren schweigsam und betrübt.

Um Mitternacht wurde die Marianna in die Truhe gelegt. Dabei haben sie manchen Schürzenzipfel zernagt und manche rote Lippe, um das in tiefer Brust gewaltig tobende Schluchzen zu verbeißen, denn das laute Weinen ist nicht der Brauch in jener Gegend, die Sterbesitten sind ein Gottesdienst, und dabei weint man nicht. Der Schmerz ist nicht geringer als anderswo, wenn ein trauter, geliebter Mensch in den Sarg gelegt wird, aber er vergeht in stiller Ehrfurcht vor der Majestät dessen, der den Tod sendet mit dem Auftrage, das irdische Leid zu enden und das ewige Leben zu beginnen.

Und in jener Nacht das erstemal ist mir die Ahnung aufgegangen: Der Tod wird ein Aberglaube sein, und die Wahrheit ist: ewiges unzerstörbares Leben. Nicht bloß im Sinne der heiligen Offenbarung, wohl auch im Sinne der Natur, die wir mit unserem leiblichen Auge sehen. Denn unter uns Leichwächtern befand sich auch ein alter Mann, der in jener Nacht eine merkwürdige Geschichte erzählt hat, derentwillen es eigentlich geschieht, daß dieses Kapitel aufgeschrieben wird.

Der alte Mann — ich sehe ihn heute noch — hatte ein fast

kahles Haupt, aber sein langer Bart war noch schwarz. Sein Lebtag hatte er sich im Walde als Hirte oder Holzarbeiter aufgehalten, daher war seine Rede zwar ungeschlacht, aber bedachtsam, und wer alt wird, der weiß schließlich auch als Waldmensch etwas von der Welt. Der Jasel hatte den Franzosenrummel mitgemacht, und sein eigentliches Kriegserlebnis, das er unzählige Male erzählte, war, daß die Franzosen ihm ein Paar nagelneue rotjuchtene Stiefel gestohlen hatten. Deshalb, so meinte er, hätten sie nachher auch zur Strafe das schreckbare Unglück in Rußland und bei Leipzig gehabt. Bei diesem Leichwachen aber fiel dem Alten auch noch eine andere Erinnerung aus jener Zeit ein, und als sie den starren, schmalen Körper der Marianna in die Truhe legten, pfauchte er mehrmals mit der Nase, ersuchte den beisitzenden Webermeister um eine Prise Schnupftabak und sagte, mit dieser Truhe würde es sich wohl doch nicht am Ende so wunderlich zutragen als mit jener des alten Bauern Andreas Windlechner auf der grünen Au.

Freilich haben sie ihn gefragt, wie es sich denn zugetragen mit der Truhe des Windlechners, und darauf hat er angefangen, das Folgende zu erzählen.

Seit dem großen Juchezer, den der Gott Vater gemacht hat bei der Erschaffung der Welt, wie er sieht, daß die zwei jungen Leut zusammenpassen, hat's keinen so lustigen Menschen mehr gegeben als den Windlechner. Der lustige Andredl hat er geheißen. Der ist mit siebzig noch so jung gewesen wie unsereiner mit vierundzwanzig, und mit fünfundsiebzig hat er bei des Jodlhans' Hochzeit dem Bräutigam die Braut entführt und sich mit ihr so weit in die Bergschlucht versteckt, daß sie selbige den ganzen Nachmittag nit mehr gefunden haben. Überall, wo es frisch hergegangen, ist der alte Andredl dabei gewesen, bei jedem Ball, bei jeder Hochzeit, bei jeder Hausnudel (häusliches Festmahl, zu welchem die Nachbarn eingeladen werden), und geredet hat er schier gar nichts, alleweil nur gejuchzet und gesungen. Stimm hat er gehabt so hell wie ein junges Dirndel, hat auch alle Vögel können nachmachen, und gleich hat die Katz ihre Ohren gespitzt, wenn in der Stube auf einmal ein Zeiserl oder ein Meiserl oder ein Dröscherl anhebt zu wispeln. Auch die bösen alten Weiber hat er nachmachen können, aber hat's nit gern getan, hat gesagt, sie täten ihm zu viel kratzen in der Gurgel. Ich glaub's. Mit dem Gewand hat er sich getragen, der Andredl, wie ein junger Bursch, noch mit seinen achtzig Jahren. Kirschrotes Leibel und himmelblaues Halstüchel, und auf dem grünen Hut die Hahnenfeder und ein frisches Blumensträußel. Auch im Knopfloch ein Nagerl und auf dem Stecken eins. Das haben ihm die Weibsbilder verehrt; wo ein anderer, oft ganz junger sauberer Bursch, von ihnen nichts hat bekommen, den alten Andredl haben sie über und über besteckt, daß er ausgeschaut hat wie ein großer Nagerlstock (Nelkenstock).

Aber halt zithernschlagen hat er können und maultrommeln und schwegelpfeifen und allerhand so Musik, und die längste Weil hat er können auf dem Kopf stehen, im Mund die Mundharmonika, in den Händen die Tschinellen und mit den Füßen trommelschlagen bei der großen Bumpern zum Kirchweihtanz. Gott, das ist ein Mensch gewesen, dieser Andredl! Vom achtzigsten Jahre an hat er sein Haus einem Enkelbuben überlassen, selber nichts mehr gearbeitet, hat gesagt, er wollt doch einmal seine Jugend genießen. Ausg'schaut hat er freilich wie 's Leben, und seinen schneeweißen Schnurrbart hätt er — sagte er — vom Rahmschlecken in der Butterkammer. Was der die Weiberleut g'foppt hat! Aber angesetzt keine, sein Lebtag nit; bei der Falschheit, hat er gesagt, hört die Freud auf, und wer sich mit seiner Lustigkeit das Leben vertut — hat er gesagt —, das ist ein Narr. Ja mein, da gehört eine besondere Gnad Gottes dazu, daß einer das zuwegbringt, alleweil Freud und nie keine Buß! Gescheit sein! hat er gesagt. Himmlischer Vater, gescheit sein andere auch und machen doch die dümmsten Sachen. — Wenn vom Sterben die Red ist gewesen, hat der Andredl allemal einen Fachler gemacht mit der Hand: »Hörts mir auf! Sterben, das gibt's nit!« Und hat er eins so liegen gesehen, wie dort die Marianna, so hat er einen Juchezer gemacht, daß man oft ordentlich erschrocken ist und gemeint hat, der Alte wär nimmer recht beisammen. — Und jetzt — so fuhr der Jasel bei jener Leichwache fort — werde ich auf das kommen, was ich eigentlich erzählen will. — Neunundachtzig Jahr soll er alt geworden sein, just noch nit gar neunzig, der Andreas Windlechner. Da hat das Brullbergerpaar geheiratet, und der Alte ist richtig wieder bei der Hochzeit gewesen. In der Kirche bei der Trauung ist er ein klein bissel eingenickt, was den Leuten auffällt. Nachher beim Tanz ist er um so frischer gewesen und hat mit der Braut und der ersten Kranzeljungfrau zu gleicher Zeit einen Steirischen getanzt, an der rechten Hand eine, und die andere an der linken, und derweil er sich langsam dreht wie der Gründel in der Mühl, sausen die zwei Weiberleut, daß die roten Kittel fliegen, um und um. Auf einmal laßt der Alte ab, steht an dem Türpfosten, greift mit der Hand an den Kopf, sagt noch:

»Laßts euch nit aufhalten, Leut!« und geht in die Nebenkammer. Wie sie nachgehen, liegt er zwischen den Hochzeitskranzeln und Buschen und ist mausetot. — Wohl, wohl, tot ist er gewesen, aber kalt und starr werden hat er uns nit wollen. Drei oder vier Tag haben wir herumgefrettet und sagt endlich der junge Windlechner: »Werden ihn halt doch müssen eingraben, zum Lebendigwerden tut er nichts mehr desgleichen!« »Ein Mittel müssen wir noch vorher probieren!« sagt der Zwiselschneider und kratzt auf seiner Geige einen Strampfer. Und wie der Alte sich alleweil nit rührt, sagt der Schneider: »Aus ist's und gar ist's. Wenn der dreimal beim Steirertanz nimmer zuckt, nachher ist er maustot.«

Weil die Franzosen von Leoben her im Anrücken sind, und die Leut mit ihrem Vieh ins Gebirge hinaufwollen, so haben wir doch trachten müssen, daß wir ihn vorher begraben. Der Möstlmichel hat eine feichtene Truhen gezimmert, hinein mit dem alten Andredl, das Brett drüber zugenagelt, und in Gottes Namen fort auf den Friedhof. Ich und der Steinmirtel, wir haben ihn getragen, und wie wir durch den Zerwald hinabkommen ins Tal, hei, da reiten ihrer ein ganzer Teufel Franzosen daher, wir haben just noch Zeit, die Truchen in die Brombeerstauden zu werfen, und flugs ins Dickicht hinauf, daß wir ihnen noch auskommen sind, den Rothosen, den verhöllten! — Und das, meine Leut, ist dem lustigen Andredl sein ganzes Begräbnis gewesen. In der Brombeerstauden wird er Jahr und Tag gelegen sein, was weiß ich, es sind unruhige Zeiten gewesen. Uns haben die Lebendigen Sorg und Kummer genug gemacht, haben nit Zeit gehabt, auch noch an die Toten zu denken. Und erst viel später, wie sie die Franzosen schon zusammendrischakert gehabt haben draußen bei Leipzig, da findet eines Tages der Halter-Florl im Brombeergestauder die Truchen. Halb eingefilzt ins Gestauder soll sie gewesen sein, über schon voll Moos, und bei den Fugen sind Schwammerln herausgewachsen, Sauerklee, Eriken und so Kräuterwerk. Hat sich aber nit getraut nachzuschauen, der Florl, und nachdem er eine Weile so dagestanden ist vor der Truchen, ist er stad davongegangen, zum Bauernhaus hinauf, und er hätt eine Totentruchen g'funden in den Brombeeren. Da nachher sind die Leut gleich schauen gegangen, aber keiner hat die Kurasch gehabt und hätt sie aufgemacht, die Truchen. Bin auch dabei gewesen, und mir selber sind die kalten Erbsen gelaufen über den Buckel hinab. Endlich hat doch einer angefangen und mit dem Stecken den Deckel ein wenig aufgezwängt. Alle haben sich abgewendet, wie *der* ausschauen wird da drinnen — ich dank schön! Auf einmal ist das Brett ledig,

Ameisen und Rasseln und anderes Käferwerk wuselt und fliegt heraus, junges Gras und Moos und Halmwerk und ein Vogelnest — ein Amselnest ist in der Truchen. Die hat von unterwärts ein Loch, und Junge sind drinnen, sperren die Schnäbel auf und piepsen, und die Alten schwirren umher und kreischen und greinen, daß wir ihr Haus und Heim hätten erbrochen. Und gäh versuchen's auch die Jungen mit ihrem Vogelglück, flattern auf und ins Dickicht hin, daß alles bledert. Und der alte Andredl? Wo ist der? Was glaubt ihr, Leut, wo ist der gewesen? Der ist nit in der Truchen gewesen und nit neben der Truchen, und nit unterhalb, der ist nirgends gewesen. Wir haben weitum gesucht, nit ein Knocherl von ihm, nit ein Fetzerl von seinem Gewand. Wir haben uns jetzt an alles erinnert vom Begräbnistag her, und daß ihn uns die Franzosen abgejagt. Sollten sie ihn mitgenommen haben? Wohl gewiß nit. Eher ist er selber aufgestanden und davongegangen. Nachher haben wir gehorcht, ob wir ihn nit etwa singen oder jauchzen hören kunnten irgendwo. Nichts. Die Vögel haben gesungen, und der Wind hat gerauscht, und der Hirsch hat geröhrt oben im Wald, aber vom Andredl kein Haarl und kein Windl. Und nichts bis auf den heutigen Tag! — Nun soll mir einer sagen, wie das zugeht? — Wenn er jetzt die Tür aufmacht und steigt herein, ich möcht's frei glauben, und heilig kommt's mir immer einmal für, der alte Andreas Windlechner regiert heut noch herum auf der Welt!

Solches hatte der Mann aus dem Walde erzählt bei der Leichwach auf jenem Hofe. Es erhob sich sodann ein Mutmaßen vom Scheintotsein, von Leichenraub und dergleichen. Ich hatte für mich eine besondere Meinung, sagte sie aber nicht. Sage sie auch heute noch nicht, in solchen Dingen wird man leicht mißverstanden, und ich will lieber gar nicht verstanden als mißverstanden werden.

Als der Morgenschein durchs Fenster kam und vor ihm die weiße Truhe errötete wie die Wange einer Jungfrau, da trat jemand hin an diesen Sarg und sagte: »So, meine liebe Marianna, jetzt werden wir halt um ein Häusel weitergehen.« Der Vorbeter tat schon den Mund auf, um die Abschiedsrede zu halten, den stieß ein Nachbar in die Seite: »Mußt nit! Sie sind betrübt genug.« Der Vorbeter jedoch hub an: »O liebste Jungfrau Marianna! In früher Jugendzier mußt du Urlaub nehmen von Vater und Mutter, von Schwester und Bruder und mußt ins kühle Grab!«

»Halt's z'samm und friß dein Red selber!« unterbrach ihn der Nachbar barsch, denn die Anverwandten begannen krampfhaft zu schluchzen und wären über die Herzenspeinigung, die ihnen der Vorbeter zugedacht, wohl in ein wildes Weinen ausgebrochen, wenn man nicht rasch den Sarg gehoben und ihn unter einem lauten gemeinsamen Vaterunser zur Tür hinausgetragen hätte. Das surrende Alltagsgebet wird die armen Herzen ein wenig betäubt haben, und wenn an eines derselben etwa gar sachte das heilige Wort geklopft hat: Dein Wille geschehe wie im Himmel, also auch auf Erden!, dann wird wohl alles andere Menschenwort überflüssig gewesen sein.

Wir sind hernach mit der hoch auf einer Bahre schwankenden Truhe im Hohlwege dahingegangen unter Weiden und Birken. Diese Bäume haben ein zartes Gewölbe gebaut über den Totenzug, und auf den unzähligen, leise im Morgenwind zitternden Herzlein der Blätter haben die Tropfen des Taues gefunkelt in allen feurigen Sonnenfarben. Und wie die Finken, die Amseln, die Lerchen so hell singen und jubilieren, daß sie schier das Gebet der Menge überklingen, da stupft jemand den alten Holzer-Jasel in die Seite und raunt ihm ins Ohr: »Hörst du ihn? Hörst du ihn denn nicht? Das ist ja der lustige Andredl!«

Wie es dem Sonnenberger beim Freien erging

Beim Großbauern vom Sonnenberge hatten wir oft gearbeitet, es war eine unserer besten Steren. Die junge Hausfrau Katharina hat uns wohl versorgt. Auch später als Student bin ich oft am Tische der Sonnenbergerin gesessen. Ich wußte damals noch nicht, durch welch eine merkwürdige Geschichte diese Bäuerin in den großen Hof gekommen war. Heute weiß ich's, und heute will ich's zu Ehren dieser rechtschaffenen Leute erzählen, genau wie's geschehen.

Der Bauer vom Sonnenberg ging eines Tages mit seinem Sohne Jochtl aus, um zu freien. Das waren auch zwei, die sich diesen sauren Weg hätten ersparen können. Der Gang zur Braut ist sonst kein saurer Weg, besonders wenn wir ein so wohlhabender und angesehener Mann sind als der Bauer vom Sonnenberg. Es liegen ihrer fünfzig oder sechzig Höfe in der Landa, deren Töchter den jungen Jochtl vom Sonnenberg in ihr Abendgebet einschließen; Töchter, die Gott in ihrer aufgeblühten Schönheit feilhält schon manches Jahr; Töchter, die bereits angekündigt worden und demnächst im Kalender der Heiratsmäßigen erscheinen werden. Und der Weg zu jeder wäre für den jungen Jochtl mit Rosen bestreut, und der Alte vom Sonnenberg hätte es nicht nötig, unterwegs eine wohlgesetzte, ehrerbietige Anrede zusammenzustellen. Er könnte, den Daumen im Gurt, mit Selbstbewußtsein ins Haus treten und — je herrischer, je besser — die Begehrenswerte für seinen Sohn verlangen. Er läßt's ja doch auch sonst so gern spüren, daß er der Fürnehmste ist in der Landa, der Größte und der Einflußreichste. Sie nennen ihn den Gott Vater — zuerst war's aus Spaß, nach und nach sind sie das Wort gewohnt worden —, und er läßt sich's gefallen. Ist er ja doch allmächtig, so gut das vom Sonnenberge aus gehen mag, ist heute gütig, herablassend, heiter; morgen streng, zornig, grollend und donnernd — just wie es ihm gefällt. Der Gott Vater vom Sonnenberg ist überhaupt gewöhnt, nur das zu tun, was er tun will. Und heute?

Heute geht er einen harten Weg, geht mit seinem Sohn auf die Freit, über den Berg, der die Landa abschließt, ins Gröntal und dem Eisenschlößl zu.

Denn so sind die Leute, die Reichen wollen noch reicher, die Angesehenen noch angesehener sein — es ist ein Unfrieden da, eine Begier, ein Fluch, daß auch dort kein Glück sei, wo es sein könnte. So bildete sich der Bauer vom Sonnenberg ein, daß, wenn er schon einmal Bauer vom Sonnenberg ist, er ebensogut auch Hammerherr im Gröntale sein könne. Der alte Hammerherr im Eisenschlößl war gestorben, hatte zwei große Hammerwerke, eine Anzahl von Huben, Wäldern und Almen hinterlassen und als Erben drei hübsche halberwachsene Töchter.

War das nicht gerade wie ein Fingerzeig vom Himmel, daß der Alte vom Sonnenberg für seinen Sohn Jochtl um die Älteste im Eisenschlößl werben sollte?

Danach waren sie jetzt auf dem Wege. Der Alte ging voraus, der Junge hinterdrein. Letzterer trug etwas in der Hand, über das ein rotes Sacktuch gedeckt war. Er trug es mit Ängstlichkeit und großer Sorgfalt, als wär es etwas sehr Heikles.

Die beiden Wanderer schritten nicht gerade rasch voran, und sie waren etwas kleinlaut. Einmal blieb der Alte stehen, blickte seinen Sohn von oben bis unten an und sagte:

»Ist ja gar nicht wahr, daß du um einen Kopf kürzer wärest als andere Burschen; ich weiß nicht, was die Leute für Augen haben, du bist ein gut und stark gewachsener junger Mann, und ich habe richtig keine Angst, daß wir Schaub führen gehen könnten.«

»Ich hab auch keine Angst«, antwortete der Jochtl und stellte sich ein wenig auf die Zehen. Auf seine weite Brust, auf seine breiten Schultern, auf seinen festen Nacken konnte er nur stolz sein, und den Ledergurt trug er seit einigen Monden im letzten Loch gehakt. Ging das mit dem leiblichen Gedeihen so fort, so mußte er schon in nächster Zeit diesen feingearbeiteten Gurt mit der kunstvollen Silberschnalle, ein altes Familienstück, als zu eng geworden ablegen. Diese Notwendigkeit war bisher noch an keinen derer vom Sonnenberg herangetreten, es waren lauter schlanke, baumstarke Männer, wie der Alte heute noch bezeugt, und allemal die Schönste war es in der Landa, die von den Sonnenbergern heimgeführt worden.

Fein aufgestellt war er heut, der Jochtl, sein kurzes Jöppel und seine Bocklederhose rochen noch ganz nach den Schneidern, und auf dem Haupte der Filzhut mit den bunten Quasten und der festen Krempe, die stellten den kleinen, dicken Kerl her, daß es eine Freude war. Der Jochtl war in seinem achtundzwanzigsten Jahre und recht vollbackig und nicht kaltblütig, ein wenig schlau und ein bißchen hartköpfig dabei. Er hatte noch nicht viel nach Weibsleuten ausgelugt, und der Alte fürchtete fast, er könne das »Schnalzerl« verpassen und es ohne Ehefrau versuchen, alt zu werden. Das durfte nicht sein. Daher riet ihm der Alte eine aus dem Eisenschlößl an, und dem Jochtl war's recht.

Als sie nun dem Schlößl in die Nähe kamen, setzten sie sich auf den Rasen; »daß wir nicht gar über und über verhitzt und verschwitzt vortreten«, meinte der Alte.

»Daß du dich hübsch manierlich stellst«, fuhr er fort, »und dein Nasenschnuppern stehen laßt. Späterhin kannst wieder schnuppern wie der Will, wenn du die verfluchte Angewohnheit schon einmal nicht lassen magst. Nur heut nimm dich zusamm'. Schön den Hut abnehmen, und daß du mir nicht vergißt, wenn wir vortreten: Der alten Hammerfrau küssest die Hand! So Frauenweiber halten was drauf, und wird dein Schaden nicht sein. Reden werde schon ich. Bin ich fertig, und haben wir die Antwort — und ich verhoff's, eine erfreuliche Antwort —, nachher trittst du vor und bringst schicksamerweise deine Sach an. Was du zu reden hast, das kann ich dir jetzt nicht sagen, muß dir das rechte Wort selber einfallen; auch so zu der Braut. Nur zu viel nicht reden. Wird vielleicht ein Eichtl flennen, die Junge; mach dir nichts draus, ist so der Brauch, legst ihr nur so ein wenig die Hand auf die Schulter. — Was, Bursch?! — Ich glaub gar! — Das wär doch eine rechte Schand für so einen Jungen dahier!

Geh!« Der Jochtl preßte sein Gesicht in den Ellbogen hinein. Nach langem Zärteln und Fragen brachte es der Alte heraus, was dem Jungen fehlte.

»Schamen tu ich mich«, schluchzte der Jochtl.

»Geh, Närrisch! Schamen wird sich schon das Mädel. Gescheiter um einen Finger lang zu keck, als zu lahmlackig — allemal gescheiter. Du bist ein Sonnenberger, darfst dich schon was getrauen. So, jetzt gehen wir's in Gottes Namen an.«

Als sie ins Eisenschlößl traten, fragten sie zuerst in der Küche nach der Herrschaft. Ein schlankes, blondhaariges Küchenmädchen wies ihnen bescheiden Treppe und Tür. Der Jochtl fragte sie, wie sie heiße, und wollte ihr einen Silberzwanziger in die Hand drücken. Sie antwortete: »Heißen tue ich Katharina und für das bedanke ich mich.« Wies das Geldstück ab und eilte flink davon. Der Jochtl schaute ihr nach.

Die Frauen im Eisenschlößl waren gerade versammelt in der großen Stube bei der Arbeit: Nähen, Stopfen, Sticken, Glätten und was so Verrichtungen sind, womit die einen den Mann erhalten, die anderen erwerben wollen.

Wie sie es im Eisenschlößchen sonst hielten, das weiß man nicht, aber heute waren sie emsig, alle fünfe, die Großmutter, die Mutter, die drei Töchter bei häuslicher Arbeit, als hätten sie ahnen können, daß ein Freier kommt.

Nun klopfte es an die Tür und wie! Der Alte vom Sonnenberg verstand es nicht allein, mit entschiedenem Herrscherdrucke die Klinke zu fassen, er wußte anzuklopfen — weich, höflich, daß es eine Art hatte.

So sagte denn die Hammerfrau, nachdem sie einen prüfenden Blick auf die arbeitende Gruppe geworfen hatte — ebenso höflich ihr »Herein!«

Als die Tür langsam aufging, flüsterte hinter dem Rücken der Mutter die Älteste den beiden Schwestern zu: »Der Gott Vater vom Sonnenberg!«

»Und der Gott Sohn!« hierauf die zweite, da kicherten sie dann zu dritt.

Der Alte trat einige Schritte vor und sagte die feinsten der Bauerngrüße, die ihm einfielen. Die Frau dankte mit freundlicher Miene. Hierauf stand der vom Sonnenberg ein paar Augenblicke da, ohne recht zu wissen, wie er anfangen sollte. Der Jochtl hielt sich ganze nahe hinter ihm und duckte sich, was dem Kleinen hinter dem Großen nicht schwer wurde.

Der Alte tat einen Blick auf die Mädchen, einen gutmütigen

Blick, an dem aber die Absicht, überflüssige Zeugenschaft hinwegzuschieben, nicht zu verkennen war. Die Frau verkannte diese Absicht auch nicht, doch gab sie keinen Wink, und die Gruppe saß, wie sie saß.

»Ehrenwerte Frau Hammermeisterin«, hub der vom Sonnenberg mit etwas befangener Stimme an. »Wir sind die Besitzer vom Sonnenberg und täten bitten auf ein Wörtel.«

»Ja«, sagte sie, »was verschafft mir so werte Gäste?«

»Wie sich's bisweilen halt schickt«, antwortete der Alte, »mein Sohn, der Jochtl da, mein einziger —«, er wendete sich, um den Burschen vorzustellen, dieser jedoch barg sich immer noch hinter dem Rücken, und der nun von seiner roten Hülle befreite Blumenstrauß zitterte ihm in der Hand — »der hat«, fuhr der Alte fort, »schon alleweil wollen hergehen — in dieses hochwerte Haus, aber das erstemal muß ich ihm den Weg in Ehren wohl zeigen. Er hat sonst auch Manieren für eine aus dem Schloß. Will er sich halt, wie ihn Gott erschaffen hat, entschließen, in den heiligen Ehestand zu treten und hat wohl sein Auge auf die Allerfürtrefflichste geworfen, die weit und breit im Sonnenschein gewachsen ist. Und so ist jetzt unser heiliges Fürnehmen, daß wir in Ernsten und Ehren um die Jungfrau anhalten, sintemalen schon Gott dem Adam im Paradiese —«

»Ich kenne den schönen Spruch«, unterbrach ihn die Hammerfrau, indem sie sich in ihrer ganzen Breite aufrichtete und so die hinter ihr flüsternden und kichernden Töchter deckte. »Ich kenne den Spruch, lieber Sonnenberger, und es freut uns recht, daß Ihr uns die Ehre wollt erweisen. Es mag jede froh sein, die einmal auf dem Sonnenberg sitzen kann und einen so braven Mann bekommt; könnte auch meinen Töchtern nichts Besseres wünschen, als eine so gute und sichere Hut, möchten sie den Pflichten und Obliegenheiten einer Großbauersfrau nur auch gewachsen sein.«

Der Alte vom Sonnenberg machte eine sehr höfliche Bewegung mit der Hand: Keine Frage, sie wären ihnen schon gewachsen; der Jochtl erhob seinen Blumenstrauß.

»Jedoch«, fuhr die Hammerfrau fort, »ist es wohl einzusehen, daß in einem Hause wie das unsere, am Wasser bei den Schmieden und Hammerwerken, die Mädeln nicht recht für eine Bauernwirtschaft abgerichtet werden. Fürs eine haben sie zu wenig, fürs andere haben sie zu viel, wie es halt schon geht. Man läßt ihnen allerlei lernen und angewöhnen, und bis sie erwachsen sind, sieht man, die Wesen taugen nur noch für die Stadt. Darum bedanken wir uns noch einmal für die Gunst und Ehr und wünschen von

Herzen, daß der Herr Sohn eine Ehefrau findet, die an Stammen und Erziehung rechtschaffen für ihn taugt.«

Dem Alten vom Sonnenberg geschah in diesem Augenblicke übel, er hatte seine Gestalt, die bisher gebückt wie ein Fragezeichen vor der Hammerfrau gestanden war, aufgerichtet zu einem starren Ausrufungsstrich. Er wußte nicht, wie er sich sofort für die Schmach rächen sollte, die in dieser Stunde seinem Sonnenberg widerfahren war. Da trat neben ihm der Jochtl vor und sagte ehrerbietigen Tones: »Die Frau wird uns nicht recht verstanden haben. Sie hat was von ihren Töchtern gesagt — das werden vielleicht die drei munteren Kinder dort sein. Ach na, das wäre nichts für den Sonnenberger, der hat jezeit her die Tüchtigste und Sittsamste genommen, und will ich's auch nicht anders machen. Nach viel Fürnehmheit und Reichtum braucht der Sonnenberger nicht zu fragen, er muß eine haben, die für Haus und Küche taugt, und so halte ich im Ernsten und Ehren an um das brave Dienstdirndl, um die Katharina.«

Der Alte, dem bereits der Schweiß von der Stirn geronnen war, nickte lebhaft beistimmend mit dem Haupte. Er hatte jetzt keinen anderen Gedanken, als abstatten, die Schmach zurückgeben! Das Kichern hinter der Frau Hammermeisterin selbst war etwas abgedämpft; aber stets freundlich entgegnete sie, bei so wichtigen Sachen solle man wohl immer ganz deutlich reden. Sie frage nur, ob man mit dem Küchenmädchen schon im reinen sei? In diesem Fall habe ja sie nichts dreinzureden: Die Katharina sei armer Leute Kind, gegenwärtig hier nur im Dienst, und ihrer Aufführung wegen sei keine Klage. Sie, die Hammermeisterin, sei der guten Haut zu ihrem Glücke nicht im Wege.

Der Alte hatte anfangs gemeint, diese Katharina wäre von dem Burschen nur so eine Finte gewesen, um sich aus der Schmiere zu ziehen. Des wurde er bald eines anderen überzeugt. Da der Jochtl schon einmal auf Weibersuche aus war, so wollte er mit leerer Hand nicht heimwärts; sein Auge war einmal dafür offen, die Katharina hatte ihm auf den ersten Blick gefallen, und als er sie nachher näher besah, gefiel sie ihm noch besser, kurzum, sein Werben hielt er aufrecht, und die Katharina ist eine der prächtigsten Bäuerinnen in der Landa geworden.

Die Sünden des Oheims soll nun der Neffe beichten? Als ob der nicht selber die Menge zu beichten hätte, wovon eine schwerer wiegt als von des Oheims drei. Wenn man bei dem Mann, den ich meine, von Sünden sprechen kann, so konnten es nur solche sein, die zu großer Nachgiebigkeit und Gutmütigkeit entsprangen.

Eine Sünde aber hatte er doch, die so recht gemein in den Staub schlug, obschon diese Sünde und ihr Verlauf mir den Mann noch rührender gemacht hat. In späteren Jahren, als mein Oheim alt und arm einmal unter einer Lärche saß und ich, der Student auf Ferien, neben ihm, sagte er plötzlich und eigentlich ganz unvermittelt: »Ja, Peter, so geht's auf der Welt. Mir hat's die Red verschlagen. Vor Zeiten habe ich gerne Leute belehrt, daß sie brav und gewissenhaft sein sollten. Davon bin ich abgekommen. Wer selber was auf dem Buckel hat, der soll nit so laut predigen.«

»Ich denk, Oheim, Ihr werdet nicht gar viel auf dem Buckel haben.«

»Meinst? Weiß nit. Viel oder wenig, ist alles eins, 's tut halt drucken. — Kannst mir sagen, Peter, ob der Hammerherr noch lebt, der dazumal im Mürztal den Sensenhammer gehabt hat und dem ich vor soviel Jahren die Kohlen hab verkauft?«

»Der Zoilinger? Oh, der lebt freilich noch, der ist jetzt in Graz. Ich komm immer einmal mit ihm zusammen.«

»Du kommst mit ihm zusammen? Und ist er gut mit dir? Hat er nie was gesagt? Nie? Na ja, er kann's halt nit wissen. Denk dir, dem Herrn bin ich alleweil noch was schuldig. Er wird's nit wissen, aber ich weiß es. Wär mir halt recht, wenn ich könnt auf gleich kommen. Ist hart sterben mit so was. Bin nit losgesprochen davon. Gutmachen soll ich's, sagt mein Beichtvater ...«

Dann hat mir der Oheim die Geschichte erzählt. Wenn ich sie wiedererzählen soll, so bedarf's vorher einer Einleitung.

Wie alle Bauern in den Waldbergen hatte einst mein Oheim Holzkohlen zu verkaufen, die er aus den alten Fichtenstämmen zu brennen verstand und die er selber ins Mürztal führte zum Eisenhammer. Im Winter, wenn der Schlitten ging, füllte er die große Kohlenkrippe mit den bläulich schimmernden knisternden Kohlen, spannte zwei Ochsen vor und brachte jeden zweiten Tag eine Fuhre ins Tal. Die Maßeinheit für diese Kohlen war ein »Faßl«. Ein solches Faßl wurde mit fünfzig Kreuzern bezahlt, die Rait (Abrechnung) war stets zu Ende des Monats. Ich war einmal beim Oheim im Dienste gestanden. Unsere Kohlenkrippe, eine der mittleren, faßte ungefähr zehn Faßl. Wenn wir mit dieser ächzenden Krippe auf den Kohlenplatz des Sensenhammers einfuhren, um dort die Krippe umzustürzen und also unsere Kohlen in den gemeinsamen Barren zu werfen, stand schon allemal ein rotbärtiger Mann da, der den Kragen seines Schafpelzes stets so hoch um seinen Kopf zog, daß nur die kleinen, gestrengen Augen dazwischen hervorglühten. Dieser Mann war der »Frachter«, der Kohlenmesser. Er hatte die Aufgabe, mit ein paar Handlangern den Inhalt der Kohlenkrippen zu messen, wenn die Bauern damit herangefahren kamen. Die Kohlen wurden mit einem Korb umgeschüttet, der gerade ein Faßl maß. Diese Messungen wurden nicht bei jeder Fuhre und nicht jedesmal unternommen, sondern nur in willkürlichen, für den Kohlenbauer unvorhergesehenen Zeiträumen, und wurde dann der Gehalt einer Krippe im allgemeinen nach diesem Maße bestimmt. Unsere Krippe trug beim ersten Messen elf Faßl, beim zweiten Messen etwa nach vierzehn Tagen wieder genau elf Faßl. Und als der Frachter einen Monat später das drittemal maß, waren es wieder rund elf Faßl, so daß er sagte: »Ich sehe es schon, bei dem ist's in Ordnung.« Dann schrieb er es ein für allemal auf und ohne daß weiter gemessen wurde, erhielt der Oheim jede Krippe zu elf Faßln ausbezahlt.

Von diesen Dingen nun sprach der Oheim, als er Jahre später neben meiner unter der Lärche saß.

»Wir Bauern haben recht geschimpft, daß er so oft frachten tät«, fuhr er fort zu sagen, »und hat doch alleweil noch zu selten gefrachtet. Hat immer einmal einer das Volle nit gehabt in der Krippen, hat's einzurichten gewußt, daß inwendig was hohl gewesen ist und auswendig so schön vollgegupft; hat sich zwölf Faßl zahlen lassen, derweil er nit viel mehr als zehn dahergebracht hat. Beim Umstürzen merkt man's nit, deswegen sag ich, daß zu selten gefrachtet worden ist. Meine Nachbarn haben's jahrelang getrieben, wunderselten, daß einer aufgekommen ist. Und wie also meine Krippen dreimal nacheinander gefrachtet worden ist und allemal das volle Maß hat gehabt, ja noch um etliche Kohlenbrocken darüber, da hat mein Nachbar, der Klempelsepp, gesagt: Du hast es jetzt leicht, Waldwastl, du kannst auf lange Weil laden wie du willst, deine Krippen laßt er in Ruh. — Nit so, sag ich, meine Krippen ist auf elf Faßl gemessen, so will ich auch allemal elf Faßl bringen. — Weil du nit gescheit bist, sagt der Klempelsepp. Ich wollt einem Herrn was schenken! Die werden mit unseren Kohlen eh reich genug, derweil wir uns das ganze

Jahr schinden und rackern müssen, den Wald schlagen, den Meiler machen, die Kohlen herführen den weiten Weg, weißt denn nit, wie hart das ist? Und wird unterwegs viel zusammengebeutelt, man mag noch so gut aufladen. Wenn's recht herginge, müßte oben beim Meiler gefrachtet werden und nit erst da beim Eisenhammer, wo alles festgeraidelt ist wie ein Mehlsack. Da kommen wir freilich zu kurz. Da muß man sich selber zu helfen wissen. — Auf diese Red sag ich noch einmal: Ich will meine elf Faßl bringen. — Ja, und aufladen tust zwölf, sagte er. Da denk ich nach: Es ist wohl wahr, aufladen muß unsereiner zwölf, wenn beim Eisenhammer ihrer elf herauskommen sollen. Was kann der Bauer dafür, daß die Kohlen sich unterwegs so zusammenraideln! Wenn der Frachter sagt, elf mißt die Krippen, so braucht man auch nit mehr aufzuladen. Ist eigentlich ganz klar. Man soll sich nicht selber feind sein. — Gesagt hab ich nichts, aber bei der nächsten Fuhr hab ich halt richtig weniger aufgeladen. Und ist mir nachher beim Eisenhammer wohl völlig der Schiech angegangen (die Furcht gekommen). Ist der Krippengupf eingesattelt gewesen, wie eine zuschanden gerittene Schindmähre. Aber der Frachter hat nix gesagt. Wenn's einmal geht, wird's zweimal auch gehen, hab ich mir gedacht und hab das nächste Mal wieder schlecht geladen. Wenn ich's ein paar Wochen lang so mach, hab ich gedacht, schlag ich mir eine ganze Krippen voll Kohlen heraus, macht sechs Gulden. Ist auch was. — Ja, mein Bübel, so redet sich der Mensch selber in den Teufel hinein. — Gott Lob und Dank, daß mein Schutzengel gescheiter ist gewesen als ich.«

Da mein Oheim nach diesen Worten schwieg, ich aber doch wissen wollte, wie die Geschichte sich verlaufen hatte, so war meine Frage, wieso denn der Schutzengel gescheiter gewesen sei?

»Sechs- oder siebenmal mag ich's so getrieben haben«, redet der Oheim weiter. »Da ist eines Tages — just vor Ostern, in der Antliswochen — der Lauwind gekommen. Da ist uns Kohlenbauern mit unseren Krippen schon unterwegs der Schiech angegangen. Wenn der warme Wind geht, da ist unser Kohlenfrachter nie gut aufgelegt, da hat er nit ausgeschlafen, hat Kopfweh, ist grantig. Wenn er an einem solchen Tag frachtet, da geht's nit gut aus. Da zieht er einen gleich fürs halbe Jahr nieder. Es ist unser eine ganze Reihe von Kohlenfuhren, ich bin mit meiner Krippen der letzte, ganz hinten. Eh wir zum Eisenhammer kommen, halten die vorderen an, lockern die Kohlen auf und stecken Stauden durch, oder so was, daß es hohl wird und die Krippen ihren Gupf kriegen. Der Klempelsepp hat über die Radachsen schon daheim

Heubündel gesteckt, daß es nit so raideln hat können, und ist seine Krippen passabel gupfig gewesen. In Gottes Nam'! sagen wir und fahren in den Eisenhammer. Dort auf dem Kohlenplatz steht schon der Frachter. Just lustig schaut er nit aus. Seinen Pelz hat er weg, aber um den Kopf ein rotes Tuch gewunden, wie der Türk beim Tabakkramer. Aufhalten! schreit er der ersten Fuhr zu, heut wird gefrachtet! — Nau, gute Nacht! zischeln die Bauern einander zu, und ich sag zu mir selber: Jetzt hast es! — Der Sepp geht höflich zum Frachter: Frachten, schon recht das, Herr Zindler, sind alle Tag bereit dazu. Aber gerad jetzt vor Ostern ist's zuwider. Wir sollen am Nachmittag daheim sein zum Holzführen für die Osterfeuer und haben frei nit Zeit. Ein paar Stündl macht's doch gleich Aufenthalt, das Frachten. Wenn wir bitten dürften, nach Ostern, ist uns nachher die ersten Täg recht. — Nix da! schreit der Beamte, heut wird gefrachtet! und winkt gleich den Kohlenstürzern, daß sie mit ihren Körben kommen.«

»Und wie ist's ausgegangen?« habe ich den Oheim gefragt.

»Kind, wie wird's ausgegangen sein! Die erste Krippen hat um ein halbes Faßl zu wenig gehabt, die zweite hat knapp ihr Maß gebracht, die dritte hat um mehr als ein Faßl zu wenig gebracht, die vierte, das war dem Klempelsepp seine, hat um zwei Faßl zu wenig gehabt, die fünfte ist gerecht gewesen. Und nachher endlich muß meine Krippen voran. Ich wisch mir geschwind mit dem Ärmling den Schweiß vom Gesicht; wenn er sieht, daß ich schwitz, so wird sein Verdacht gleich noch größer. Die Stürzer fangen schon an, aus meiner Krippen Kohlen in ihre Körbe zu werfen, da sagt der Frachter: Na, das ist ja der Waldwastl. Der hat immer die vorgeschriebene Maßerei, der ist gerecht, dem vertrau ich. Laßt es gut sein. — Und ist die Krippen für elf Faßl gut geblieben. — Was ich mich dazumal hab geschämt vor mir selber, Peter, das kann ich dir nit sagen. Hat eine so gute Meinung von mir und bin verludert wie die andern. — Was ich nachher hab getan, das wirst dir denken können. Gerecht hab ich aufgeladen von dem Tag an, wieder gerecht wie voreh, und das Falschsein soll der Teuxel holen.«

»Nun also!« rief ich fröhlich aus.

»Wieso nun also? Die sechs oder sieben falschen Faßl hab ich ja doch auf dem Buckel. Es geht sich hart damit in alten Tagen. — Bekannt bist, sagst, mit dem Hammerherrn?«

»Ich sehe ihn im Bierhaus.« Denn dazumal bin ich ins Bierhaus gegangen.

»Das ist mir rechtschaffen lieb.« Er rückte ein wenig näher an mich und flüsterte vertrauensvoll: »Ich hab etwas Erspartes, Peter. Fünfzehn Silbergulden werden es wohl sein, oder gar noch um ein paar mehr. Mitnehmen kann der Mensch eh nix. Auf vier Gulden mag man's schon rechnen, daß ich den Hammerherrn beschummelt hab. Sei so gut und tu dem Herrn das Geld einhändigen, wenn du ihn wieder einmal siehst. Brauchst just nit zu sagen von wem, sag nur, er könnt's mit gutem Gewissen annehmen, es tät sein gehören. Rechtschaffen froh werd ich sein, wenn die zuwidere Sach aus ist. Der Teuxel noch einmal! Wie leicht der Mensch doch ein Spitzbub werden kann auf der Welt!«

So ein Bekenntnis. Und als ich hernach wieder in die Stadt gegangen, hat er mir das Geld, wohl fein in ein weißes Linnen gebunden, mitgegeben. Es dauerte aber so lange, bis ich dem Rechten begegnete, daß die Sache ganz verknüllt wurde in meinem Sack. Endlich sah ich den weißbärtigen Herrn Zoilinger im Stadtpark. Er hatte seinen Sensenhammer längst verkauft und lebte als Rentier. Ich erzählte ihm die Geschichte und übergab ihm die vier Gulden.

Laut und fröhlich hat er aufgelacht, der Hammerherr. »Was man doch alles erlebt, wenn man alt wird. Ich sag Ihnen nur das, wenn mir meine schlauen Kohlenbauern alles Geld täten bringen, um das sie mich übervorteilt zu haben glauben, das wäre ein gutes Geschäft. Oh, wie müssen die armen Teufel uns für dumm halten! Nein, wer es mit Holz-, Kohlen- und Viehbauern zu tun hat, der muß früh aufgestanden sein. Wenn wir auf Treu und Glauben die Kohlenkrippe zu zehn Faßl schätzten, haben wir recht gut gewußt, daß man uns drin nicht mehr als höchstens achteinhalb bringt. Das ist schon vorwegs abgerechnet worden. Nun, der Mann hat mich ein wenig betrügen *wollen,* und ich nehme den Willen fürs Werk. Unrecht muß getilgt werden. Ich nehme die vier Gulden an, lege noch sechs dazu und bitte Sie, die zehn Gulden dem Waldwastl zu übermitteln. Ich laß ihm sagen, wenn er etwa irgendwo einen guten, armen Mann weiß, dem soll er das Geld in meinem Namen schenken.«

Dieser Bescheid des Hammerherrn hat mich nicht wenig erbaut. Aha! mußte ich denken: Schon vorwegs abgerechnet? Dann war die Sache ja nicht so, als hätte der Waldwastl ein paar Wochen lang den Hammerherrn übervorteilt, sondern vielmehr so, daß er sich ein paar Wochen lang nicht übervorteilen ließ. — Schief gedacht, mein Guter. Der Wille war schlecht und das war die Sünde. Man könnte die Sache schärfer spitzen und sagen: Wer dem Nächsten sogar einen Vorteil zuwendet in der Absicht, ihn zu betrügen, der begeht wirklich einen Betrug. Ja, ja, moralische Wildlinge eines braven Volkes. Fehlt zwar manchmal nicht an spitzbübischer Absicht, aber an Talent dazu. Ihre Natur leidet es einfach nicht, schlecht zu sein.

Derselben Ansicht war ja auch mein Oheim, als ich ihm das Geld übergab. Aber unbändig freute es ihn, daß der Hammerherr so freundlich vergeben hatte. Nur fühlte er sich jetzt mit einer neuen Sorge beladen. — Einen armen Mann! — Woher nimmt er jetzt einen armen Mann, um ihm das Geld zu geben? Alle Bewohner des Waldlandes dachte er ab, kümmerlich erging es jedem, aber arm war keiner. Ein alter Wurzner fiel ihm endlich ein, dem der Förster mit dem Gewehrkolben einst ein Bein abgeschlagen, weil er ihn beim Pechen ertappt hatte. Der hinkte seither zu den Bauernhäusern umher, um die tägliche Suppe und das Roggenbrot dazu zusammenzubetteln. Er nahm auch Kreuzer, von reichen Bauern sogar Groschen an. Aber als der alte Waldwastl ihm nun die zehn Gulden gab, ließ er sie lange auf der flachen Hand liegen, schaute sie verdächtig an und murmelte: »Das soll *mir* gehören? Ja, für was denn? Arm bin ich ja nit, nur daß ich immer einmal ein wenig betteln tu. Nau, wenn's mir schon vermeint ist vom guten Herrn, so kauf ich mir halt ein Haus dafür und sag fleißig: Vergelt's Gott!«

Wo Barthel den Most holt

Daheim bei meinem Vater ging's eigentlich immer hoch her, denn wir wohnten auf einem viertausend Fuß hohen Berg — und den Witz hat der Knecht Barthel aufgebracht. Wenn aber ein fruchtbares Jahr mit gutem Kornbau, glücklicher Viehzucht oder einem erklecklichen Holzgeschäft gewesen war, so legten wir uns nach dem lastvollen Sommer einen ganz besonders fröhlichen Winter bei. Die einen taten tagsüber Korn dreschen, die anderen Vieh füttern, die Weibsleute Flachs und Ränke spinnen, und am Abend kamen wir zusammen in die Stube um den warmen Ofen und den großen Tisch und taten plaudern, singen, Geschichten erzählen, Most trinken und bisweilen auch ein wenig scherzen miteinand.

Unter Most, den wir tranken, ist gegorener Wein zu verstehen, der aber nicht aus den Fichten- und Lärchenzapfen gepreßt wurde, die auf unseren Bäumen hingen, sondern aus den köstlichen Borsdorfer, Weizer und Pöllauer Äpfeln, die draußen im weiten Lande wuchsen. Die Wirte drüben im Kirchdorf verkauften ihre Getränke nicht allein in Gläsern und Krügen, sondern auch in Fässern. Schickte dann in manchem Jahr mein Vater so etliche Tage vor Weihnachten den Knecht mit einem Paar Ochsen und Schlitten aus, um Most zu kaufen. An solchen Tagen waren wir Kinder arg aufgeregt: »Heut kommt der Most! Heut kommt der Most!« Jedes richtete sich ein Geschirrlein her, um — wenn das Glück im Fasse heimkam — alsbald etwelches ins Glas, ins Töpfchen, ins Schüsselchen herausprudeln zu lassen und zu verkosten. In meinem Leben werde ich nichts Schöneres mehr sehen, als jenes grünglasierte Trinkkrügel war, das ich unter die Pipe halten durfte; klare Tröpflein schwitzte es, und der eiskalte Most prickelte so unvergleichlich in die Nase, wie gar nichts sonst so fein prickelt auf dieser Welt.

Es war bisweilen gewesen, daß die Geister gestockt hatten des Abends in der Stube. Der Jungknecht wollte nicht Zither spielen, es sei eine Saite gesprungen. Der Altknecht wollte nicht Geschichten erzählen, er sei schläfrig; der Weidknecht Barthel gab keine Rätselfragen zum besten; er sagte, er müsse Hosen flicken, und dabei fiele einem nichts Rechtes ein. Die Stallmagd wollte nicht singen, sie war brummig, und wenn ihr einer was Liebes ins Ohr »drischeln« wollte, so gab sie ihm einen Stoß mit dem Ellbogen, der wolter spitzig war. Wenn aber an solch langen Winterabenden in der Stube der Mostkrug kreiste, da ward es ehestens anders. Der Jungknecht griff in sein Saitenspiel; der Altknecht stopfte sein Rauchzeug und hub eine Mär an; der Barthel fragte, wo der Adam den ersten Löffel genommen, und die Stallmagd ließ das »schöne Schweizermadel, ihre Haar sein voller Dradel« aus der Kehle wirbeln. Weil ich in solch ergiebigen Stunden nicht wußte, wohin mein Ohr zu wenden, so hub auch ich hell an zu jauchzen und zu jodeln. — All das zusammen waren eigentlich nicht wir, es war der Most, und man möchte es nicht glauben, wie schön so ein frischer Trunk Zither spielen und singen kann.

War es denn auch einmal vor Weihnachten, daß mein Vater zum Weidknecht Barthel sagte: »Bua, Barthel, spann die zwei falben Ochsen an den Schlitten und fahr um Most. Zum Kirchenwirt fahrst. Da hast sieben Gulden auf einen Halben (halben Startin): Was übrig bleibt, gehört dein. Aber daß er verjesen (ausgegoren) ist! Und bring ihn gut heim.«

Der Knecht spannt ein, tut Ketten und Stricke auf den Schlitten, daß er das Faß tapfer festbinden kann, setzt sich drauf und sagt: »Vorwärts in Gottes Nam', daß nix bricht und fallt nix z'samm!« Und fährt munter davon.

Wie er mit seinem Fuhrwerk hinter den Schachen kommt, wo die zwei Wege sich teilen — der eine geht über die Höhe hinaus ins Kirchdorf, der andere führt steil in das Engtal hinab zum Grabenwirt — da sagt der Barthel zu den Ochsen: »Was werden wir da gar zum Kirchenwirt hinaustrotteln, Most hat auch der Grabenwirt, und einen viel besseren.« Wirft die Sperrkette unter die Schlittenkufe und rutscht in das Tal hinab. Beim Grabenwirt fährt er in den Hof, spannt aus, tut die Ochsen in den Stall und geht in die Stube.

»Was schaffst, Barthel?« fragt die Kellnerin, die junge Ziehtochter des kinderlosen Grabenwirtes.

»Most«, sagt der Knecht.

»Eine Halbe?«

»Mehr!«

»Hast denn du heut einen so großen Durst?« sagt die Kellnerin und stellt ihm eine Maß hin.

»Finerl«, sagt der Barthel — da hat er sie schon bei der Hand erwischt —, »eine Maß ist viel zu wenig. Du kannst dir gar nicht denken, wieviel ich heute haben will ...«

Jetzt treffen sich ihre Blicke, und nun weiß man schon, was es geschlagen hat. Übel ist sie nicht, die Finerl, wem ihr weizenstrohgelbes Haar und ihre Sommersprossen gefallen, die auch im Winter dableiben, weil es im Herzlein der lustigen Kellnerin immer Sommer ist. Daß ich alles sage. Wenige Wochen vor diesem Tage schien es, als wolle bei der Finerl plötzlich Winter kommen. Ein Zahn war ihr ausgefallen über Nacht; darüber grämte sie sich schier zu Tod, und die Gäste verwunderten sich baß, warum die sonst so schäkerlustige Kellnerin kein Wort mehr sprach. Aber sie getraute sich den Mund nicht mehr zu öffnen, obwohl man die Lücke gar nicht gesehen hätte. Da kam der Barthel vom Berg herab, der machte sie lachen, und als sie selbander den ausgefallenen Zahn bedauerten, fanden sie gleichzeitig, daß wieder frisch einer nachwuchs.

Heute ist der junge Sprößling schon so weit, daß die Finerl nach Herzenslust lachen darf, und das tut sie denn auch, und der Barthel hilft ihr. Ein gelachtes Duett ist noch weit schöner als ein gesungenes.

Am Ofentisch sitzt aber einer, dem dieses Duett gar nicht gefällt. Der Fuhrknecht Zengg ist es, eine aufgedunsene Rothaut in blauer Bluse, säuft wie ein Faß und ist verliebt wie ein Kaninchen. Er trägt Silbergeld bei sich, eine schwere silberne Uhrkette und hat den Aberglauben, daß alle Dirndeln in ihn verliebt sein müßten. Etliche tun auch so und hören seine versilberten Liebesschwüre nicht ungern. Sein stärkstes Verlangen aber geht nach Sommersprößlein und Weizenstroh; und jetzt macht sich dort der verdammte Bauernlümmel an dieses Gewächs.

»Eine Halbe Guldenwein!« knurrt der Fuhrknecht Zengg und stößt sein Glas auf den Tisch. Er ist keiner, der Apfelmost trinkt, er mag nur Guldenwein!

»Katherl!« ruft die Kellnerin in die Küche hinaus. »Sei so gut, bring dem Zengg eine Halbe Guldenwein!«

Kommt der alte keifende Hausdrache, die Schwester der Grabenwirtin, und bringt das Verlangte. Und die Finerl hockt beim »Bauernlümmel« wie angenagelt.

Endlich tritt der Wirt in die Stube, da wird das Mostgeschäft abgetan.

»Sechseinhalb Gulden, weil du's bist«, sagt der Grabenwirt, »aber das Faß kommt zurück.«

»Es gilt.«

»Alsdann laß aufpacken. Trink, was du magst, es geht ein.«

Jetzt kommt auch zum Barthel Guldenwein, die Finerl bringt ihn; auch Kletzenbrot zum Dazubeißen, oder eine Zigarre, was er halt lieber hat, sagt sie und setzt sich wieder an seine Seite. — Gott, wie schön ist die Welt!

Nach einer Weile fällt dem Barthel ein, er müsse nachsehen, was die Ochsen machen im Stall. Sie sollen Heu kriegen, und er könne seinen Wein auch draußen austrinken, er sei nicht dafür: Alles auf einmal in die Gurgel. Er wolle länger was haben.

Geht also hinaus, und die Finerl trägt ihm den Wein nach.

Denkt sich der Fuhrknecht Zengg: Schau, schau, die sind gescheit! — Er sieht durch das Fenster Schneeschaufler, die den Schnee aus dem Weg in den Bach werfen — da trägt ihn das Wasser davon.

Weil es in der Wirtsstube jetzt öde geworden ist, so steht auch der Zengg auf und geht hinaus. Er schlenkert über den Hof, hört das Wiehern der eingestellten Rösser, hört das Rieseln des Baches, hört das Grunzen der Schweinchen aus dem Pfränger. An der Wand hängt ein Pferdegeschirr mit Riemzeug; davor steht er still und schaut es an. Dann schlüffelt er weiter. Auf dem Schlitten ruht das große Mostfaß; er steht davor still und betrachtet, wie es mit Strikken kreuz und quer festgebunden ist. — Immer gefesselt ist so ein Trunk, nur wenn er in die Leute kommt, wird er ungebunden. — Der Zengg denkt aber an etwas anderes. Jetzt lugt er einmal in die Runde; 's ist niemand in der Nähe. Der Holzstoß verdeckt den Blick vom Hause her. Der Fuhrknecht zieht ein funkelndes Messerlein aus der Tasche. »Barthel«, murmelt er für sich, »heut geht's dir allzugut, möcht mich wundern, wenn du ohne Malheur heimkämst mit deinem Most! Möcht mich arg wundern!« Und schnitzt so ein wenig an den Stricken herum.

Dann schleift er langsam seitab.

Nicht lange hernach wird im Stall irgendwo gesagt: »Sapperment, jetzt ist's Zeit, daß ich einspann!«

Bald ist's auch geschehen.

»Ja, behüt Gott, Barthel, komm glücklich heim!« ruft die Finerl.

»Und das Faß kommt zurück«, schreit der Wirt dem Schlittwerk nach.

Der Barthel geht voran und führt die Ochsen an den Hörnern. Er ist heute ein glückseliger Mensch. Daß der Weg stark bergan steigt, macht nichts, ziehen müssen doch die Ochsen. Wenn er Kalendermacher wäre, der heutige Tag müßte rot werden. Und daheim wird's auch wieder hoch hergehen, wenn er mit dem Most kommt. Daß die Finerl lieb ist, das hat er wohl gewußt, aber daß sie *so* lieb, *so* lieb sein kunnt, das hätte er sich nimmer gedacht. Verflucht stark bergan geht's; wenn der gute Schlittweg nicht wär, möchte so ein Paar Ochsen diesen wanstigen Mostplutzer nicht vom Fleck kriegen. Daß sich die Weibsleute schämen, ist ganz natürlich. Aber der Kirchenwirt hat keinen solchen Most. Wer sich die anheiraten kunnt, das wär doch ein Gusto! Wenn er schmeckt daheim, nachher sag ich's, wo ich ihn geholt hab. Zu der geh ich öfter, das weiß ich. Hi, Falber! Ja, das glaub ich, daß wir schwitzen. Wenn man's bedenkt, wieviel Räusch wir da hinaufschleppen. Ich hab heut wohl auch ein bissel einen gehabt. Mein Lebtag hätt ich's nicht geglaubt, daß der Mensch so keck werden kunnt. Sie hat mich aber auch ordentlich Red anlassen. Jetzt noch ein Ruckerl, hup, wir werden bald oben sein! Anheiraten, das wär schon ein Gusto! — — So hätten sich die lieblichen Gedanken des Barthel noch weiter geflochten, da sieht er, wie hinten am Faß plötzlich ein Strick losschlägt; ein zweiter beginnt sich mit Hast auseinanderzuringeln. Jesses, die Mostbutten rutscht! kann der Barthel noch denken und will zurückspringen und festhalten, da gleitet das Faß über den Schlitten hinab und schlägt über. Einen Augenblick ist's, als wolle es liegenbleiben im Schnee, noch träge wälzt es sich um, da besinnt es sich, unten sei es ihm lieber wie oben, und beginnt über das Schneefeld hinab seinen Lauf. Sachte, aber schwer, zuerst schiebt es sich über, munterer wird's, tanzend wird's, hüpfend wird's, große Gruben schlägt's in den Schnee und springt doch wieder heraus, immer kecker und wilder saust es drein, daß der Schneestaub stöbert nach allen Seiten, und wie es zum hohen Rain kommt, unter welchem sich das Grabenwirtshaus duckt, fliegt das alte, dicke Faß hoch in die Lüfte und in einem weiten Bogen der Tiefe zu ...

Starr wie ein Schneemann hatte der Barthel dem fliehenden Faß nachgeschaut. Als es seinen Augen nun entschwunden war, tat er einen lauten Pfiff und sagte feierlich: »Jetzt ist der Most hin.« Die Ochsen merkten ihren Vorteil und wollten mit dem federleichten Schlitten bergan. »Das glaub ich!« rief der Knecht und hieb ihnen den Peitschenstecken auf die Stirne.

Erst nach einigem Nachdenken war er so weit, als es die Ochsen ohne Nachdenken gewesen. »Was nützt's«, sagte er, »wenn wir da stehenbleiben, das Faß kugelt nicht mehr herauf, und von meinem Jahrlohn ist ein Trumm hin. Das beste, keck heimfahren und die Wahrheit sagen.«

Mein Vater war kein schlimmer Mann. Als er hörte, was geschehen war, sagte er die Worte, die den Sprüchen der Weisheit einverleibt zu werden verdienen: »Macht nichts. Haben wir keinen Most, so trinken wir Wasser.«

»Ich weiß nicht, was das ist«, beteuerte an demselben Abende eine Magd unten beim Grabenwirt. »Heut sind die Schweine toll!«

Und als der Wirt mit der Laterne ging, um nachzusehen, und die Tiere vor seinen Augen grunzend tanzten, sich munter auf der Streu wälzten, eines auf das andere sprang, mit verglasten Äuglein dann schelmisch dreinlugten, ihre Rüssel gen Himmel reckten und mit schiefgehaltenem Kopf lauerten, um hernach wieder toll dreinzufahren, und als der Wirt in der Luft hin und her roch und Mostgeruch witterte, rief er aus: »Der Teufel hol mich, die Säue sind besoffen!«

Zu einer ähnlichen Erkenntnis kam an demselben Abende auch ein anderer. Der Fuhrknecht Zengg, als er gemerkt hatte, beim Grabenwirt setze es heute keine Unterhaltlichkeit, nicht einmal ein Kartenspiel mit dem Wirt, noch weniger ein Fingerhäkeln mit Burschen und Dirnen (er war ein leidenschaftlicher Fingerhäkler), führte er seine Pferde aus dem Stall zum Brunnen, und als sie nach ihrer Haferjause tüchtig gesoffen hatten, spannte er sie an einen Roheisenwagen. Als sein Fuhrwerk auf dem ruhigen Geleise der Talstraße war, legte er sich der Länge nach auf die Roheisenstücke des Wagens, den Mantel darüber, den Hut aufs Gesicht gestülpt — so! Zwar ein hartes Bett, aber ein andermal ist's wieder besser. — »Hia, Schimmel!«

Der Schimmel und der Fuchs ließen sich's aber heute nicht zweimal sagen, sie trabten flink, wieherten und warfen ihre Köpfe hin und her in der Absicht, einander zu beißen.

»Was haben sie denn heut, die Vieher!« schreit der Zengg und pfeift ihnen mit der Peitsche ein paar Merks über die Rücken. Schwups, richtet sich der Schimmel empor, stangengerade wie ein Korporal und steht trappelnd auf seinen Hinterfüßen, der Kamerad macht's nach — ein Peitschenhieb — die Pferde rasen davon. Kaum vermag der Zengg noch abzuspringen, und wie er später draußen auf dem Wiesenplan sein Fuhrwerk wiedersieht, ist der Wagen zertrümmert, und die Pferde stehen losgerissen am Bach, heben ihre Köpfe hoch und wiehern.

Darum, mein lieber Leser, schneide nie aus Bosheit die Stricke entzwei, mit welchem ein Mostfaß an den Schlitten gebunden ist, das Faß könnte den Berg hinabrollen, in der Wasserrinne zerplatzen und am Troge nicht allein deine sonst wohlgesitteten Schweine, sondern auch deine Pferde betrunken machen und so das Verderben deines Hauses werden.

Nun weiß ich wohl, du fragst nicht nach der Moral, sondern nach dem Verlauf des trauten Verhältnisses zwischen dem Barthel und der Finerl. Der Verlauf war gar kein übler. Als es in der Gegend des davongelaufenen Fasses und der davongelaufenen Rösser wegen laut geworden war, wo der Barthel den Most holt, brauchten die beiden auch weiter kein Geheimnis draus zu machen. Ein Jahr später übergab der Grabenwirt seiner Ziehtochter das Geschäft. Hüpfte der Barthel nicht viel anders wie früher das Faß den Berg herab und wurde Grabenwirt. Schier sein erstes war, daß er meinem Vater als Ersatz ein großes Faß Apfelmost auf den Berg schickte, aber mit Fleiß festgebunden im Wagen. Mein Vater ließ ihm sagen: »Junger Grabenwirt, das hätte ich nicht verlangt. Du wirst deinen Most schon selber brauchen.« — »Most genug, Nachbar!« ließ der Barthel zurücksagen. »Trinkt ihn auf unsere Gesundheit. Weil ich schon so tief herabgekommen bin, so laßt mich wenigstens einmal hoch leben!«

Hoch und lang! Wir haben es wacker getan. Ich habe zwar beim Anstoßen mein Tonhäferl in Scherben geschlagen, daß der ganze Most dem kleinen Halterdirndel über das Haupt geflossen ist. Das hat weiter nichts gemacht, als den Witz von der Kindstaufe, und der Barthel lebt heute noch. — Wenn du einmal des Weges kommst, so rate ich dir, beim Grabenwirt einzukehren. Bei der Wirtin ist immer noch Sommer, und der Barthel soll dir selber erzählen — er kann's besser als ich —, wo er den Most geholt hat.

Der Student als Amorl

»Wenn der Mensch«, sagte der Hubelbauer, »die ganze Woche im Heu arbeitet, mäht, schöbert und einstadelt, so braucht er am Sonntag geistige Erholung.« Und ging also Sonntag nachmittag allemal auf den Stadel und legte sich ins Heu und schlief.

So machen es auch andere, und es war eine Zeit, da ich selbst mir diese »geistige Erholung« gönnen konnte. Wenn der Student in den Ferien dem Bauern beim Heumachen hilft, so hat er nachher das Recht, auf dem Heu auch zu liegen. Das taugt am besten, wenn man es selber gemäht hat.

Das knistert so fein, und jeder Halm legt und schlichtet sich, wie es die Glieder haben wollen, und da ist's so kühl luftig und durch die Dachbrettspalten blitzt dort und da der Strahl des Sommerhimmels durch. Muntere Heupferdchen hüpfen dir über die Knie und meinen: Wenn der Mann so häufig auf dem Pferde sitzt, warum soll nicht auch einmal das Pferd auf dem Manne sitzen!

Aber einmal ist mir solche Rast auf dem Heu unterbrochen worden. Ich liege im Heu und denke: Jetzt schlafst, dabei gib acht, daß du am Abend rechtzeitig aufwachst zum Schlafengehen. Da hörte ich die Leiter knacksen und aus dem Loch, das von der Futterkammer heraufgähnt, ragte zur Hälfte ein Kerl hervor, wendete mehrmals den bärtigen Kopf hin und her und schnarrte endlich: »Ist Er munter?«

»Was will Er denn?« fuhr ich auf. Er stieg vollends auf den Heuboden, kroch an mich heran, und als sich sein Auge an die Dunkelheit gewöhnt hatte, sah er mich liegen und ließ sich schwerfällig neben mir nieder, gleichzeitig richtete ich mich auf, denn es war kein Mensch vom Hause.

»Mensch Gottes, dich habe ich lange gesucht!« sagte er und setzte leise bei: »Du mußt mir was schreiben!«

Ein Holzarbeiter aus dem Massenwalde war's, der da neben mir kauerte; ich hatte ihn öfters an Sonntagen gesehen, da er in der Kathreiner Kirche an einem Seitenaltare stand, sich mit den Ellbogen auf das steinerne Taufbecken stützte und den Hut vor sein Gesicht hielt, als betete er sein Anliegen in denselben hinein. Zwar konnte man sich nicht denken, was so ein kerngesunder Holzknecht viel Anliegen haben mochte, an den Werktagen seine Schmalznocken, seinen Tabak, an Feiertagen sein Wirtshaus, kein Weib, kein Kind, kein Häusel, das niederbrennen, kein Rind, das über die Wand stürzen kann. Es müßte ihm denn um den Himmel sein, auf welche Meinung er etwa dem lieben Gott sein Gebet hutvollweise darbrachte.

»Kennen wirst mich eh«, sagte er nun, »ich bin der Krasel, und die Sachen habe ich alle bei mir.«

Er begann auszukramen: einen zusammengerollten, stark verknitterten Papierbogen, ein Glasfläschchen mit Tinte, eine Gansfeder. »Den Tisch«, meinte er, »richte ich dir da auf dem Heu her.«

»Auf dem Heu ist kein Schreiben«, war mein Einwand; »da gehen wir lieber in die Stuben hinein.«

»Das nit, Peter, das nit. In der Stuben sind Leut. Lieber auf der Ochsenkrippe, die da unten in der Futterkammer steht; ich lege dir ein Brett drüber und der prächtigste Tisch ist fertig. Ich bitt dich schön, Bürschel, mach mir keine Umständ, die Leute brauchen nichts zu wissen.«

Gut, dachte ich mir, ein ordentlicher Schreiber muß es auch auf einer Ochsenkrippe können. Die nötigen Vorrichtungen waren bald getroffen. Ich saß auf der Krippenleiter, steckte die Füße auf den Trog und über den Randleisten das Brett mit dem Schreibzeug, so wartete ich nun darauf, was der Krasel schreiben lassen würde.

Dieser schob sich sachte an mich heran und sagte: »Es wird schier ein Liebesbrief werden. Aber nicht für mich, mußt wissen, für einen anderen.«

»Laß das nur sein, Krasel«, sagte ich, »es muß ja der Name darunter, da hilft keine Ausflucht.«

»Du bist aber schon ein scharfes Bürschel!« sagte hierauf der Holzknecht und kräuselte mit den Fingern seinen Backenbart. »Also mich selber, meinst, ginge es an?«

»So was besorgt jeder für sich selber.«

»Magst recht haben. Schlecht genug, daß die Mannerleut so sind, daß sie Weibsbilder brauchen! Hätt ich das als kleiner Bub wissen können, ich wollt dem alten Fischbacher Lehrer — dem dicken Zikal, wenn du ihn noch gekannt hast — nicht aus der Schul gelaufen sein. Du glaubst es gar nicht, was so eine Liebschaft für

Umstände macht! Und sie ist nicht einmal groß. — Jetzt mach, mach, Bub, daß du zum Zeug kommst.«

»Ich bin schon lange bereit. Ruck nur endlich einmal heraus, Krasel, was soll ich ihr denn schreiben der Liebsten?«

»O Narr!« rief er, »das mußt du selber wissen.«

Des war ich sehr überrascht, aber im Grund hatte er recht. Es kennt's einer wie der andere, es ist ein Liebesbrief wie der andere. Ich fragte ganz geschäftsmäßig: »Willst ihr zu wissen tun, daß du gesund bist? Willst ihr die Lieb aufsagen, oder willst ihr ins Gewissen reden, daß sie dir treu bleiben soll? Oder hat's was anderes?«

»Gott Lob und Dank, nein«, antwortete der Krasel, »haben tut's nichts; will ihr nur wissen lassen, daß ich's wissen möcht, ob sie's weiß, daß ich sie alleweil noch gern hab.«

Das war nun etwas verzwickt, man legt sich derlei Mühe zurecht, im Grunde aber ist's ganz einfach: Er hat sie gern und möcht wissen, ob auch sie ihn noch gern hat.

»Mirzel heißt sie und sein tut sie in der Breitenau drüben«, gab er an, »und möcht wieder einmal mit ihr zusammenkommen.«

Das war's.

Wenn man die frisch geschnittene fettige Gansfeder das erstemal etwas zu tief in die Tinte taucht, so gibt's fast jedesmal auf dem Papier ein Malheur. Wer mit dem Fließpapier, welches jeder Mensch im Munde hat, das Ungeheuer rasch aufleckt, der tut das beste, was er tun kann. Ich begann hernach — während der Krasel daneben auf einem Strohschaub saß — meinen Liebesbrief:

»Innigst geliepte, bis in den Dot geliepte Maria!

Weil Wir jetz so Weit auseinander sein, schicke Ich Dir im Prieff so fieltausend grüsse, als Stern seind Am Himel, als sandkorn am Meer, als Bludstropfen sein in Allen meinen adern. Alle Blümelein, die blihen in der Breitenau grüßen Dich fon mir; alle Vögelein, die durch die Lifte flügen, sohlen es Dir Sagen, wie ich in Lieb und Dreie Dein gedenke, Tag und nacht und zu jeder stund, und ich beim Arbeiden denge: Das due ich für sie, und beim Essen: Wer sie bei Mir; und Beim beten: Himlischer Vader, beschitz mein Dirndel, jag Alle Deifel von ihr das sie Mir drei bleib — denn so fiel gern habe Ich das Trutscherl, daß ih ir das Hertz möcht mitten auseinand Küssen.«

So ging es fort; es schreibt sich wolter warm in der Ochsenkrippe. Und man sieht, ich machte nicht die Studenten-, sondern die Holzknechtschreibfehler, der Echtheit wegen. Als ich ihm hernach das Schriftstück vorgelesen hatte, schaute er mich eine Weile starr an und sagte: »Du bist schon ein vertrackter Knauß! Hast denn selber schon eine, daß dir das alles so einfallt?«

Selber habe ich zur Zeit keine gehabt, und als ich später eine gehabt, fiel mir solches nie ein.

»Wenn du jetzt noch aufschreibst«, sprach Krasel, »daß ich am Kirchweihsonntag in die Breitenau komme und hinter der Erhardikapellen auf sie warten werde — wirst es schon setzen, daß es sauber steht — und noch ein brennendes Herz dazumalst, nachher kannst wieder aufs Heu gehen.«

Ich vollzog den Auftrag nach bestem Können. Dann schlug ich den Brief so zusammen, daß er sein eigener Umschlag wurde, klebte ihn mit etwas Harz zu, das in etlichen Tropfen von der Lärchenholzwand hervorgeschwitzt war, versah ihn mit der Aufschrift: »An di eehrsame Jungfrau Maria Fellnerin, Dünstmagd beim Bruckenhofer in der Pfarre Breitenau. Durch Güde«, und empfahl somit das Schreiben in den Schutz Gottes.

Der Krasel griff in seinen Beutel, steckte mir rasch was in mein Rocksäcklein. »Das gehört dein«, sagte er. »Hast dir's heilig verdient! Das Schreibzeug laß ich auch da, kannst es besser brauchen wie ich!« Und eilte mit dem Briefe davon.

Ich schaute nach, was ich mir heilig verdient hatte, und erschrak. Zwei Silbergröschlein! *Zwei!* — So heiß war noch keine Liebschaft gewesen. Ähnliche Liebesbriefe, selbst wenn ich durchs brennende Herz noch einen Pfeil gezeichnet hatte — mehr als einen Kupfergroschen trug keiner, und sperrte ich mich stets eine Weile, bis ich den einen annahm, weil ich es für Christenpflicht hielt, den Leuten in ihrer Not beizustehen. Seitdem aber der alte Bachbeigel, der auch noch was Liebes haben wollte, den Groschen, den ich bescheiden zurückschob, wieder in seine Tasche getan hatte, schob ich keinen mehr zurück, sondern sagte nur, es wäre zuviel — gab aber nichts heraus.

Früher, wenn der Vater ein Schaf oder ein Kalb verkauft hatte, fiel allemal auch für mich, den Halter, was ab — aber mehr als ein Kupfergroschen niemals. Einmal hatte ein Fremder bei uns zugesprochen und mich als Führer auf den Teufelsstein mitgenommen, der gab mir dafür einen Silbergroschen und das Versprechen auf die ewige Seligkeit, was ich besonders schätzte. Aber so sehr außer Rand und Band hatte mich nichts gebracht als diese Belohnung vom Holzknecht Krasel.

Weil das Schreibzeug noch da war, so setzte ich mich ein

zweitesmal dazu und schrieb einen Brief an den Krasel im Massenwald, in welchem ich ihn meinen Gönner und Wohltäter nannte und allen Segen des Himmels auf ihn herabbeschwor. — Man sieht, an Studentenstolz hatte ich zur Zeit noch nicht viel mit heimgebracht.

In der darauffolgenden Woche machten wir auf der Niederwiese neues Heu, aber am nächsten Sonntage war es nicht so gut darauf liegen als am vorhergegangenen, beschriebenen.

Ich war in der Kirche gewesen. Am Vormittag hatte mir auf dem Kirchweg der Holzer-Begg zugeflüstert, ich solle mich vor dem Krasel aus dem Massenwald in acht nehmen, der sei schrecklich gegen mich aufgebracht. Er habe gesagt, sobald er mich irgendwo treffe, wolle er mir die Haare mit seinen fünf Fingern scheren.

Ich fragte um des Himmels willen, warum?

Das würde ich schon selber am besten wissen, meinte der Begg.

»Wie ein neugeborenes Kind, so wenig weiß ich!«

»Geh, geh, Student, du bist ein Feiner!«

»Nicht die Haar allein, den ganzen Kopf soll er mir wegreißen, wenn ich ihm wissentlich was Übles getan hab!«

»Wär schad um deinen Kopf, der so schön Leut hänseln kann.«

»Leut hänseln? Wie meinst das?«

»Der Krasel ist ein armer Holzknecht, mußt wissen«, sagte der Begg, »von dem hättest mit zwei Silbergroschen schon gerade fürlieb nehmen können, gleichwohl du viel höllisches Feuer in den Brief geschrieben hast.«

»Und hab ich nicht fürlieb genommen? Habe ich mich nicht höflich bedankt extra in einem Brief?«

»Ich möchte mich auch bedanken für ein solches Bedanken!« sagte der Begg. »Wenn er dir zwei Dukaten schenkt, meinetwegen, daß du einen solchen Brief schreibst; für zwei Groschen ein *Wohltäter*, das sieht ein Blinder, daß es gefrotzelt ist!«

Der Begg ging davon und ließ mich bei meiner Qual. Ich lag nachmittags im Heu und sann nach über das Welträtsel, wieso mein Dankschreiben als Spott und Hohn aufgefaßt werden konnte!

Aber ich konnte nichts tun. Und der Krasel tat auch nichts.

Ein Jahr später war's, daß eines Sonntags die Leut beim Haussteinerwirt Dichtungen von mir, Räubergeschichten, Narrenpredigten, allerlei Schwänke, mit Bildern geziert, beguckten und belachten. Der Holzknecht Krasel war auch dabei. Auf den trat ich zu und sagte: »Holzknecht Krasel, wir zwei haben noch eine Abrechnung miteinander.«

»Ja, wahrscheinlich!« knurrte er und stand von der Bank auf.

»Aber zuerst laß mich reden«, sprach ich rechtschaffen fest. »Du hast das Geschrift dort oben angeschaut und mitgelacht. Ist recht, freut mich. Du meinst etwan, daß man so was anschaut und darüber lacht, das sei alles und desweg sei's gemacht. Denkst das, so irrst dich. Ich hab's gemacht, weil's mich gefreut hat; hab ein ganzes Jahr meine Lust gehabt mit diesen Sachen und ein Glück, vielleicht ein größeres, als du mit deiner Maria. Ich bin ein Bettelstudent, und die Lust und Freud hätt ich nicht haben können, wenn du mir dazumal nicht das Geld gegeben, daß ich damit das viele Papier und alles Dazugehörige hab kaufen können. Ich bedank mich nimmer dafür, ich hab's schon getan, ich sage das nur, daß du's glauben sollst, es wäre mir dazumal mit meinem Brief wenigstens so ernst gewesen wie dir mit dem deinen. — Und jetzt, hast was abzurechnen mit mir, so sag's.«

Da sagte er: »Du bist halt ein anderer Leut wie andere Leut. Wenn du wieder einmal zwei Groschen brauchst, daß du dir ein gutes Jahr antun kannst, so denk dran, daß ein Gott lebt und ein Holzknecht Krasel. Aber Liebesbrief — das weiß ich — Liebesbrief laß ich von dir keinen mehr schreiben!«

»Sollt er nicht gewirkt haben, derselbe?«

Der Krasel zog mich in einen Winkel und flüsterte: »Nur viel zu stark hat er gewirkt, mein Mensch!« —

Das wollte ich erzählen. Aber nicht etwa, als möcht ich mein Liebesbriefschreiben anpreisen — das ist gut vorbei! —, sondern um ein Beispiel zu sagen, wie arg die beste Meinung eines einfältigen Menschen mißdeutet werden kann. Leute, die es — wie der Holzhauer Krasel — nicht gewohnt sind, von anderen Herzlichkeiten zu erfahren, kann man mit kindlicher Gutmütigkeit manchmal bitter verletzen — sie glauben, es gibt auf der Welt nur Grobheit und Spott.

Das ist nun abgetan. Damals machte mir nur noch die angedeutete Wirkung des Liebesbriefes einige Sorge. Habe aber nichts Näheres erfahren. Der Brief ist mir nach Jahren ganz zufällig wieder in die Hand gekommen — gar zerknittert, als hätte ihn einmal jemand in die zornige Faust gepreßt, und Wassertropfen müssen hingeronnen sein über die Zeilen.

»Den 7. Februar 1866 Faschingsonntag. Auf der Freimusik beim Jager am Alpsteig. Ein Gschnaidel gegessen, einen Wein getrunken, eine Zigarre geraucht, beim Kartenspiel (Mauscheln) was verloren. Zusammen macht 24 Kreuzer.« — Das der Tagebuchbericht von einem Fasching in der Waldheimat. Das hieß »aufgehaut«! Tänzel ist keines verbucht. Ich habe mein Lebtag nicht einen Schritt getanzt, die nicht ernsthaften Versuche ausgenommen, wobei ich allemal schwindelig wurde und in den Winkel taumelte. Mit einem Dirndl kann man das doch nicht riskieren. Der Kamperl-Nick war außer mir der einzige Bursch, der nicht tanzte. Denn er sprach: »Das Weibsbild ist mir beim Tanzen zu viel und zu wenig.« Zu viel, das verstand ich schon, weil man umfallen auch allein kann. Aber wie einem das Weibsbild beim Tanzen zu wenig sein kann, das verstand ich nicht. Der Herr Pfarrer scheint auch das kapiert zu haben, denn er gab dem Nick vor allen Leuten einen Verweis: »Solche Reden führt man nicht, Nikolaus! Wenn dir die Weibsbilder ohnehin nicht anstehen, wie sie umstehen auf dem Tanzboden, so setze dich zu uns an den Tisch!« Darob erschrak der Nick; der Pfarrertisch am Faschingstag war ihm noch zuwiderer als die Dirndln auf dem Tanzboden, maßen man bei ihm keinen Augenblick sicher ist, daß man nicht aus dem Katechismus ausgefragt wird. Aber diesmal geschah ihm nichts.

Des Pfarrers Vorfahrer, der alte Herr Plesch, war ein abgeschworener Feind des Tanzvergnügens gewesen. Es war ihm gut zuzuhören, wie er auf der Kanzel gegen diesen »Fallstrick des Teufels« predigte. Ich verstand darunter eben meinen Schwindel, der mich so leicht niederbrachte. Andere scheinen aber anders verstanden zu haben und drängten sich zu den »Fallstricken«. Der Pfarrer Plesch schloß sich während einer Wirtshausfreimusik in sein Zimmer ein und betete für die Seelen in der Gefahr. Nicht immer mit Erfolg! — Der neue Herr war anders. Auch er predigte am Vormittag, daß, wer die Gefahr liebe, leicht darin zugrunde gehe — am Abend aber war er selber beim Ball. Und je unangenehmer dem jungen Volke seine Anwesenheit, um so notwendiger war sie. Da trugen sich weniger Unglimpflichkeiten zu; dafür sagten nachher die Leute: 's war ein bissel langweilig. Aber nicht allemal. Beim Liedersingen tat der Pfarrer manchmal selbst lustig mit, da kam kein »Schweinsschmalz« dazu.

So ungern der Kamperl-Nick sich zum Pfarrertisch setzte, so gern tat ich's. In meinen ersten Lehrjahren war das ausgeschlossen gewesen. Aber dann als Studentl, da winkten sie mich zum Nobeltisch. Anfangs begriff ich die Ehre nicht und meinte, der Pfarrer würde eben auch bei mir Verdacht schöpfen von wegen zu viel oder zu wenig bei den Weibsbildern. Aber schließlich hockte ich ganz bescheidentlich an der Ecke der Tafel, wo der Herr Pfarrer saß mit der gefleckten Schildkrötendose und der Fürstand mit der versilberten Tabakspfeife und der Schulmeister mit der Zigarre und den funkelnden Augengläsern, die manchmal fast lieber quer durch die Tür auf den Tanzboden hinauslugten als auf die großen Schaumaugen seines Bierglases. Daneben der weißkopfige Kaufmann und der wuchtige Schmied und die zarte und zierliche Figur meines früheren Lehrmeisters. In der Nähe solcher Persönlichkeiten durfte ich mein Gschnaidel essen und schließlich zum Austunken der Schüssel eine Semmel dazu. Beim großen Tisch in der Vorstube hörte ich meine Kameraden schreien und singen und — tuscheln. Das letztere war peinlich, denn ich fühlte allzu deutlich, es galt mir. Sie machten sich lustig über das Studentl am Pfarrertische — bei der »Freimusik«.

Zum Glücke, denn mich ödete schon stark, begann endlich das Raufen. Die Gäste einer Freimusik haben keinen Eintritt zu zahlen, auch im allgemeinen kein Spielleutgeld, und können nach Belieben tanzen, solange es dem Tanzanfriemer recht ist. Wer einen besonderen Tanz aufgespielt haben will, der geht an den Spielleuttisch und wirft einen Gulden hin. Dann nimmt ein solcher »Tanzanfriemer« seine Schöne her und tanzt, und alle Mittanzenden sind jetzt gleichsam seine Gäste. Natürlich tanzt auch der Nebenbuhler mit oder sonst einer, der mit jenem auf Kriegsfuß steht, tut sich mit Lärmen und Strampfen hervor, herausfordernd, bis der Tanzanfriemer plötzlich seinen Reigen abbricht. Mit aufgestreckten Hemdsärmeln tritt er hin zum Eindringling und fragt ganz sänftiglich: »Wer hat denn dir's derlaubt, da mitzutanzen?« Das ist der Kriegsfall. Denn der andere wirft sich in die Brust: »Ist's dir eppa nit recht?! Geh nur her, wenn d' dich traust!« Eine Minute später krachen schon die Stuhlfüße, und über die weißen Ärmlinge rinnt rotes Blut.

Als es an jenem Abend so weit war, stob natürlich auch der Herrentisch auseinander. Auf dem Tanzboden wirbelte ein Knäuel von Menschen hin und her, und der Wirt schrie mit seinem weinerlichen Stimmlein: »Nur nit stechen, meine Herren, nur nit stechen!« Da hatte er auch schon eine auf der linken Wange, daß der Schädel klang. Das war ja nicht gestochen. Der unter den Knien des Siegers auf dem Boden lag, rief aus: »Meinetwegen, dem Herrn Pfarrer zulieb geb ich nach. Lump, elendiger, ich verzeih dir: Schau daß d' weiter kommst!« Aber seine Tracht hatte er schon aufgemessen, und wer schaute, daß er weiter kam, das war er selber.

Früher einmal, bei einer Freimusik im Tatzhofe zu Ratten, war *mir* etwas zugedacht. Ich hatte mich zwar anständig verhalten und sann nichts Schlimmes, war aber der einzige Eindringling aus Alpel. So beschlossen die Rattner Burschen, mich zu prügeln. Sie begannen zu stänkern und meckerten wie eine Ziege. Das ging den Schneider an. Sie sangen Schnaderhüpfeln auf den »Dichterixel-Dichteraxel, hot koan Hintern und koa Haxel.« Aber ich wurde nicht zornig. Das reizte sie erst. Eine Stunde lang heizten sie mir ein, da hub's in mir zu brodeln und zu kochen, bis ich endlich platzte. Mit einer Wut, deren Frische mir heute, in ferner Erinnerung, noch wohl behagt, lief ich, eine Waffe suchend, ins Vorhaus, in die Küche, erfaßte dort den Aschentopf und schleuderte ihn in die nahende Gruppe meiner Gegner. — Ach, hätte ich den schönen Zorn meiner Jugend noch! Er kam selten, aber dann war er auch da. Der heutige Ärger kommt viel häufiger, entwickelt sich aber höchstens bis zum knurrenden Unmut. Der schöne, brave Zorn kommt im Jahr kaum einmal — und dann hübsch zu unrechter Zeit.

Aber der Leser will wissen, wie mir der Aschentopf bekommen hat. »Du Schneiderseel!« hatte einer geschrien. »Aschermittwoch ist heut noch nit! Heut ist blauer Montag!« Drei Wochen ist auf meinem Oberarm hinten noch allerhand blaues Fleckwerk zu sehen gewesen. Bin dann lange Zeit nicht mehr nach Ratten gegangen. Hingegen haben wir Alplerburschen im nächsten Fasching beim Jager am Alpsteig einen »Ball« gegeben. Ein Ball ist keine Freimusik, der Ball wird von einer bestimmten Körperschaft gegeben, die dazu ihre besonderen Gäste ladet. Da ist der Holzknechtball, der Schmiedball, der Fuhrleutball usw. Nun, wir gaben einen »Alplerball«. Eingeladen waren alle Burschen von St. Kathrein und Ratten, die »noch a Schneid haben«, wie wir sagen ließen. Von den Kathreiner Burschen kamen die meisten, von den Rattnern — gar keiner. Und gerade auf die hatten wir gerechnet. In der Bauernschaft, sollt ihr wissen, werden bei solchen Gelegenheiten die Gäste nicht geladen, um sie zu bewirten, sondern um sie zu prügeln. Bewirten kann sich jeder selber — das andere aber tut selten einer. Also, die Rattner Burschen kamen nicht, und mein blauer — Montag blieb ungerächt.

Nun muß ich doch endlich wieder zu meiner Freimusik zurück,

bei der der Schwächere dem Pfarrer zulieb nachgegeben hatte. Das Gewitter war nun vorüber, und jetzt wurde es erst heiter. Die Spielleute wirbelten mit Klarinette, Flügelhorn, Geige und Baßgeige die Luft auf bis in die hintersten Spinnwebenwinkel. Die Kerzenlichter, so an den Wänden herumstanden, flackerten arg und hatten einen Heiligenschein. Der Staub schwebte wie ein zarter Schleier über den Paaren, die in bloßen Hemdsärmeln oder Miedern durch die Stube flogen. Rotes Blut blühte auf allen Wangen. Der Dunst roch nach Unschlitt, Wein, Braten und Schweiß. In der Küche draußen hatte neuerdings ein heftiges Kochen begonnen, und was nicht tanzte, das aß und trank. Ich hatte das, was der Geldbeutel vermochte, schon hinter der Binde, durfte aber auf weiteres hoffen. Das wußte ich wohl, zu Hause hatte es an demselben Abend reichlich Fleischkrapfen, Branntweinnudeln und Schweinsbraten mit Saft und Rohnen (roten Rüben) gegeben, und die Mutter hob mir meine Portionen auf. So konnte ich sorglos den Freuden obliegen, die für Auge, Ohr und Nase im Wirtshaus geboten wurden. Und hell mittun, als nach dem Abgange des Herrn Pfarrers die Faschingshymne angestimmt wurde:

»In Alpel da ist's lustig,
In Alpel, da ist's lustig,
In Alpel, da ist alles frei,
Da gibt's ka Polizei.
Sonntags singen, saufen,
Tanzen, spielen, raufen,
Montags da wird blau gemacht
Bis auf die spate Nacht.«

Der Schulmeister hob sein Glas und trank mir zu. Der Kamperl-Nick schimpfte, daß ich das Lied »gfalschelt« hätte. Ich hatte es aber nur umgearbeitet, weil der Urtext für weibliche Ohren nicht zu brauchen gewesen. Übrigens begannen auch heute manche Jungfrauenohren bereits schreckig zu werden. Es wurde alleweil schöner, denn es wurde alleweil wilder. Jählings fiel es mir ein: Bist ja einer vom Nobeltisch! Nimmst deinen Hut und gehst!

Vor mir war einer gegangen über das Feld hin, der hatte den schmalen Schneepfad nicht treffen können. Auch fiel er so oft hin, bis er liegenblieb. Ich eilte an ihm vorbei und war nun im stillen Walde. Es war eine himmeltrübe Mondnacht. Es war ein friedsames Wandern über den weißen Boden unter schwarzen Bäumen, nach dem wüsten Wirtshaustrubel ein seliges Zu-sich-selbst-Kommen. Der Weg war eine Stunde lang bis zum Vaterhaus. Dort standen die kleinen Fenster noch im roten Schein, die Leute waren alle noch wach. Die Mutter barg die reichen Reste des Faschingsmahles im Kasten. Zu mir aber sagte sie: »Oh, Kind, daß du so spat kommst! Jetzt darfst nix mehr essen!« Denn es war Mitternacht vorüber, es war nicht mehr Faschingtag, es war — Aschermittwoch.

Ich hatte Hunger nach den im Kasten geborgenen Krapfen und Braten, und es war Aschermittwoch. In der Küche stand die alte Magd Regerl über dem Wassertrog und scheuerte mit dem Schürzenzipf ihren Mund aus. Kein Fäserchen Fleisch und kein Bläschen Schweinsfett durfte vom Faschingstag her im Mund bleiben — Aschermittwoch gehört zu den drei heiligsten Fasttagen des Jahres. Einmal soll zwar ein Kirchenlehrer gesagt haben, Fleisch, das an den Zähnen hängengeblieben, könne man auch am Fasttage essen. Sich strenge nach der Lehre haltend, hing ein Bauer sein geschlachtetes Schwein an die Eisenzähne der Egge und verzehrte es dann in der Fastenzeit. In Nachbarsgegenden hatte schon damals die sinnreiche Neuerung eingerissen, daß die Reste des Faschingsmahles am nächsten Donnerstag oder Sonntag aufgegessen werden durften; der Kettenhund Waldl war meiner Mutter sehr dankbar, daß sie an dem strengen *alten* Brauche festhielt. Ich aber mußte auf den nächsten Bissen Fleisch sieben Wochen lang warten, weil wegen der ausgelassenen Freimusik die letzte Stunde versäumt worden. Zu jener Zeit ist in Alpel nicht bloß die vierzigtägige Fasten strenge gehalten, sondern sind dem lieben Herrgott die sechs Sonntage noch freiwillig gänzlich fleischlos draufgegeben worden. Fastenspeisen gab's zeitweilig erklecklich viel, aber in der »Arbeßwoche« kam schon die Erbsensuppe in den Vordergrund; in der »Schwarzwoche« wurde den Mehlnocken nur noch Kraut beigegeben, und in der »Antliswoche« hatte die Wassersuppe nicht mehr Augen als ein Mensch, und selbst diese schienen zu weinen. Wie die Eßzeit abnahm, so nahm die Gebetzeit zu. Alle Abende auf den Knien ein Rosenkranz; und mancher heimliche Vorwitz, der bei solchem Gebet unter jungen Leuten sonst vorkam, in der Fastenzeit erhob er sein Fratzenhäuptlein nie, da lagen die Seelen mit Andacht vor dem Kreuze.

Fastenzeit! Ihr könnt sie in der Kirche sehen. Alle Fahnen sind fort mit Ausnahme der schwarzen, weißverbrämten Totenfahne. Die bunten Florbänder und Papierblumen sind weg, und schon vom ersten Tage der Fastenzeit an ist das Bildnis über dem Hochaltar verhüllt mit einem blauen Tuch. Allmählich werden es auch die Nebenaltäre, und in den drei letzten Fastenwochen ist jede Statue, jeder Fahnenstern, jedes Kruzifix der Kirche mit blauem Tuch verhüllt. Dasselbe blaue Tuch liegt gleichsam auch über der Kirchenmusik. Pfeifen und Geigen, die tollen Liebespaaren zum Tanze aufgespielt hatten, pflegen sonst auch in lustiger Frömmigkeit auf dem Dorfkirchenchore mitzutun; jetzt zur Fastenzeit haben sie dort keine Stimme. Nur die Orgel tönt umflort, und auch sie wird von Woche zu Woche gedämpfter, bis sie in der »Antliswoche« ganz verstummt. Verstummt mitsamt den Glocken am Altar und auf dem Turme. Auch die Lichter an den Altären scheinen verlöschen zu wollen; nur das »Ewige Licht« in der roten Ampel glimmt stille fort wie ein letzter Funke der Hoffnung, daß es sich noch einmal wende. Also ist wie ein blaues Bußtuch die schwere Trauer niedergesunken über alles. Die Beter haben kein buntes Fetzelein am Leib; in mattfarbigen Gewändern knien sie in ihren Stühlen, mit vorgeneigtem Haupte. Darunter auch die Dirndeln, die vor wenigen Wochen noch voll warmblütigen Lebens gewesen, und darunter die Burschen, die an den Faschingstagen so trotzig die Nebenbuhler niedergeschlagen und so herlebig nach den Früchten des Paradieses gegriffen haben. Seht ihr, auf scharfer Kante des Kniebrettes kniet der Kamperl-Nick und in der dunklen Reihe der Gestalten, die sich dort vor dem Beichtstuhle anstellen, steht mancher Unhold, der jetzt aus allen Muskeln und Adern seines derben Körpers die Sünden zusammensucht und sich allen Ernstes vornimmt, ein frommer Mensch zu werden. Seit manchem Jahre nimmt er sich das vor bei jeder Osterbeichte, und von Jahr zu Jahr merkt er ein immer tieferes Sinken in das Luderleben. Mit solcher Selbstunzufriedenheit des Beichtkindes ist der Beichtvater nicht übel zufrieden. Er weiß es, sobald der Mensch sich selber sagt: Du fällst ja immer noch tiefer!, hebt er schon an, aufwärts zu steigen. Gebt nur acht, es ändert sich! — Die Zeit heilt nicht bloß alle Wunden, sie heilt auch alle Sünden. Beginnt bei so einem Adam einmal der Magen empfindlich und eigensinnig zu werden, dann wird die schöne Tugend der Mäßigkeit hervorgesucht. Fühlt er einmal in den Gliedern das Zwicken und Reißen der Gicht, dann gibt er das wütende Dreinfahren und Zuschlagen auf und wird ein ganz verträglicher Mensch. Und läuft das rote Blut einmal langsamer und kühl durch seine Adern, dann findet er, diese Geschichten mit den Weibsbildern wären einfach dumm. Da mag Ostern kommen und Frühlingszeit soviel der will, da mögen in wie außer der Kirche alle Rosen leuchten, alle Fahnen wehen, alle Pfeifen klingen — über dem alten Adam bleibt das blaue Tuch gesenkt. Es hebt sich nimmer.

Der »Dichterixel-Dichteraxel« wundert sich baß, daß er aus jenen blauen Zeiten sein bißchen rotes Blut bis auf heute herübergerettet hat. Fast alle anderen von damals haben ihren Aschermittwoch angetreten — für immer.

Die Diebsschuhe

Das war an einem Sommernachmittag. In unserem Waldbauernhause sprach ein fremder, verdächtiger Mensch zu. Er war erklecklich zerlumpt und sah aus wie ein Landstreicher. Einen knorpeligen Stock und ein kleines Handbündel hatte er bei sich, und am Arme hängend ein fast neues Paar Mannsschuhe. Er berichtete mit fast weinerlicher Stimme, daß er schon seit drei Tagen nichts Warmes in den Leib bekommen habe und bat um einen Löffel Suppe. Meine Mutter wärmte ihm Reste vom Mittagsmahle auf, und während er in der Küche auf dem Kopfe des Waschtroges saß und gierig Knödel und Kraut verschlang, machte sich die Mutter im Vorhaus zu tun und redete laut mit der Kellertür. Sie fürchtete sich nämlich vor dem Gesellen und wollte ihm glauben machen, daß im Keller unten Leute wären. Sie war aber mutterseelenallein zu Hause. Das Stroh sei im Keller zu lassen, damit im Winter die Rüben und Erdäpfel zugedeckt werden könnten, sie wüßten ja ohnehin, wie es allemal in den Keller hineinfriere! So sprach sie scharf und befehlend mit denen, die nicht da waren. Der Fremde war fertig, sagte schönen Dank, rülpste und ging schleichend davon. Rasch verriegelte die Mutter hinter ihm das Haustor und hielt Umschau, ob nichts fehlte. Nun war es aber erstaunlich, anstatt etwas mitzunehmen, hatte der Mensch etwas dagelassen. Das fast neue Paar großer Mannsschuhe, welches er über dem Arm hängen gehabt, hatte er vergessen, es stand auf der Bank im Winkel, nahe dort, wo er gesessen.

Am Abende kamen die Leute vom Felde heim. Die Knechte, einer um den anderen, nahmen das lederne Paar in die Hand, drehten es eine Weile so herum und beguckten es von allen Seiten. Dabei sprachen sie ihre Mutmaßungen aus, wieso und warum. Da rief die Mutter vom Herde her: »Daß mir keiner die Schuhe anlegt! — Ja, ja, ihr Tröpfe, ihr vorwitzigen! Wisset ihr's denn nicht! Habt ihr nie was gehört davon, daß einer, der Diebsschuhe an den Füßen hat, selber muß stehlen gehen?!« Als die Knechte darob lachten, fuhr sie fort: »Und daß die Schuhe gestohlen sind, drauf kunnt ich gleich meine Hand braten. Vergessen! Das kann sein und kann nicht sein; ich glaub's aber nicht. Wären die Schuhe sein eigen, so hätte er's schon der Mühe wert gehalten, drum zurückzukommen. Den Standarn fürchtet er, und deswegen hat er sie dagelassen, und nicht anders ist's, und ihr lasset mir die Schuhe stehen!«

Jetzt war aber unter den Knechten ein besonders vorwitziger — der Nantel. Der hatte graues Haar und sogar eine Glatze bekommen, ohne sein Lebtag irgendwo auch nur einen Fingernagel gestohlen zu haben, und der meinte, man sollt's doch darauf ankommen lassen, zu beweisen, daß der Bäuerin Wort ein rechter Aberglaube wäre. — Unsereiner stehlen gehen! Das wäre so was!

»Ich rate dir's nicht, Nantel!« sagte die Mutter noch, aber der Knecht hatte seine alten mausfarbigen Tramper schon von den Füßen und steckte diese mit Behagen in das Diebspaar. Fest und sorgfältig riemte er sie zu, dann reckte er sich aufrecht und stampfte in den Boden.

»Willst sie dir behalten, *so bist* schon einer!« lachte ihm der Baldhauser, der Knecht vom Ochsenstall, zu.

»Geh, Narr«, antwortete der Nantel, »ich kann mir meine Schuh gottlob noch selber kaufen, daß ich keine zu stehlen brauch, aber der Bäuerin wegen, just der Bäuerin wegen. Weil sie meint, ich wollt gleich jetzt von der Stell weg zum Nachbar Thommel gehen und ihm ein Schaf aus dem Stall stibitzen. Bis zum Schlafengehen behalt ich sie an, zu Fleiß. Tuts nur den Galgen herrichten, Leut!«

»Du, Nantel, versündige dich nicht!« mahnte die Mutter, während sie in das Herdfeuer blies, um die Abendsuppe fertigzukochen. »Wenn du nur Holz zutragst! Bauen wird den Galgen der Teuxel schon selber.«

Als wir uns zum Nachtmahl setzten, hatte der Nantel immer noch nichts gestohlen. Deshalb hub er an, groß zu tun, und sagte: »Ja, Lappen! Wenn jeder gleich stehlen gehen muß, der gestohlenes Leder an hat, wie wäre es da denjenigen ergangen, die beim heiligen Crispinus haben arbeiten lassen!«

»Man weiß es auch nicht, wie es ihnen ergangen ist«, meinte der vom Ochsenstall.

»Und umgekehrt, wenn keiner stiehlt, der ehrliche Stiefel an den Füßen hat«, fuhr der Nantel fort, seine Gedanken auszukramen, »so hätt der kleine Micherl nicht Korn gestohlen beim Hofbauern auf der Tenn; der Micherl hat ja die geschenkten Schuh vom Dorfrichter angehabt. Oder nicht? Man kann's zwar nicht wissen. Nichts kann man wissen. Muß wohl seinen Grund haben, der Richter, daß er sogar Stiefel herschenkt.«

»Ei, was du sagst, Nantel!« sprach der Baldhauser.

»Ich will nichts gesagt haben«, fuhr der andere fort, »so ein hohes Tier wird gleich unangenehm.« Denn der Richter hatte unsern Knecht einmal auf eine Woche in die Keichen stecken lassen, weil der Nantel jemanden »was geheißen« haben soll.

»Man kunnt«, redete er jetzt weiter, »vielleicht den da unten, den mit dem großen Kopfe, noch viel was anderes heißen, als ... na, ich will nichts gesagt haben. Umsonst tut er nicht so bigotterisch, umsonst nicht. Armenvater kunnten wir nicht bald einen besseren kriegen als den. Der sperrt die Armengelder so fest ein, daß schon gewiß kein anderer Dieb dazu kann ...«

Jetzt war aber die Mutter da. »Du alter Nantel!« sagte sie. »Schau dich jetzt einmal an, schau dich nur an und hör dir zu. Fällt dir nichts auf? Du stiehlst ja schon! Ob du den Leuten Schafe stiehlst oder ihren ehrlichen Namen — gestohlen ist gestohlen. Was meinst denn, Nantel, willst die Schuhe nicht bald ausziehen?«

»... Uh Teuxel!« knurrte der Knecht in seinen grauen Bart. »Wie aber so eine Bäuerin alles ausdeuten kann! Auf die Art schaut's schier so aus, als ob ich einer wär! Du verschwameltes Zeug, du!«

Da trat zur Tür der Zimmermann Josel herein mit einem großen Stecken. Ob kein Landstreicher dagewesen wäre? Ihm habe so ein Galgenstrick ein neues Paar Schuh gestohlen. Das brachte der Zimmermann vor, und wir deuteten alle miteinander schreiend und lachend auf den Nantel. Dieser riß gleich an der Tischecke die Schuhe von den Füßen und schleuderte sie über den Fußboden hin, daß sie dem Eigentümer nur gerade munter entgegenhüpften.

Ob der Landstreicher erwischt worden ist, das weiß man nicht. Weil ich es aber als moralischer Erzähler nicht gestatten kann, daß der Missetäter straflos ausgeht und am Ende auch dem geehrten Leser ein Paar Stiefel stiehlt, so kann ich noch heute in einem Gehölze bei Kapfenberg den Platz zeigen, wo der Galgen gestanden ist, an welchen alle Diebe der Gegend gehangen worden sind. — Nicht ohne Beklommenheit erkundigt ihr euch nach dem Befinden des alten Knechtes Nantel. Dank der Nachfrage, für Entwendung des ehrlichen Namens hat's zum Glück nie Galgen gegeben. Es muß das viele Holz nicht aufzutreiben gewesen sein.

Das Herumzigeunern wär halt deine Sach, gelt, Peterl? Daheim, alleweil daheim ist's nicht lustig. Alleweil aus dem grünglasierten Töpfl Milch trinken und alleweil von der Mutter mit einem nassen Lappen über das Gesicht gewaschen werden und alleweil im weißen Schubbett neben dem Ofen schlafen ist nicht lustig. Man will doch einmal auch sein Mittagsmahl vom Heidelbeerkraut pflücken und aus dem Bache trinken; man will sich doch auch einmal auf dem Erdboden wälzen und im Schlamme umherpatschen; man will doch auch einmal in einer alten Heuhütte schlafen, während draußen in der fremden Schlucht ein fremdes Wasser rauscht und des Morgens, wenn man aufwacht, ganz fremde Bäume in der roten Sonne stehen und fremde Leute auf der Wiese das nasse Gras mähen.

Und ob man das will! Und ob's der Vater verbietet! — »Die Kinder gehören heim! Und nach der Schule wirst du den geraden Weg heimwärts wohl finden!« — Den geraden Weg! Einen solchen gibt's gar nicht im Gebirge — besonders wenn der Zutrum-Simmerl in der Schule ist, und wenn der Zutrum-Simmerl sagt: Peterl, geh mit mir, bei mir daheim im Zutrumhaus gibt's allerhand Kurzweil: Einen weißgefleckten Kettenhund, der Junge hat, Kirschbäume, die alle rot und schwarz sind, hinter dem Haus eine Köhlerhütte mit Stroh, auf dem man liegen kann, und in der Schlucht der Trabach, aus dem man die Forellen und die Krebse mit der Hand fängt, damit sie nachher die Mutter braten und kochen kann.

Die Zutrumleute waren weitläufige Vettern und Muhmen von uns gewesen, und wenn der junge Vetter Simmerl sagt: Geh mit! — na, da geht man freilich mit. Es war eine ganze Stunde weit von meinem Elternhause bis dahin, und wenn die Schule, wo wir zusammenkamen aus Alpel und aus dem Trabachgraben, auch in der Mitte lag, so wurde mir auf dem Wege zum Zutrum doch die Welt von Schritt zu Schritt fremder. Und als die Sonne niedersank über den schwarzen Sattel des bewaldeten Gölk und die Ahorne sehr lange Schatten warfen über die frisch gemähte Matte hin, da ward mir unheimlich. Das Heu duftete, die Grillen zirpten, die Frösche quakten wie daheim, sonst alles anders, die Berge steiler, der Graben tiefer. Enge ward es mir. Endlich sahen wir hinab auf die grauen Schindeldächer des Gehöftes, aus dessen weißgetünchtem Schornsteine leichter Rauch aufstieg. Und es war schon die Abenddämmerung, und zwischen Fichten her kam der mir so wohlbekannte heimliche Geruch eines Kohlenmeilers. Unterwegs hatten wir bei Ameishaufen, Fuchslöchern, Zaunstiegeln, Brünnlein und Tümpeln mancherlei Aufenthalt genommen, aber jetzt beschleunigte sich der Simmerl. Ich aber wollte nicht mit, wollte umkehren. Das erstemal in meinem Leben sollte ich in ein fremdes Haus einkehren — mir gebrach der Mut. Aber der Simmerl packte mich frisch am Arme, und hinab mit mir in den Hof und hinein bei der großen schönen Tür in das Haus. Im Vorhause ein kühler, obstelnder Duft; die Küche gemauert, mit fast weißen Wänden wie im Wirtshaus. Am offenen Herdfeuer wirtschafteten bei Kesseln und Töpfen Weibsleute herum, und zu einer derselben, die ein blasses, gütiges Gesicht hatte, trat der Simmerl hin, gab ihr die Hand und sagte: »Grüß Euch Gott, Mutter!« Das erstemal war's in diesem Hause, daß ich hörte, wie Kinder beim Fortgehen und Ankommen ehrerbietig grüßen, als gingen sie in ein fremdes Land oder kehrten von einem solchen zurück. In unserer Gegend daheim liefen wir davon wie das Kalb vom Stalle, höchstens daß ich des Morgens beim Schulgehen sagte: »Jetzt geh ich«, und die Mutter antwortete: »Ja, so geh nur in Gottes Nam'!« Es war auch etwas, allein so herzlich und feierlich war's doch nicht, wie wenn die Zutrumkinder »Grüß Euch Gott« oder »Behüt Euch Gott!« sagten und den Eltern die Hand gaben. Kurz, mir kam dieser Eintritt in das Zutrumhaus geradezu erhaben vor.

»Und das ist mein Schulkamerad, der Waldbauern-Peterl!« Also stellte mich der Simmerl seiner Mutter vor.

»Schau, das ist brav!« sagte sie, wischte an ihrer blauen Schürze die rechte Hand ab und reichte sie mir. Ich war nicht ganz sicher, ob auch mein Patschel hingehalten werden sollte, zögerte, tat es aber endlich.

»Mutter!« rief der Simmerl, »wir laufen zum Bach hinab.«

»Nicht zu weit, es wird bald zum Nachtmahl sein.«

Da waren wir wieder im Freien, und das war ja ganz glatt abgegangen. Zum Bache kamen wir an demselben Abende nicht mehr, denn es war der weißfleckige Kettenhund mit den Jungen! Die letzteren waren in einem bunten Häuflein zusammen, in dem es sich ununterbrochen regte und kreiselte, bis sich manchmal ein Tierlein, kaum größer wie eine Ratte, loslöste und täppisch hinkugelte. An diesen Dingern war schier alles Kopf, und am Kopfe wieder schier alles Schnauze, und die Schnauze wuzelte sich den Zitzen zu, welche die alte Weißgefleckte zur Verfügung stellte. Das alles, und dann das besorgliche Knurren der Alten und das ängstliche Winseln der Jungen und der mürfelnde Geruch, welcher aus dem Hundelager herkam, betäubte mich beinahe vor lauter Wonne.

»Beißt sie?« fragte ich den Simmerl, indem ich die Hündin streicheln wollte.

»Jetzt nicht, darum haben wir ihr auch die Kette abgenommen. Mein Vater sagt: Jetzt hat sie keinen Feind, jetzt ist sie ganz Mutter. Aber wie er ein Junges hat aufheben wollen, hat sie ihn doch in den Finger geschnappt.«

»Habt ihr eine Kirche?« fragte ich, denn es läutete ein Glöcklein.

Da lachte der Simmerl, denn es war die Hausglocke, und sie rief zum Nachtmahl.

In der Stube, welche schon sehr dämmerig war, standen zwei große viereckige Tische. Als das Tischgebet gemeinsam und laut gebetet war und die sehr großen Suppenschüsseln ihre warmen, duftigen Wolken aufsteigen ließen, setzten sich an den Tisch etwa zwölf Leute: Burschen, Männer, junge Dirnen und betagte Weibsbilder. Am anderen Tische, schier in der Ecke, nahm der Hausvater Platz, ein behäbiger Mann mit glattrasiertem Gesichte und einem Doppelkinn; dann kamen seine Kinder, von der erwachsenen fröhlichen Lennerl bis herab zum Simmerl und noch tiefer herab zu zwei schier ganz kleinen Kindlein, die von der Magd mit einem Löffel Milchsuppe in den Mund gegossen bekamen. Neben dem Simmerl durfte ich sitzen, und weil der Weg in die gemeinsame Schüssel etwas weit war, so hatten wir zwei zusammen eine Extraschüssel bekommen, aus welcher wir die Brocken löffelten. Es war Weißbrot, wie es bei mir daheim nicht immer angetroffen werden konnte. Die Hausmutter ging zu und ab, um die Tische zu versehen, und immer auf kurze Zeit setzte sie sich zu uns, um etliche Bissen, gleichsam im Vorübergehen, zu erhaschen. Ja, ja, das ging meiner Mutter daheim auch so. Wer kocht, der braucht nichts zu essen, sagen aberwitzige Leute.

Immer wieder mußte ich an daheim denken, wo sie ja jetzt auf mich warten werden mit dem Abendessen und mutmaßen, warum er denn nicht heimkommt, der Bub, und wo er denn sein mag, der Bub? Bis es vielleicht einem oder dem anderen einfällt: Der ist heilig mit seinem Schulkameraden zum Zutrum gegangen.

Nach der Milchsuppe kam eine Schüssel voll Salat in Essig. Das war mir schon wieder einmal was Neues, bei mir daheim gab's nur Salat in Buttermilch, welche ja auch naß und säuerlich ist, folglich den kostspieligen Essig leicht ersetzen kann. Wir daheim aßen das Grünzeug mit dem Löffel, hier tat man's mit der Gabel. Ich stach mich mit solchem Werkzeuge ein paarmal in den Mund, wollte aber nicht mucksen, während daheim bei derlei Ereignis ein Zetergeschrei gemacht worden wäre.

Nach dem Salate kam erst die allergrößte Schüssel; diese enthielt gekochte Kirschen in der eigenen Suppe. Da durfte ich wohl wieder den Löffel nehmen, wäre er nur recht groß gewesen! Denn diese schwarze Kirschensuppe war sehr köstlich! Aber Umstände machten die Leute. Die Kerne quetschten sie im Munde heraus und gaben sie wieder zurück auf einen Teller oder in die hohle Faust. Wir daheim aßen die Kerne mitsamt den Kirschen.

Was bei Tische etwa gesprochen worden, das weiß ich nicht, ist mir gewiß auch ganz gleichgültig gewesen, weil das Gespräch nichts zu essen ist. Daß sie beim »Leutetisch« drüben lauter und fröhlicher waren als wir herüben beim Hausvatertisch, kam davon, weil unter ihnen ein alter Mensch war, der in ernsthaftester Weise die wunderlichsten Reden tat, worüber die anderen lachten, bis aber eine Magd sagte:

»Na, den Kickel sollt man nicht so auslachen. Das ist nicht recht, den Kickel so auslachen!«

»Wer lacht ihn denn aus?« lachte ein Knecht, »wir lachen halt, weil's uns gefallt.«

Das muß ich doch herübergehört haben, denn sonst könnte ich's nicht wissen. Nun weiß ich aber auch, daß der alte Kickel plötzlich von seinem Sitze emporschnellte und mit weitschwingendem Arme, an welchem das Hemd flatterte, an die gegenüberstehende Stubentür einen Kirschkern warf, der dann wieder mitten in die Stube zurücksprang. Dabei sagte er »Puff!« und lachte kreischend auf. Und das tat er mehrmals, wozu die anderen sagten: Es sei schon recht, er solle in die Tür nur ein Loch werfen, damit man in die Küche hinausgucken könne, ob am Herde heute auch noch Sterz gekocht werde. Jetzt hob der Kickel seinen anderen Arm und »Puff« schleuderte er die Handvoll Kerne auf einmal an die Tür, daß es knatterte wie bei einem Hagelwetter. Dabei verzerrte der Alte sein Gesicht und stieß einen Fluch aus. Nun stand an unserem Tische der Hausvater auf, ging zum tobenden Alten und sagte begütigend: »Na, na, Kickel, nur nicht so arg. In der Stube so viele Kirschbäume säen! Es wachst ja doch keiner. Sei gescheit, Kickel!«

Bei mir daheim würde der Vater anders geredet haben, wenn so ein Übermut die Stube mit Kirschkernen vollgeworfen hätte.

Nun stellte sich der alte Knecht vor den Hausvater, faltete die

Hände und rief mit einer vor Angst stöhnenden Stimme: »Zutrum, Zutrum! Ich weiß mir nicht zu helfen. Er meldet sich halt schon wieder!«

»Michel! Natzel!« sagte der Hausvater zu zwei anderen Knechten, »bringt den Kickel in sein Bett. Es ist für ihn Zeit zum Schlafengehen.«

Dann haben sie den Kickel hinausgeführt.

Jetzt, was soll das bedeuten?

»Und es ist auch für die Kinder Zeit zum Schlafengehen«, setzte der Hausvater bei. »Der Waldbauernbub soll im Oberstübel schlafen.«

Die Enttäuschung war arg. Da hatte ich gedacht, der Simmerl und ich würden nebeneinander auf einem Stadl im Heu liegen dürfen, eigentlich der Hauptgrund, weshalb ich mitgegangen war in dieses fremde Haus. Nach dem Maße des Schmerzes darüber, daß es mit dem Heu nichts war, und daß ich ganz allein sollte schlafen müssen in einer finsteren Kammer, werden mir wohl die Tränen in die Augen getreten sein. Bemerkt muß die Hausmutter so etwas haben, weil sie sagte: »Er kann ja auch im Stübel beim Simmerl schlafen, ein Bett steht leer.«

»Auch recht. Aber nicht zu lang schwatzen, Buben!« Also der Hausvater. Darauf ging der Simmerl zu seinen Eltern, küßte ihnen die Hand und sagte: »Gute Nacht!« — Diese Art gefiel mir über die Maßen, und ich beschloß, sie auch bei mir daheim einzuführen. Dazugekommen bin ich zwar nicht; ich hatte mich bei meinen Eltern stets geschämt, ganz schlimm zu sein, aber ich hatte mich immer auch geschämt, ganz brav zu sein; besonders gewisse Förmlichkeiten, so gut sie mir auch gefielen, widerstrebten mir, wenn ich sie selbst ausführen sollte.

Aus dem Befehle, »nicht zu lange zu schwatzen«, schloß ich, daß wir überhaupt schwatzen durften, und als wir jeder in seinem Bettchen lagen, das Licht ausgelöscht hatten, so daß nichts mehr zu sehen war, als die zwei blassen viereckigen Fenster, fragte ich den Simmerl: »Ja, was hat er denn gehabt, dieser Mensch, der Kickel?«

»Kirschkern«, antwortete der Junge.

»Warum er so wild geworden ist?«

»Ja, der Kickel!« sagte mein Kamerad. »Weißt du's nicht, daß er zehn Jahre eingesperrt ist gewesen? Im vorigen Jahr haben sie ihn ausgelassen.«

»Warum?«

»Weil der Kaiser geheiratet hat.«

»Deswegen haben sie ihn eingesperrt?«

»Nein, deswegen haben sie ihn ausgelassen.«

»Aber Jesses, warum sie ihn eingesperrt haben, möchte ich wissen!« Also mein Schrei.

»Wenn du so schreist, wird der Vater kommen mit dem Karabatschel. — Seinen Buben hat er umgebracht.«

Jetzt wußte ich nicht, hatte der Kickel seinen Buben umgebracht oder der Zutrum. Wagte aber nicht mehr zu fragen, und wie ich es später doch noch einmal versuchte, gab der Simmerl keine Antwort mehr, er war eingeschlafen.

Am nächsten Morgen waren wir durch eine helle Stimme: »Schulbuben! Es ist Zeit!« geweckt worden. Vor dem herzförmigen Fenstergitter fächelte ein Zweig des Holunderstrauches, dazwischen schien hell und grell die Sonne herein auf unsere weißen Betten, und draußen plätscherte der Hausbrunnen. Ich hätte mich mit dem Simmerl gleichzeitig anziehen sollen, schämte mich aber, meine Beine aus der Decke hervorzuziehen. Mit einem langen Arm zog ich von der Bank die Hose ins Bett und streifte sie mit anerkennenswerter Geschicklichkeit unter der Decke an die Glieder. Dann hinaus zum Brunnen.

Nach dem Waschen das Morgengebet. Der Simmerl wollte in Rücksicht auf seinen Gast darüber hinweggehen, indem er vorgab, mich noch schnell in den Stall zum Schimmel führen zu müssen, allein seine Mutter sagte: »Schimmel wird er sein Lebtag noch genug sehen. Den Heiligen Geist braucht ihr in der Schule. Das Morgengebet beten! Kniet nur gleich nieder allzwei!« Vor dem Tische knieten wir uns auf die Bank, beteten jeder für sich ein paar Vaterunser, wobei mir einfiel: Bei uns daheim ist's nicht so streng. — Nun sollte ich auch sehen, was das Beten ausmacht. Kaum hatten wir unsere Ellbogen von der Tischplatte gehoben, ward diese mit einem weißen Tuche gedeckt, mit weißen Schalen bestellt, mit Weißbrot belegt, und in die Schalen ward aus dem Rohr einer glänzenden Zinnkanne eine braune Suppe gegossen. Bei uns daheim war das just umgekehrt, alles andere braun, die Suppe war weiß. Hier gab's zum Frühstück keine Milchsuppe, sondern Kaffee. Ich hatte schon von ihm gehört; die herrischen Leute essen Kaffee, aber ein alter Kohlenbrenner hatte gesagt: »Meine lieben Leut, ich bin sicherlich schwarz! Schaut mich an, ob ich schwarz bin! Aber so schwarz und schlecht bin ich nicht wie die schwarze Suppe aus dem Mohrenland. Die hat der Teufel aufgebracht, und der Bauersmensch wird hin, wenn er Kaffee ißt!« — Ich weiß nicht, ob der Kohlenbrenner es wußte, wie weise er gesprochen hatte; ich weiß auch nicht, ob man ihm geglaubt hat; ich weiß nur, daß alles leckerig war nach Kaffee, und daß ich es nun schon nicht erwarten konnte, mit dem Löffel in die schwarze Suppe zu fahren. — Uuh! — das ist nicht gut, das ist gallbitter! Den hat freilich der Teufel aufgebracht!

»Du hast ja keinen Zucker hineingetan!« lachte der Simmerl und warf mir aus einer Tasse etliche Brocken in meine Schale. — Nun war's ein bißchen anders. Der Simmerl sah mich an und schmunzelte.

Nach dem Frühstück den Zutrumleuten »Behüt Gott« sagen und fort in die Schule. Ich war ganz mutig geworden und hielt zu Dank und Abschied meine rechte Hand hin wie ein erwachsener ordentlicher Mensch, und da fiel es mir ein: Wie leicht doch das Bravsein geht, wenn man nicht daheim ist!

Als wir die Bergwiese hinangingen, war dort der alte Kickel zu sehen, der mit einer Holzgabel Heuhaufen auseinanderstreute, damit es in der neuen Sonne noch besser trocknen konnte. Heute sah ich erst, daß er sehr kümmerlich war. Mitten am Leibe abgebogen, fast geknickt, mit jedem Schritte hinkend, schwankend. Die Kniehose war gewiß auch einmal von Leder gewesen, jetzt hatte sie gar viele Flicken aus anderem Stoff, mit groben, unhilflichen Nähten angeheftet. Die Füße und die sehr braunen und hageren Unterschenkel waren nackt. Brust und Arme wurden von einem braunen Rupfenhemde bedeckt; der alte Filzhut saß wie ein umgestülpter löchriger Kessel auf dem kleinen grauen Kopfe, doch war er mit einer hoch in die Luft stehenden Geierfeder geschmückt. Die Knie, die Ellbogen, die Finger — das war alles so schiefeckig, daß man glaubte, sein Lebtag bringe der Alte nichts mehr ins Gerade, und er war wie ein verknorpelter Zirmstrauch auf der hohen Alm, wo der Sturmwind alles verkrüppelt. Als er uns gesehen hatte, rückte er manierlich den Hut, dann arbeitete er weiter.

»Du«, fragte ich nun meinen Schulkameraden. »Was ist's denn mit dem Kickel?«

»Wenn wir weiter oben sind, erzähl ich dir's«, antwortete der Simmerl.

Und als wir in den Wald hineinkamen, wo der Boden flacher ward, legte er seinen Arm in den meinen und sagte:

»Er hat einen Sohn gehabt, und den hat er totgeschossen.«

»Zufleiß?« fragte ich sehr erschrocken.

»Zufleiß, ganz zufleiß!«

»Was hat er denn aber angestellt, der Sohn?«

»Gar nichts. Ganz ein braver Mensch ist er gewesen, sagt mein Vater.«

»Gott ja! Und hat er ihn denn so schreckbar gehaßt, den Sohn?«

»So viel lieb soll er ihn gehabt haben, viel zu viel lieb.«

»Und deswegen niedergeschossen?«

»Ja, das weiß ich selber nicht, wie es gewesen ist«, gab der Simmerl zu.

»So ist der Kickel halt wahnsinnig«, hierauf ich.

»Wahnsinnig nicht. Aber ein bissel verrückt wohl, ein bissel verrückt sein Lebtag, und die Leute sagen, man kann sich's denken, weil er sonst so gescheit ist gewesen und ein tüchtiger Jäger im Kaiserlichen drüben, und auch gut gelehrt. Aber die vielen Bücher, die er gelesen hat, sollen ihn zum Narren gemacht haben, sagen die Leute. — Was laufst denn so, Peter?«

»Wenn er uns nachkommt!«

»Oh, der Kickel tut uns nichts. Die Leute sagen, er hätte auch seinen Sohn nicht umgebracht, wenn er ihn nicht so gern gehabt hätt.«

»Du, Simmerl, wenn er uns auch gern hat?«

»So viel nicht, wie seinen Sohn.«

»Du, Simmerl, das versteh ich nicht.«

»Ich will den Vater einmal fragen, wie es lauter gewesen ist.«

Und nichts weiter. Am selbigen Tage war ich in der Schule nicht viel nutze. Wenn das so ist! Mein Vater soll mich ja auch gern haben. Er selber hat mir's zwar nie gesagt, aber die Mutter hat mir's gesagt. Wenn es so ist, da getraut man sich gar nicht mehr zu Leuten, die einen gerne haben. »Und was hat denn der Peterl«, fragte der Schulmeister, »daß er heute so zerstreut ist?«

Am Nachmittage war ich endlich wieder bei meinem Elternhause. Hinter den Fichten stand ich eine Weile fest in den Sandboden gebohrt — und was wird jetzt werden? — Mein Vater kam mit einem klappernden Schubkarren heran.

»Geh hinein essen«, rief er mir zu, »nachher komm heraus in den Wald, wir müssen Brennholz klauben.«

»Hast in der vorigen Nacht beim Zutrum geschlafen?« fragte die Mutter, als sie mir das aufbewahrte Mittagsbrot vorsetzte.

»Mutter, der Simmerl hat mich nicht auslassen wollen, bis ich mit ihm gegangen bin.«

»Ist ja recht, Kind. Die Zutrumbäuerin hat sich letztlich schon bei deinem Vater beklagt, daß du dich denn gar nicht anmelden wolltest bei deinen Vettern und Muhmen. Meine Mutter und der Zutrumbäuerin ihre Mutter sind Schwestern gewesen.«

Die Gefahr war gänzlich vorüber. Draußen im Walde fragte ich meinen Vater, ob er des Zutrum alten Knecht Kickel kenne, und was es denn sei mit ihm?

»Jetzt ist keine Zeit zum Schwatzen, jetzt heißt's Holzklauben«, das war seine Antwort.

Etliche Wochen später war ich mit meinem Vater auf der Ochsenhalde. Es war schon Feierabend, die Ochsen, welche tagsüber an den Pflug gespannt gewesen, bohrten noch ihre Schnauzen in das Futter und grasten emsig. Wir standen daneben und warteten, bis sie satt waren. — Jetzt wäre doch eine Zeit zum Schwatzen, fiel es mir ein, und ich fragte wieder nach dem Kickel.

»Kind, laß den Kickel gehen«, entgegnete mein Vater, »dir tut er nichts und uns behüt unser Herrgott vor aller Verirrung. — Siehst du, die Schmelchen (Rispengras) wollen sie nicht fressen, der Hunger wird nicht mehr gar groß sein.«

Bald darauf führten wir die Ochsen in den Hof. Jetzt war nichts weiter, und es vergingen viele Jahre. Wenn ich in dieser Zeit gestorben wär, so hättet ihr vom Kickel kaum je etwas erfahren.

Einmal zur Sommerszeit, da ich als Student das weltferne Alpel wieder besuchen wollte, holte ich im Walde einen Bauernburschen ein. Ein junger, hübscher, aber ernsthafter Mensch im Sonntagsgewand, obschon Werktag war. Das fiel mir auf. Er hatte eine stramme Haltung, setzte beim Gehen die Beine leicht und gleichmäßig aus, so daß ich dachte: Der ist Soldat gewesen oder noch einer. Auch seine rötlichblonden Haare waren derart kurz geschnitten und hinten rasiert, so daß der runde frisch gefärbte Nacken ein paar Zoll glatt war bis zum Hemdkragen hinab. Das längliche Gesicht mit der etwas dünn geratenen Nase, dem falben, ganz leichten Schnurrbart und den klugen Augen ließen vermuten, daß es nicht einer der tölpelhaften und einfältigen war. Damals hatte ich auf solchen Straßen noch ebenso gern Weggenossen, als ich heute allein gehe. Also versuchte ich es mit ihm. Meine Frage, wohin er gehe? Er gehe heim auf seinen Holzschlag im Fischbacher Wald. Wo er gewesen? In Krieglach, auf dem Friedhof. Was so ein lebfrischer Bursche auf dem Friedhof mache?

»Nu, wie's halt schon manchmal ist«, antwortete er. »Dem alten Kickel hat's gegolten.«

Dem alten Kickel! Den Namen hatte ich schon nennen gehört. Ja so, das war doch der alte Knecht beim Zutrum gewesen —

»Kenn Sie eh«, war seine Antwort. »Hab Sie auch in Graz oft begegnet, wie ich bei den Soldaten war, Sie haben mich aber nicht erkannt.«

»Und warum hast du dich nicht zu erkennen gegeben, wenn du einer von daheim bist?«

»Ich habe Sie wohl einmal wollen anreden, aber dann gedacht, ein gemeiner Soldat, wer weiß, ob's ihm recht wäre.«

»Natürlich! Du ein gemeiner Soldat, ich gar nichts.«

»Ach, das nicht«, meinte er, »Sie sind schon wer. Ich weiß es wohl.«

»Also den Kickel habt ihr heute begraben. Und wo sind denn die anderen?«

»Die paar Leute sind schon voraus. Ihrer viele sind nicht mitgegangen. Er war ein armer Einleger.«

»Da bist gewiß ein Träger gewesen?«

»Nein«, sagte er, »ich bin nur so hinten nachgelaufen. Nicht einmal gebetet ist geworden, weil sie gesagt haben, er wär eh ein Heide gewesen. Ich habe mir gedacht, schlechter wie die meisten Leute war er auch nicht. Daß er halt Unglück hat gehabt. Es wird ihm wohl so aufgesetzt gewesen sein. In Gottes Namen, jetzt hat er Ruh.«

»Was für ein Unglück soll er denn gehabt haben?« war meine Frage, endlich glaubte ich nahe daran zu sein, die alte, nun wiedererwachte Neugierde zu befriedigen.

»Sie werden eh gehört haben von der Geschicht«, sagte der Weggenosse.

»Ja, läuten gehört, aber nie gewußt von woher, weißt du was Genaues?«

»Wissen tu ich's schon«, meinte er.

Also hatte ich ihn so weit gebracht, daß er anfing, mir alles zu erzählen. Es sind seither wieder viele Jahre her, allein solche Sachen vergißt man nicht, und ich will die Geschichte vom Kickel jetzt aussagen.

Der Isidor Kickel war der einzige Sohn eines Gutsverwalters auf dem Fürst Schwarzenbergischen Schlosse zu Murau gewesen. Er sollte studieren, wollte auch, sprang aber aus im siebenten Jahre, als er den Jahrgang hätte wiederholen sollen. Hernach versuchte er es mit einer Landwirtschaftsschule, lernte Waldkultur und wollte Förster werden. Brachte es aber nur bis zu einem Forstgehilfen oder Jäger, als welcher er angestellt wurde in den kaiserlichen Waldungen bei Neuberg. Er hätte vielleicht doch Gelehrter werden sollen, denn es war so etwas Grüblerisches in ihm, und er las viel in Büchern zu seiner freien Zeit. Viel zu viel in Büchern. Auch führte er manchmal solche Reden und hielt sich von der

Kirche fern, daß die Leute sagten, der Jägerkickel wäre vom Glauben abgefallen. Heute geschieht das oft, setzte mein Wegkamerad bei. Dazumal ist es was Neues gewesen. Man weiß das nicht, wie er's inwendig mit sich gehalten hat; ganz in Ordnung, sagen die Leute, wird's wohl nicht gewesen sein. Aber sonst kein schlechter Mensch. Einmal, wie er doch bei einem Feste in der Kirche ist, nimmt er Geld aus dem Sack und will's dem Klingelbeutelmann geben, aber der geht an ihm vorbei, gleichsam: Du Unchrist, dein Geld ist mir zu schlecht. Darauf hat der Kickel die Münze einem armen alten Weibel geschenkt, dem war sie nicht zu schlecht, und die Leute haben brav gelacht. Einmal hat sich in die Kirche hinein eine Schwalbe verflogen und nicht mehr herausgefunden, weil die Fenster ein Drahtgitter haben und die Tür ganz hinten ist. Und abfangen hat man sie auch nicht können. Da geht der Kickel jeden Tag in die Kirche, und der Mesner hat gemeint, er bekehrt sich. Der Kickel hat aber nur Vogelfutter hineingetragen, daß die Schwalbe nicht verhungert ist. Und mit der Bekehrung war's halt wieder nichts. Die Leute haben ihn trotzdem gern gehabt, und kein Mensch hat ihm was Schlechtes können nachsagen. — Dann hat er eine Lehrerstochter aus der Veitsch geheiratet, sieben Kinder bekommen, wovon er in früher Zeit sechs durch den Tod verlor, drei auf einmal und sein Weib dazu bei einer Seuche. Nur ein einziges Kind war ihm geblieben, ein Knabe, Oswald geheißen. Man kann oft erfahren, daß Leute, die an ein jenseitiges Leben nicht glauben können, in diesem um so lebensdurstiger und liebesfreudiger sind. Beim Kickel war es fast auch so. Seine Liebe zum einzigen Kinde ward zur schweren Leidenschaft, und alles, alles, was in seiner Macht stand, bot er auf, um dem jungen Oswald ein gutes Leben zu bauen. Er ließ ihn unterrichten, er wollte ihn, als der Junge zwölf Jahre alt geworden war, nach Wien schicken in eine Schule, aber Oswald blieb lieber daheim, und der Jäger brachte es nicht übers Herz, den Knaben fortzuzwingen. Wenige Jahre später trieb er für ihn eine Schreiberstelle im kaiserlichen Forstamte zu Neuberg auf, und noch ein paar Jahre später gab es Hochzeit. Ein Bürgerskind aus Mürzzuschlag war Oswalds Erwählte. Oswald wurde Holzmeister in den Hochschlägen hinter Mürzsteg und bewohnte mit seinem Weib ein Berghaus an der Hohen Veitsch. Nach kaum einem Jahr war natürlich der »kleine Bub« da, und jetzt konnte Oswald zu seinem Vater sagen: »Ich kann mir's nicht besser wünschen, meine Sorge ist, daß es nicht schlechter wird!«

Von ihm hat's kein Mensch gehört, wie er's mit der Religion gehalten. Sein Weib hat mir — fügte mein Bursche bei — später oft erzählt, wie er sie um den Hals genommen hätte und gesagt: Gott sei Lob und Dank, daß ich dich hab! So muß er doch was geglaubt haben. Und sein Vater, der Kickel, ist halt im Glück geschwommen darüber, daß es seinem Oswald so gut geht.

Der Kickeljäger hat in einem alten abgestifteten Bauernhause gewohnt, in der einzigen Stube, die noch bewohnbar war, und er hat zur selben Zeit an einer Fußwunde gelitten, die er sich durch einen Sprung vom Felsen zugezogen, und hat monatelang nicht ins Revier gehen können. Wenn Oswald an den Sonntagen vom Tale nach seinem Berghause hinaufstieg, führte der Weg ihn da vorbei, und er sprach bei seinem Vater zu, um ihn zu fragen, wie es mit dem kranken Bein gehe und um ihm eines und das andere zu bringen und mit ihm von seinem Weibe und von seinem lieben Knaben zu plaudern. Auch diesen Knaben brachte er manchmal mit, und da machte der Kickeljäger seine Kasten und Laden auf und lud Sohn und Enkel ein, alles was ihnen gefiele, mit sich zu nehmen. »Nehmt nur, nehmt«, soll er stets gesagt haben. »Es ist ja eh nichts. Das bissel Freud auf der Welt, ich hab sie genossen, sonst ist ja eh nichts.«

Dann ist jener Sonntag gekommen. Im August war's, am Morgen schon so heiß, daß der junge Holzmeister Oswald auf dem Weg in die Kirche bei seinem Vater zusprach um einen Trunk Wasser. »Wenn ich nachmittags zurückkomme«, soll er zum Vater gesagt haben, »zahl ich dir den Brunnen mit Johannessegen ab.« Damit hatte er gemeint, er wolle Wein mitbringen. Den solle er nur dem Weibel und dem Bübel hinauftragen, hatte der Alte geantwortet. Aber denen fehle ohnehin nichts; das Weibel singe schon seit aller Morgenfrüh wie eine Lerche, und der kleine Anderl habe mitten im Schlaf aufgelacht, als er ihm beim Fortgehen den Kuß gegeben.

»Schwerenöter, du!« hatte der Kickeljäger noch gesagt und seinem Sohn auf die Achsel geklopft — und dann »Auf Wiedersehen am Nachmittag!«

Um die Mittagszeit stieg über dem Hochschwabgebirge ein Gewitter auf; es regnete nicht viel, aber ein paarmal tüchtig gekracht soll's haben. Eine Stunde später kam vom Berge herab ein Holzknecht, der rief zum offenen Fenster herein: »Kickeljäger, wenn du den Rauch sehen willst, so schau hinauf!«

»Was hast denn? Was schreist denn so?« fragte der Kickel, der ganz allein zu Hause gewesen ist.

»Das Berghaus brennt. Der Blitz hat eingeschlagen.«

»Was sagst, Holzknecht?«

»Der Holzmeister, wenn er heimkommt, findet nichts mehr. 's ist alles dahin.«

»Das Weib? Das Kind?«

»'s ist alles dahin. Wenn euer Sohn heimgeht, so bereitet ihn vor. Ich muß ins Niederalpel.« Das hat der Holzknecht gesagt — und davon ist er.

Ich kann es nicht wiedergeben, wie mein Weggenosse es erzählt hat, gerade wie ein Messer ins Herz ist es mir gegangen. Der Bursche erzählte weiter.

Was der Kickeljäger sich jetzt auf diese Botschaft gedacht hat, das weiß man nicht. Zuerst hat er hinaufwollen gegen die Höhe, wo der schwarze Rauch das ganze Firmament finster macht. Hat aber nicht weiter können, des kranken Fußes wegen. »Sein Weib und sein Kind! — Sein Weib und sein Kind! — Sein Weib und sein Kind!« Allerweil nur das. »Abwinken!« Der Kickel ist in die Stube hinein und hat zum Fenster herausgelauert: Jetzt kommt er und jetzt kommt er! Und hat das Schußgewehr von der Wand genommen und ist mitten in der Stube gestanden und schaut durchs Fenster hin auf den Weg hinaus. Endlich ist er dahergegangen, der Oswald, aus dem grünen Wald hervor und hat nicht aufgeschaut und weiß noch von nichts, und ist so frisch und munter dahergegangen und dem Haus zu, wo der Vater wohnt. Und da hat der Kickeljäger durchs Fenster hinausgezielt und hat ihn niedergeschossen.

»Wahnsinnig ist er geworden!«

»Man kann das auch nicht sagen«, entgegnete der Bursche. »Wie seine alte Wirtschafterin heimkommt, hat er sie gleich um einen Wagen geschickt, ist zum Gericht gefahren, und beim Verhör hat er ausgesagt: Er hätt's nicht übers Herz bringen mögen, daß sein Oswald das Unglück erfährt und erlebt, und er hätte sich gedacht: Weißt von nichts, brauchst von nichts zu wissen. Das dumme Nachleiden viele Jahr und Tag ist nicht vonnöten. Ein jäher Tod, und du bist ihnen nach, und du bist von allem ledig, und ich, dein Vater, kann dir nichts mehr Gutes tun als das. — Getroffen, sagte er, habe ich nicht schlecht, und jetzt, meine lieben Herren, macht, daß auch ich fertig werde. — Ich glaube, fünfzehn Jahre haben sie ihm gegeben, aber wie im Jahre vierundfünfzig die Kaiserhochzeit war, haben sie ihm den Rest nachgesehen.«

Nachdenklich ging ich den Waldweg entlang und sagte: »Es ist fast nicht zu glauben.«

»Das beste war nur«, fuhr mein Begleiter fort, »daß sie ihn zur abgeholt und nach Leoben geführt haben. Das Allerschrecklichste hätte er sonst noch an diesem Tage erlebt.«

»Jener Holzknecht, was er gesagt — am Ende war's gar nicht wahr?« mit stockendem Atem fragte ich es.

»Ins Berghaus hat freilich der Blitz eingeschlagen, ist auch niedergebrannt, aber der Familie des Oswald ist nichts geschehen.«

Wir sind eine Weile gegangen, keiner hat ein Wort gesagt.

Endlich blieb ich stehen und fragte: »Wann hat er's erfahren?«

»Als er nach neuneinhalb Jahren wieder frei geworden ist und heimkommt und alleweil so in die Luft hinauslacht, da habe ich ihm's selber gesagt.«

»Wie hast du ihm's gesagt?«

»Kickel-Vater, Eure Schwiegertochter und Euer Enkel, der Anderl, sie leben noch, und es geht ihnen gut.«

»Und was hat er darauf gesagt?«

»So?, hat er gesagt, die leben noch? Und mir hat immer geträumt, sie wären alle tot! — Gott, was die jungen Leute für Geschichten machen! Und er hat wieder gelacht.«

»Also irre!«

»Es wird so gewesen sein«, sagte mein Bursche. »Er hat dann noch eine Weile als Bauernknecht sein Brot gesucht, später, wie er's schon nimmer dermachen hat können, ist er in die Einlege gekommen. Die meiste Zeit hat man ihm nichts angemerkt, aber manchmal doch, manchmal doch!«

»Du hast ihn wohl näher gekannt?« fragte ich den Burschen.

»Na freilich«, war seine Antwort, »er ist ja mein Großvater gewesen.«

Der Studentenhansel

Jene Menschenpfade, die von Wildnissen und Einöden den Städten und der Gesellschaft zuführen, sind ziemlich belebt. Der Hirte, der Waldmensch, der Feldarbeiter, der Bergknappe und andere Leute im rauhen Arbeitskittel, alle erblicken dort das Paradies, wo dieser Arbeiterkittel aufhört und der feine Tuchrock anhebt. Sie ahnen es nicht, daß im feinen Tuchrocke Übel stecken können, die dreimal qualvoller sind, als all das Weh ihres stumpfen, ungepflegten Herzens zusammen. Und trotzdem ist es ein Glück und eine Erhöhung für einen, der aus Wildnissen in den Bereich der Kultur tritt.

Umgekehrt aber bedeutet es fast immer eine Schuld oder ein zerrissenes Leben und Unterliegen und Verzweifeln, wenn einer aus der Welt in die Wildnis geht. Es geschieht, daß der Weltsatte in der Abgeschiedenheit der Wälder Muße und Beschaulichkeit sucht und am Busen der Ursprünglichkeit den Glauben wieder einsaugen will, den ihm gelingt es, den Netzen, welche die Spinnen Genuß und Gewohnheit ihm gewoben, sich zu entreißen. Sie grämen sich, verbittern und verzehren sich am Welthaß oder an der Versumpftheit, sie gehen unter, ohne am Urquell der Kraft und Lebensliebe zu trinken. —

Es geschieht vielleicht irgendwo auf der Welt einmal, daß ein Mensch einen so gottbegnadeten Sinn hat, daß er auf die Pracht der Paläste keinen Wert legt, daß er in der Armut und Einfachheit der Hütten keine Entbehrung und keine Erniedrigung sieht, daß er überall die gleiche Größe und Heiligkeit dessen findet, was er als unvergängliches Anbild in seinem Herzen trägt, und daß er nicht aus Haß gegen die Welt, sondern aus Liebe zu verlassenen Menschen von höherer Stellung zu ihnen in die Wälder und Öden herabsteigt. Sein Niedersteigen wird ihm und anderen zur Erhöhung.

So war's bei jenem Manne wohl nicht gemeint, der in der Hauptstadt von einem Wege, der ihn emporführen sollte zur Erkenntnis und zu Ehren, plötzlich abbog und in die Wälder des hintersten Gebirges ging, um dort mit der Holzaxt und dunklen Gaukeleien ein armselig Brot zu erwerben.

Der Mann ist durch meine Jugend gegangen wie ein unheimlicher Schatten. Zu sehen war er nicht, denn er kam aus seinen Wäldern nicht heraus. Das Dorf und die Kirche hatte er leicht meiden, denn in seinem Walde, wo eine Schar von Holzschlägern lebte — es war der Filnbaumwald am Teufelsstein, der zur selben Zeit geschlagen wurde — stand ein Wirtshaus, und in demselben hatte er seinen Unterstand. Es verging aber keine Woche, daß wir nicht vom »Studentenhansel« hörten. Er hatte geistlich werden wollen, war aber nach der »achten Schul« ausgesprungen. Die achte, das ist nämlich die schwarze Schule, in welcher die Theologen mit dem Teufel Bekanntschaft machen. Und da wäre er — der Studentenhansel —, so erzählte er gern, zur Überzeugung gelangt, daß sich's auf der Welt mit dem Teufel weiter springt als mit dem lieben Herrgott, und er habe also mit dem Schwarzen Bruderschaft gemacht.

»Geld kunnt er von ihm haben, so viel er wollt«, erzählten die Leute, »aber er verschmäht's, er braucht den Hörndelbuben lieber zu was anderem. Drum nur dem Studentenhansel nichts in den Weg legen!«

Sie hatten eine heilige Furcht vor ihm, und am meisten graute ihnen vor dem »Kopfwegzaubern«, weil jeder vom Aberglauben befangen war, daß er einen hätte. Der Hansel trieb's in seinem Waldwirtshaus nämlich nicht selten, daß die Leute, die am Tische saßen, gegenseitig plötzlich keinen Kopf auf dem Rumpfe sahen. Dann wieder war es, daß in der Stube über dem großen Kachelofen Nebel aufstieg, daß es in diesem Nebel zu blitzen und zu donnern begann und die Hagelkörner hin über die Zechtische prasselten. Daß sich der Hansel auch »verblenden«, das heißt unsichtbar machen konnte, wurde von vielen behauptet, aber von keinem bestritten. An Geld litt der Hansel niemals Mangel, er soll die feinsten Bocklederhosen und kostbaren Gamsbart getragen haben. Seine Liebste sah an den Sonntagen vornehmer aus als die reichste Bäuerin im Gau, und sie soll um einen ganzen Kopf größer gewesen sein, als der Hansel, und sie allein soll vermocht haben, seine Zaubereien aufzulösen.

»Wenn sie früher stirbt als er, kann's ihm schlecht gehen«, sagte man.

»Weswegen?« fragte man.

»Wenn sie zu seiner Sterbestund an seiner Seiten ist, kann's noch gut enden.«

»Wieso?«

»Kommt der Teufel um seine Seel, sie rauft mit ihm, er laßt ihr sie.«

»Das glaube ich«, sagten andere, »sie geht noch *über* den Teufel.«

So wurde gesprochen, und ich dummer Junge war der, den all das am wenigsten anging und der sich davor am nachhaltigsten fürchtete.

Die Zeit verschob sich, und als ich eines Tages fortging, um ein Student zu werden, da schüttelten die Leute sehr bedenklich ihre Häupter, und einer unserer Nachbarn sagte, es wäre nicht schlecht, wenn ich meine junge Seele in ein weißes Leintuch wickeln und ihm aufzubewahren geben wolle.

»Narr!« rief ein anderer, »da tut er doch viel gescheiter, er verschreibt sie einem, der ihm der Rede wert was dafür gibt. Er wird das rechte Türl schon treffen.«

Als ich dann über eine Weile nach Hause kam, hatten sich auch manche Leute verschoben. Sie grüßten mich in einer Art von Ehrfurcht, dann gingen sie mir aus dem Wege und betrachteten mich nur aus der Ferne. Dort und da, wo es Gelegenheit gab, machte sich irgendein verwilderter Waldmensch an mich, der sonst das Dorf mied. Man merkte, er wollte von mir was, aber er wußte seine Sache nicht vorzubringen, lobte nur mein Wachstum und wie es schön sei, wenn der Mensch was aus sich zu machen verstünde, und bog wieder seitab.

Einmal beim Hausteinerwirt war es aber doch, daß ein alter Holzbrenner ganz nahe zu meinem Sitz heranrückte, mir seine knorpelige Hand auf die Schulter schlug und ausrief: »Na, junger Herr, wie steht's mit dem Wettermachen: — nichts gelernt?«

Ich war mir wie ein Wicht. Es war in unserem Institut Ähnliches wohl vorgekommen. Der Professor machte allemal ein »Wetter«, so oft einer seine Hausaufgabe nicht im gewünschten Stand hatte. Einige der Kollegen konnten sich auch »verblenden«, und zwar auf ganze Tage lang, da sie häufig im Lehrsaale nicht zu sehen waren. Und wieder von anderen, die gekommen waren, behauptete der Professor, sie wären ohne Kopf gekommen. In einer solchen Anstalt, aber höherer Klasse, mußte wohl der Studentenhansel studiert haben, dessen Fertigkeiten nun auch von mir verlangt wurden. Ich konnte jedoch gar nichts dergleichen, und blöde, wie ich unter fremden Leuten von jeher war, schlich ich jetzt kleinlaut aus der Wirtsstube.

Es wollte sich aber doch was zutragen.

Eines Abends — ich hatte eben nach Vollendung einer Arbeit mich auf die Bank gestreckt, eine Zigarre meines Großvaters Lorenz Haas angebrannt und bei mir gedacht: Jetzt bin ich ein gemachter Herr. Meine Reichtümer sind so unermeßlich groß, daß ich sie gar nicht zählen mag, so kümmere ich mich um nichts und will einmal in meiner ganzen Länge auf der Bank liegen — eines solchen Abends polterte ein Kerlchen zur Tür herein; der Lärm, den er machte, war viel größer, als er selber. Dabei tat er wieder so schleichend und geheimnisvoll und flüsterte mir die Frage zu, ob ich allein sei.

Das wäre ich gewesen, sagte ich, jetzt aber sei eben einer zur Tür hereingetreten, von dem ich nicht wisse, was er wolle.

Das reime sich gut, meinte er, denn er sei eben gekommen, mir das zu sagen. Kennen würde ich ihn doch? Er sei ja der Ameisrodel.

»Das ist bewiesen«, sagte ich, denn mein Stübchen war bereits voll von jenem stechenden Geruche, wie er aus den Ameisenhaufen aufsteigt, wenn man in ihnen wühlt. Der Ameisrodel war einer jener Waldschmarotzer, vor welchem kein Harzkorn am Baum, kein Würzlein im Grund und kein Tierchen im Baue sicher geht. Er faßte den ganzen Ameishaufen mit allem, was drin lebte und webte, in einen Sack, trug ihn davon, stäubte und siebte ihn dann, so daß er zu den Ameiseiern kam, die er gut zu verwerten wußte. Die zahllosen, ihrer bluteigenen Sach beraubten Ameisen, soweit sie bei der Prozedur nicht zugrunde gegangen waren, konnten dann allemal wieder davonlaufen und trachten, daß der Rodel im nächsten Jahre wieder zu seiner Ernte käme. Oft ähnelt das Angesicht eines Menschen irgendeiner Tierlarve, ohne daß man sagen könnte, worin diese Ähnlichkeit eigentlich bestehe, von welchem Zuge sie bedingt werde. Mein Rodel sah wie ein Ameismarder aus. Er hatte sehr kleine Augen und eine kleine, aber scharf hervorspringende Nase, während Stirne und Kinnbacken höchst bescheiden in den Hintergrund traten. Der Bart war nur durch wenige Härchen vertreten, weil, wie er selbst sagte, die Ameisensäure dieses Gewächs schon im Keime zerstöre. Auch seine Glatze schrieb er diesen Einflüssen zu. Von einem betagten Alter konnte noch keine Rede sein, was sich alsbald erweisen wird.

»Ich treib nicht lang um«, sagte nun der Rodel, »der Herr Student wird mich gleich verstehen, was ich will. Ich hab halt eine Liebste, die mich nicht mag.«

Da habe ich ihn sprachlos angestarrt.

»Sie beißt nicht an, und da möcht ich so ein Sympathiemittel haben. Wenn mir der Herr Student was wollt raten, daß ich sie herumkrieg, zu sparsam tät ich ihm nicht sein.«

»Wenn sie dich nicht mag, was gibt's denn da zu raten!« lachte ich auf. »Stehenlassen. Eine suchen, die dich mag.«

»Aber mir stünd sie an. Und hab gemeint, weil der Studentenhansel auch allerlei Mittel weiß, daß einem das Dirndel nachlauft wie ein Pummerl —«

»Geh zum Studentenhansel.«

»Was glaubst denn — der liegt ja auf dem Tod!« sagte der Rodel. »Hast nichts gehört, daß einer kommen ist und ihm die Knochen zerschlagen hat, daß — will er sich rühren — alles in ihm klappert wie ein Sack voll Scherben!«

»Und wer hat ihn so geschlagen?«

»Wer? Wenn du's nicht weißt — mich darfst nicht fragen. Ein fremder baumstarker Gesell ist's gewesen. Kein Mensch hat ihn früher gesehen und seither auch nicht. Der Studentenhansel liegt in der Filnbaum-Köhlerhütten; man geht nicht gern zu ihm, weil man wohl weiß, heut oder morgen wird er kommen, der andere — derselbe — der Schwarze, und da steht man nicht gern daneben, er kunnt sich vergreifen. Bin desweg lieber zu dir gangen, du bist schon so gut und weißt mir was, daß mir die Stasel nicht ausmag. Was sagst denn dazu, wenn ich ihr drei Haar von mir eingeben tät, so unter Brot oder Sterz, oder was sie halt am liebsten ißt?«

Nochmals riet ich ihm, eine andere zu suchen, da schrie er drein: »Mir steht keine andere an! Die Stasel will ich haben. So gibt's keine mehr. 's Dirndl ist klein, die Nachfrag ist groß, aber mit heißem Wasser jagt der verflixte Satan, der liebe, die Mannerleut aus der Hütten. Und nachher, wenn sie lacht, will jeder wieder hinein. Studentenherr, wenn *die* lacht! Alle zwölf Apostel kunnt sie vom Himmel auf die Erde herablachen, wenn die lacht!«

Und hierauf gab der Rodel eine Beschreibung von der Stasel, bis mählich mein Studentenblut aufgemischt war und ich bemerkte, daß ich in dieser Sache weder was tun, noch was raten könne, so lange ich sie nicht selbst gesehen.

»Das hab ich mir wohl gedacht«, sagte er, »auch der Studentenhansel hat die Dirndln allemal selber sehen müssen, daß seine Sympathiemittel nachher angegriffen haben. Die Stasel ist jetzt in der Heschelalmstuben oben. Gehst mir hinauf?«

»Ich geh hinauf.«

»Ich zahl dich gut, Student, wenn du mir was zuwegbringst. Du wirst dein Lebtag noch viel Geld verdienen, aber ich steh dir gut dafür, du wirst oft sagen: Besser ist mir nichts gelohnt worden, als wie dieselbigen zwei Stunden hinauf zur Heschelalmstuben.«

»Ich verhoff's, Rodel. Wann meinst denn, daß es sein soll?«

»Besser heut als morgen. Brauchst was von mir?«

»Nur drei Ziffern will ich wissen.«

»Drei Ziffern brauchst?«

»Drei Ziffern: ihr Alter, dein Alter — und die dritte weiß ich.«

»Sie? Sie wird einundzwanzig haben — nicht mehr.«

»Das ist günstig. Und du?«

»Ich? — Ich zähl elf dazu.«

»Wäre zweiunddreißig. Rodel, du bist älter! Zu meiner Kinderzeit hast du schon so ausgeschaut wie jetzt.«

»So werde ich auch in dem Alter verblieben sein.«

»Ernsterweis, Ameisenmarder, wie alt?«

»Tu halt noch acht dazu.«

»Vierzig? — Rodel, wenn die Ziffer auch nur um eins gefälscht ist, so mißlingt das ganze Spiel!«

»Meinst? Gar so genau müßt's sein?«

»Ganz genau.«

»Aber gelt, ihr sagst es nicht? So mach in Gottes Namen noch die letzten fünfe drauf. Aber jetzt sind wir oben, ganz oben!«

»Also fünfundvierzig.«

»Gerade in den besten Jahren.«

Soweit die Auseinandersetzungen. — Und die dritte Ziffer?

Als ich durch den jungen Kirwald gegen den Filnbaumschlag und gegen die Heschelalmstuben hin ging, bedachte ich meine vierundzwanzig Jahre. Vierundzwanzig und einundzwanzig gibt auch fünfundvierzig — da brauchen wir den Rodel nicht dabei. — Daraus erwäge, lieber Leser, wie schlecht der Mensch wirklich sein kann, wenn er teufeln will.

Als ich durch den unteren Filnbaumwald ging, stieß ich auf etliche Männer, die im Heidekraut kauerten und einem Gewimmer zuhörten, das aus der nahen Köhlerhütte heraufdrang.

»Pst!« zischte mir einer zu, »da drinnen verreckt was!«

Und ein anderer: »Wenn's der Herr Student sehen will, wie den andern Herrn Studenten der Teufel holt, so braucht er nur ein klein Eichtl dahier zu warten.«

»Leistet dem Hansel jemand Beistand?« fragte ich.

»Braucht keinen. Sein Beistand wird bald da sein«, spottete einer.

»Ich will euch was sagen, Leute, ihr seid elendlich schlecht.«

»So? Sonst nichts?«

»Wollt ihr noch was, so sage ich euch, daß ihr erbärmlich dumm sein müßt, wenn ihr nicht merkt, wie ihr selber vom Teufel besessen seid.«

Da stand der Stämmigste unter ihnen langsam auf und murmelte: »Den Studenten da will ich mir jetzt aber doch einmal vergunnen.«

»Geh nur her!« sagte ich und schlug mit dem linken Daumen ein zackiges »Drudenkreuz« über meine Brust, »rühr mich nur an!«

»Rühr ihn *nicht* an!« warnten ihn die anderen.

Und er rührte mich *nicht* an. Lange blieb ich aber bei dieser Gruppe nicht stehen, ich stieg zur Hütte hinab, und in derselben fand ich eines der jammervollsten Wesen, die mir je vor Augen gekommen sind. Auf dem Erdboden, der nur spärlich mit Stroh bedeckt war, lag der Studentenhansel. Wie er aussah — ich will es nicht beschreiben. Eins war in mir, das wollte mich von ihm fortdrängen, ein anderes war in mir, das zog mich zu ihm nieder, daß ich mit meinem Tuche sein Haupt trocknete und sagte: »Du armer Mensch, wie kann ich dich laben?«

Als er mich so sah und das hörte, fing er so entsetzlich zu grölen an, wie ich seither keinen Schmerz mehr schreien gehört habe. Es war aber nicht der Schmerz allein, der solchergestalt losbrach, denn als er endlich wieder ruhiger geworden war, sagte er die Worte: »Mensch, du gehst bald wieder fort; aber du bist bei mir gewesen, und ich habe vor meinem Ende noch einmal einen Menschen gesehen, wie schon lange nicht — wie schon lange nicht.«

»Vielleicht hättest du es anders haben können«, sagte ich. »Es ist kein Vorwurf jetzt, aber was man von dir gehört, du hast die Leute, die um dich gewesen, entmenscht.«

»Ich habe sie entmenscht«, wiederholte er, »so ist es, ich habe sie entmenscht. — Und jetzt will ich dir was sagen. Dein Gesicht kannst ja wegwenden, nur dein Ohr leihe mir. Du bist, glaube ich, der Waldbauernbub, der jetzt studiert.«

»Jawohl.«

»Willst auch von mir was studieren?«

»Wärest du gesund, ich wollte dich fragen, warum du deinen schlechten Ruf ausgesprengt hast, daß sie dich für einen Zauberer halten.«

»Wäre ich gesund, mein lieber Waldbauernbub, so wollte ich dir das kaum sagen. Aber weil ich sterb, so hör mich an.«

Er überwand seine Qualen und begann zu erzählen:

»Geistlich habe ich werden wollen. Nach der achten Schule in den Vakanzen habe ich was angestellt. Ist ein Mädchen gewesen, die Braut von einem Bergknappen. Sie hat mir gefallen, und wenn sie schon einen Mann will — ich bin auch einer. Sagt sie: Sie will nur ihren Bräutigam, der in der Erden sein Brot gräbt. Da sage ich im Übermut — denke aber nichts dabei — schönes Kind, sage ich, du weißt, ich habe die schwarze Schule studiert, und wenn ich will, so kommt dein Bräutigam nimmer aus der Erde. Drei Worte sprech ich, und die schlagenden Wetter haben ihn umgebracht. — Ein Zauberer! sagt sie. — Ja, sage ich und just zu trotz, weil du mich jetzt nicht willst, sollst du den andern auch nicht haben. — Ich sehe es heute noch, wie sie blaß geworden ist. Närrchen, sage ich, du kannst es ja leicht abwenden. Wirst doch deinen Bräutigam retten, wenn du kannst! — Ich sage dir sonst nichts, Waldbauernbub, als: sie hat ihn gerettet. — Sie ist aber nicht bloß dumm, sie ist auch ehrlich gewesen und hat es ihm erzählt. Der Bergknappe geht in meine Anstalt und verklagt mich. Ich werde ausgestoßen. Armer Leute Kind, alle Wege verschlossen — bis auf den in die Wildnis. Und jetzt kommt's mir zu Sinn: Brauche deine schwarze Schule; die hat dir einmal gedient, sie wird dir öfter dienen. So bin ich in die Gaukeleien gekommen; was willst denn? Wenn die ausgelernten Priester vom Glauben leben, so mögen die abgefallenen Priester vom Aberglauben leben. Aber wie plötzlich der Bergknappe da ist, der mich jahrelang gesucht haben soll, und mir meinen Leib zerbricht, denke ich: Die Schuld ist bezahlt. — Nur eines wollte ich noch den Leuten sagen, wie sie betrogen worden sind.«

»Das kannst«, entgegnete ich, »da hinter der Hütte sind Holzleute.«

»Was treiben sie denn?«

»Sie warten auf etwas«, sagte ich, »sie wollen sehen, wie der Studentenhansel in die Hölle fährt.«

»Daß sie auch mitfahren!« knirschte der Kranke. »Solchen Ungeheuern gebe ich keine Genugtuung.«

»Einer ist aber dabei, der Weihwasser und Amulette bei sich hat, um dich dem Teufel abzujagen.«

»So gehe hinaus«, rief er laut, »und sage ihnen: Ich kann nichts über sie, und sie können nichts über mich. Sie sollen meiner vergessen. Es ist der große Gott im Himmel, und dem befehle ich meine Seele.«

Da er drängte, so ging ich hinaus, die Männer zu suchen, die waren aber fortgegangen. Als ich wieder in die Hütte zurückkehrte, hatte der letzte Kampf begonnen.

Ich bin an jenem Tage wohl nicht mehr zur Heschelalmstuben hinaufgestiegen.

Auf meinem Rückwege begegnete mir der Ameisrodel. »Na«, flüsterte er, »wie steht's? Kann ich schon kommen?«

»Ja, gehe mit mir, Rodel, wir haben was zu begraben. Vielleicht kommen dir dabei andere Gedanken.«

Der Arsenikesser

Auf einer meiner Studentenfahrten war es, daß ich bei einem Bauer in Gradenbach einkehrte. Bei jenem Bauer diente ein alter Bekannter von mir, ein junger Knecht, mit dem ich in die Schule gegangen war.

Er war in diesem Hause Pferdeknecht und lud mich ein, die Nacht über in seinem Stalle zu schlafen. Ich hatte noch selten so muntere und wohlgepflegte Pferde gesehen, als meine Schlafgenossen hier waren, und ich teilte das dem Knecht Urban mit, als wir nebeneinander im Pferdestalle saßen und unseren Tabak rauchten.

»Meine Rößln meinst?« entgegnete er darauf, »und was glaubst, daß ich tue, daß die Rößl so flink und sauber werden! Ich will dir's sagen: Hüttenrauch füttere ich ihnen.«

»Arsenik!« versetzte ich, »bist du auch so einer?«

»Das will ich meinen! Und es ist mir lieb, daß wir davon zu Red kommen, du tust studieren und verstehst was.«

»Bei den Pferden verstehe ich gar nichts.«

»Bei den Pferden, das glaub ich schon, daß du nichts verstehst«, sagte er nicht ohne Selbstgefälligkeit, »da muß einer von Kleinheit auf dabei sein; das ist nicht so, wie etwan bei den Ochsen oder Schafen! Ein Roßknecht muß seinen Kopf haben, ja, das glaub ich! Sollst nur einmal ins Bibergestüt hineinschauen, da möchtest dich verwundern. So ein Polakerhengst, wie sie dort stehen, dagegen ist dir unsereiner gerade ein dummes Vieh. — Was meinst«, fuhr der junge Knecht fort, »was ist mein Fuchs dort für eine Rasse?«

»Der hat Hitze! Kann spanisches Vollblut sein«, antwortete ich.

»Ein gemeiner Ennstaler ist's«, belehrte er, »und wie alt wirst du ihn schätzen?«

»Mag ein Zehnjähriger sein.«

»Der Fuchs dort?«

»Der Fuchs dort.«

»Mein Lieber!« sagte der Pferdeknecht, »der Fuchs dort ist seit einundzwanzig Jahren ein Roß. — Das kommt davon, weil er Hüttenrauch kriegt.«

Ich gab es schweigend zu, denn ich wußte, daß man in manchen Gegenden Pferden, die recht glatt und feurig werden sollen, pulverisierten Arsenik ins Futter mischt. Mein Bursche aber blies seine Pfeifenglut an, daß ich sein frisches Gesicht rosenrot beleuchtet sah, dann fuhr er lauernd fort: »Für die Leut, heißt es, wäre der Hüttenrauch auch gesund.«

»Das ist gewiß! Einer, der Arsenik ißt, braucht weiter keine Medizin mehr.«

»Nicht so«, entgegnete der Knecht, »so meine ich's nicht. Wer ein haselnußgroßes Stück frißt, na, bei dem glaub ich's wohl, daß ihm kein Zahn mehr weh tut. Herentgegen, ein stecknadelkopfgroßes Körndl, sagt man, soll nicht schlecht tun, soll flink und munter machen, auch die Leut, und daß man fein wird und lang jung bleibt. — Was sagst denn du dazu, Student?«

»Fein willst werden, Urban?« fragte ich, *»bist* ja fein.«

»Stark möchte ich werden«, sagte er, »fürs Bergsteigen soll der Hüttenrauch so viel gut sein.«

»Was hast denn bei deinem Fuhrwerk auf ebener Straße so viel bergzusteigen?«

»Eine gute Kraft hat einer alleweil zu brauchen«, war seine Entgegnung.

»Das wohl, eine gute Kraft, das wohl.«

»Und Kurasch.«

»Auch Kurasch zum Raufen im Wirtshaus.«

»Und Jungheit, viel Jungheit«, sagte der Urban.

»Ist's leicht der Weiberleut wegen?« fragte ich.

»Laugn's nit!« versetzte er und blies seine Glut an.

»Und willst dich auch auf spanisches Vollblut hinausspielen?«

»Das nicht«, sagte er, »mein Schatz ist eine Italienerin. Und möchte ich gerade wissen, ob man's probieren dürft mit dem Hüttenrauch?«

Ich riet ihm nicht dazu. Aber er zählte mir Beispiele auf von Bauernknechten und Bergmannsleuten und Schmieden, die schon seit Jahren Arsenik äßen und sich dabei gar wohl befänden. Dann zündete er die Stallaterne an und suchte eine Papiertüte hervor, in welcher weiße Stückchen enthalten waren.

»Das ist der Zucker«, sagte er.

»Ja, das ist genug, daß du damit alle Gradenbachleute ins Himmelreich schicken kannst.«

»So gut möchte ich es ihnen doch nicht meinen«, sagte der Urban, »aber ich probier's. Probieren tu ich's. Bin ich hin, so grabt mich ein.«

Er nahm ein Körnlein zwischen die Finger und führte es in den Mund und zerbiß es und schnalzte mit der Zunge.

»Wie schmeckt's?« war meine Frage.

»Nicht übel. Wie eine alte Schafkäsrinde.«

»Vielleicht ist's eine!« bemerkte ich.

»Ist nur um 's Kosten«, sagte er und hielt mir die Tüte hin. Auf das ließ ich mich nicht ein; ich merkte es an ein paar Eigenschaften, daß es Arsenik war.

»Gar nicht einmal übel wird mir«, sagte der Urban, sich stämmig vor mir aufrichtend, seine Beine ausspreizend, seine sehnigen Arme — er war in Hemdsärmeln — in die Seiten stemmend, »eher ist's, als wenn ich eine Maß Wein getrunken hätte. Morgen nehm ich wieder ein Körndl; ich freue mich schon drauf. — Mußt es aber nicht weitersagen, alter Kamerad, sonst gibt mir der Jägerthomas keinen Zucker mehr. Und ich bin der Angesetzte.«

»Von einem Jäger hast ihn? Und wozu braucht ihn denn der?«

»Zum Schrotgießen, sagt er, damit die Kugeln rund werden. Aber jetzt wett ich was drauf, daß auch der Thomas nascht.«

Seit diesem Gespräche bin ich ein gesetzter Mann geworden; er ist Pferdemeister in Prötz und ein junger Bursche geblieben, sieht aus wie das Leben. Wir sprachen wieder von der Sache.

Ob er noch Zucker nasche?

»Naschen? Das nicht«, antwortete er, »aber Erbsen essen.«

Ißt dieser Mensch täglich ein erbsengroßes Stück Arsenik.

»Jedem«, sagte er, »jedem möcht ich's nicht raten! Meine Kellnerin ist draufgegangen. Weil die Weibsleut halt früher alt werden als die Männer, mußt wissen, so hat sie gemeint, sie nehm um das mehr Hüttenrauch. Ist zu viel angekommen. Mir tut's alleweil noch leid um sie.«

Ich habe Arsenikesser gefunden in der Gegend um Eisenerz, in Judenburg und bei Köflach und Voitsberg. Im Sulmtale soll dieses Gewürz besonders im Schwunge sein und die Leute schwören darauf, daß es stark und munter mache, das jugendliche Aussehen und den Glanz des Auges erhalte.

Der Bräutigam fragt die Verlobte, ob sie Hüttenrauch esse; sie verneint es stets, weil sie wohl weiß, daß ein solch künstliches Auffrischen ihrer Reize ihren wirklichen Wert nicht steigern würde.

So wird der Genuß des »Hüttenrauches« stets geheimgehalten und man erklärt denselben wohl als Laster. Daher genießt einer, an dem man dieses Laster vermutet, auf dem Dorfe keine große Ehre.

Manches Bauernmädchen versucht das Gift auch, um damit eine Sünde zu töten, bevor sie laut und lebendig wird; ein Beginnen, das nur allzu wirksam ist und oft schon das Leben der Esserin selbst rasch und mit heißen Peinen abgeschnitten hat.

Im Pölßgraben hatte es vor Jahren ein Hammerschmied versucht, Arsenik in Pfeifen wie Tabak zu rauchen. Er wurde wahnsinnig und ist bald darauf gestorben. Häufig mischt man das Gift unter Wein oder Bier, doch stets nur ein winziges Körnlein. Wem nun aber der Genuß des Arsenik nicht gefährlich wird, dem kann der Abbruch desselben tödlich werden. Wer einmal begonnen hat, Arsenik zu essen, der darf — heißt es — nicht mehr aufhören, denn sobald die einmal daran gewöhnte Natur das Mittel entbehren muß, hebt sie an zu welken, zu sinken, und es ist keine Rettung.

So soll es vorkommen, daß eifersüchtige Dirnen ihrem Liebsten täglich Arsenik beizubringen wissen. Manche ist der Tat fähig, ohne daß der Geliebte es merkt. Bleibt der Bursche bei ihr, so kommt das Gift zustatten; verläßt er sie aber und hält es mit einer andern, dann entbehrt er eben das Elixier, welkt hin und stirbt. So geht der Glaube.

Eine ähnliche Geschichte wird im Paltentale erzählt. Dort soll vor Jahren ein häßlich gestalteter Holzschläger ein junges Mädchen in der Weise an sich gekettet haben, daß er ihr so was wie Arsenik beibrachte, und sie dann mit der Einstellung der Giftration bedrohte. Sie wußte Arsenik nicht zu bekommen, und weil sie im Wahne war, bei der plötzlichen Entziehung und Entbehrung sterben zu müssen, fiel sie dem Wichte anheim.

Später, als er ihrer satt war, gestand er, daß es nicht Arsenik gewesen sei, was er ihr als solchen gegeben, sondern — Schwefel.

Bei der Naturforscherversammlung in Graz im Jahre 1875 ist die Sache vom Arsenikessen in der Steiermark zur Sprache gekommen. Man ließ ein paar berüchtigte Arsenikesser aus der Gegend von Stainz und Liegist holen, verhörte und untersuchte sie und gab zu Papier, daß sie durch den Genuß des Giftes einen Schaden an ihrer Gesundheit nicht genommen hätten. Im Gegenteile, sie sahen recht aufgeweckt aus. Als Grund des Arsenikgenusses gaben sie an, daß sie demselben gegen Ansteckungsgefahr und Verdauungsbeschwerden frönten. Der andere Grund, durch Arsenikessen im Liebesleben stark zu werden oder stark zu bleiben, wird in der Regel verschwiegen.

Jedenfalls gehört eine sehr kräftige Natur dazu, dieses Mittel zu vertragen, und gewiß ist, daß die Herren Naturforscher etwas stark in Erstaunen gesetzt wurden, als die beiden Landleute vor ihren Augen das scharfe Gift mit Behagen verzehrten.

Gekauft wird von Bauersleuten der Arsenik unter dem Vorwande, denselben zur Vertilgung von Ratten zu benötigen. Trotzdem ist es nicht leicht, das Gift zu bekommen; häufig wird es durch Hausierer vermittelt. Die meisten Giftmorde auf dem Lande werden mit Arsenik verübt.

Den Arsenikesser soll man an dem scharfen und bisweilen glasartigen Glanz der Augen erkennen. Er soll ferner durch eine nervöse Aufgewecktheit und sinnliche Reizbarkeit auffallen. Selbst in seinen älteren Tagen will man an dem Arsenikesser eine gewisse Jugendlichkeit bemerken, die jedoch fast plötzlich aufhört und in rasche Hinfälligkeit übergeht.

Medizinen sollen bei einem Giftesser gar nicht angreifen, und so hat mancher sich dadurch geholfen, daß er zuletzt absichtlich so viel seines Gewürzes zu sich nahm, daß es mit einem Male aus wurde.

Schließlich ist die Sache mit dem Arsenikessen doch nichts anderes als ein Überrest vom mittelalterlichen Gesundheitselixier des Teufels. »Man trank es, wurde jung und nach einiger Zeit vom Teufel geholt.«

Der Traumkünstler

Eines Sonntagnachmittags saß ich im Bauernwirtshause und war arg verdrossen. Der Wein war sauer, die Stube rußig, das Fenster voller Fliegenpunkte, und draußen war trostloser Salzburgerregen. Anstatt auf der so schön ausgedachten Bergpartie die Gipfel im Sonnenglanze zu schauen, sah ich im dämmerigen Zimmer, mir gegenüber, einen brummigen Wirt und hinten auf der Ofenbank einen schläferigen Greis.

Der Wirt war wohl brummig, weil ihm zehn lustig trinkende und kartelnde Bauern lieber gewesen wären wie ein magerer Tourist, der seit zwei Stunden bei einem einzigen Achtel Wein saß und immer zum Fenster hinausguckte, als ob der Regen im Schockengraben weiß Gott was für ein Weltwunder wäre. Grundsätzlich frage ich keinen Alpenwirt bei Regenwetter, ob er nicht glaube, daß es bald schön werden würde. So ein Schlingel zwinkert gegen Himmel, überlegt eine Weile und sagt endlich: »Es kann schön werden, aber es kann auch noch eine Zeit wild bleiben.« Ich hatte also nur einige gleichgültige Worte gesagt, die der Wirt ebenso gleichgültig beantwortete. Meine Zeche hatte ich schon bezahlt, daher begriff ich nicht recht, warum er immer noch bei mir am Tische sitzen blieb. Dabei sah mein Wirt so grämig drein, daß ich die Pflicht fühlte, ihn zu unterhalten.

»Wer ist der Alte dort beim Ofen?« fragte ich.

»Ist der Kohlenrabler.«

»Kohlenrabler, was ist das?«

»Der vom Kohlenschoppen die Kohlen in die Schmiede tragt.«

»Was macht er denn jetzt?« fragte ich weiter, denn der Mann beim Ofen tat an einer schwarzen Wurst herum und rieb an etwas Glänzendem, das daran war.

»Sein Spectivi putzt er«, belehrte der Wirt und setzte, auf einmal ganz überraschend gesprächig bei: »Ja, ja, der Augustel ist ein gar großer Herr.«

»Wer? Der Alte dort? Der Kohlenrabler?«

»Der Kohlenrabler. Gehn S' nur hin, reden S' mit ihm.«

Ich trat zum Ofen hin, und der Wirt, als er mich vom Halse hatte, siffelte sachte zur Tür hinaus.

»Na, wie geht's, wie geht's, Alter?« redete ich den Greis an. Dieser rückte seinen stoppelbartigen Kinnbacken zurecht, wetzte mit der Zunge die Lippen, wobei ich nicht einen einzigen Zahn sah, blinzelte mit den kleinen Rundäuglein und sagte fast piepsend: »Ist die Frage dem Auswendigen vermeint oder dem Einwendigen?«

Weil ich auf diese Antwort hin verblüfft war, so rückte der Alte ein wenig weiter in den Winkel hinein, als ob er mir an seiner Seite Platz machen wollte, und fuhr fort: »Das ist halt nit so einfach, mein Mensch. Dem Kohlenrabler ist sie vermeint? Du hör einmal, der Kohlenrabler ist ein armer Schragen, der geht den ganzen lieben Tag zwischen dem Schoppen und der Schmiede hin und her mit seinem Korb und tragt Kohlen. Kohlschwarze Kohlen. Auf dem sein Gesicht kannst mit dem Finger weiße Stricheln machen, so schwarz ist es. Das ist ein langweiliger Nötler, der Auswendige, den mag ich selber nit und bin allemal froh, wenn ich ihn auf den Abend ins Stroh werfen kann. Nachher wird der andere munter, der Einwendige. Du, *der!*« Bei dem letzten Worte hob er seine Stimme zum Tone höchsten Respektes vor dem »Einwendigen«. Ich saß solchen Reden ganz ratlos da, so lugte er mich schmunzelnd an, hub von der Bank sein Fernrohr auf und sagte: »Was ist das? Das ist ein Spectivi. Schaust jetzt durch, so siehst gar nichts. Alles kohlschwarz. Ziehen wir's halt einmal auseinander.« Er tat's, so daß das Rohr nun zwei Längen gab. »Guckest jetzt durch, siehst auch noch nit viel. Ziehen wir's halt noch einmal auseinander.« Er zog das dritte inwendige Rohr hervor, das Instrument war jetzt so lang wie eine Elle: »Nu guck einmal durch!«

Ich hielt das Rohr gegen das Fenster, lugte hinein, sah aber nichts als eine graue Scheibe mit wogendem Perlmutterschimmer. Das Glas war durchaus schadhaft.

»Siehst du's jetzt?« fragte der Alte.

»Ich sehe nichts.«

»Aber schau!« rief er und nahm mir das Rohr aus der Hand, »man sieht ja eine schöne lichte Weltkugel. Und das, mein Mensch, ist auf ein Gleiches. Der alte Kohlenrabler ist auch so ein Spectivi mit drei Röhren. Wenn ich auf den Abend das Gewand auszieh, da zieh ich halt das erste Rohr herab. Wenn der arme Menschenleib nachher einschlaft, da ist das zweite Rohr weg, und das dritte Rohr, mein Mensch, das ist nachher der andere, der Einwendige mit der schönen lichten Weltkugel. Das ist der Augustel, der alleweil noch hundsjung ist und kreuzlustig und gar nit ein bissel rußig. Und ein hoher Herr! Ja, da müßt ich wohl aufs Hausdach hinaufsteigen, daß ich's kunnt zeigen, was der für ein hoher Herr ist! Solltest du mit dem Augustel reden wollen, so sag gutwillig: Euer Majestät!«

Ganz und gar verrückt, dachte ich, habe aber meine Meinung ein wenig ändern müssen. Denn es kam heraus, daß ich die Ehre hatte, mit einem Philosophen zu sprechen, mit einem Dichter und Künstler, kurz mit einem gottbegnadeten Narren.

»Sein tut's halt so«, sagte der gesprächige Alte. »Auf dem Abend, wenn der Kohlenrabler einschlaft, wacht der Augustel auf. Und stehen sie schon alle um sein seidenes Bett herum, die Hosenanleger und Stiefelanzieher, die Salbenfräulein und Haarkräuslerinnen und die Bartstutzerinnen und Nagelschneiderinnen und die Mantelumhänger. Und nachher bringen mir sieben Diener das Frühstück, auf güldenen Schüsseln Sauerkraut mit Speck, aber es ist jetzt keine Zeit zum Essen. Zwölf Knaben mit silbernen Trompeten geleiten mich in den Thronsaal; setze ich mich auf den güldenen Stuhl, rücke mir die Kronhaube zurecht und hebe an zu regieren. Das ist ganz leicht, mein Mensch, die fürnehmen Leut laß ich im Winkel, und die armen Leut kriegen Dukaten und Sauerkraut mit Speck. Und wenn sich gar wo ein Kohlenrabler zeigt, so winke ich ihn ganz zu mir heran und zeichne ihn aus. Denn mir selber ist es von einer Zauberin angetan worden, daß ich alle liebe Tage träumen muß, ich wär ein armer alter Kohlenrabler. Da wartet eins nachher freilich zwicknotig, bis man heimkommt. Alsdann nachher zu Mittag gehe ich zu meiner Familie, eine junge Frau, drei herzliebe Kinder, warten schon auf mich bei der großen Herrschaftstafel. Ich habe einen wahren Heißhunger, aber allemal, wenn ich die Gabel mit Sauerkraut und Speckgrammeln zum Munde will führen, finde ich die Gabel nicht oder muß kleine Kinder auf dem Arm halten, oder es ist die unrechte Schüssel. Und das ist ja mein einziges Elend, daß ich im Königsschloß nit und ewig nit kann dazukommen zum Sauerkraut. Dieweilen wird's kalt, es wird frisches gekocht, und wie sieben Köche den Kessel, in dem der Speck noch brodelt, zur Tafel schleppen, ist's aus, ich lieg auf dem Stroh und bin wieder der Kohlenrabler.«

»Altes Kind Gottes!« rief ich nun aus, »Sauerkraut mit Speck!

Dazu muß sich der Mensch ja nicht gleich in ein Königsschloß hineinträumen. Das wird wohl auch für den Kohlenrabler noch zu erlangen sein.«

Blickte mich der Alte schweigend eine Weile an und sagte endlich: »Meinst du?«

»Wenn ich nicht irre, hat es gar in diesem Haus, in dem wir sitzen, Sauerkraut mit Speck gegeben, heut zu Mittag.«

»Hat's auch gegeben!« rief er lebhaft aus, »was hilft mir das! — Wenn ich's nimmer beißen kann. — Und Seine Majestät, der Augustel, kunnt's beißen, der hat noch junge Zähn. Schau, mein Mensch, und der Augustel kann's nit derwarten und kann's nit derwarten!«

Gar geschmackig wußte er mir noch viele Einzelheiten seines nächtlichen Königtums zu schildern. Eine Nacht wie die andere träumte er davon, und beim Einschlafen wußte er es so anzustellen, daß keine andere Traumvorstellung ansetzen konnte, daß sein Königsleben dort einsetzte, wo es des Morgens zuvor unterbrochen worden war. Einmal geschah es, daß er vom Schloßfenster aus hinabstürzte in den Graben. Während des Fallens dachte er sich schnell: Nur jetzt geschwind aufwachen, sonst fallst dich tot und kannst morgen nicht mehr König sein. Ein anderes Mal war ein junger Ritter vorhanden und wollte seine Frau verführen. Wenn die Frau einverstanden ist, dachte er, so kann da einmal ein König auch nichts machen. Das Beste ist, geschwind munter werden und gleich wieder einen Tag Kohlen tragen, kohlschwarze Kohlen, morgen ist der falsche Ritter sicherlich verschwunden, und ich habe wieder meine treue Gemahlin. Noch hübscher war's, als er einst einen goldenen Apfel verschluckt hatte, wahrscheinlich den Reichsapfel, daß er infolgedessen ersticken sollte, und er sich geschwind in die Zunge biß, um noch rechtzeitig aufzuwachen. — So verstand er es, ein wahrer Traumkünstler, seine Träume zu leiten und zu wenden, daß er König war und blieb; aber so weit, bis zum Sauerkraut mit Speck, so weit brachte er es nicht. Da sieht man, daß der Mensch nicht einmal im Traume alles haben kann, was sein Herz verlangt.

Also hatte der alte Kohlenrabler mir seinen inneren Menschen gezeigt und denselben verglichen mit dem innersten Rohre seines Perspektivs, in welchem die »lichte Weltkugel« war.

Der Regen hatte aufgehört, die Nebel stiegen, die Berggipfel wurden klar, und ich machte mich auf die Wanderschaft. Allerlei Herrliches hatte ich noch gesehen an jenem Abende, und doch tat's mir leid, nicht beim alten Kohlenrabler sitzen geblieben, nicht tiefer in das Königtum seines Augustels gedrungen zu sein. Vielleicht war auch nichts weiter dahinter. Der Alte hatte mich aber darum besonders angemutet, weil ich schon mehrmals auf den Gedanken gekommen bin, ob es nicht am Ende eine Art Traumkunst gibt, die man ausnutzen könnte. So habe ich an mir selbst schon mehrmals die Erfahrung gemacht, daß man einen unangenehmen Traum biegen und wenden kann. Ich habe einen sehr leisen Schlaf, dabei aber lebhafte Träume. Und mitten im Traum habe ich manchmal das Bewußtsein, daß es doch nur ein Traum ist, dem man zur Not entfliehen kann, wenn es zu bunt wird. Schon vor dem Einschlummern kann man durch Gedanken und Vorstellungen einen gewissen Traum vorbereiten. Während des Traumes kommt es auch auf die Bereitwilligkeit an, mit welcher man in demselben verharrt. Ich erfreue mich zumeist sehr freundlicher Träume, so daß mir ein plötzliches Erwachen oft leid tut. Dann mache ich Licht, sehe nach der Uhr, mache wieder Nacht, lege mich aufs andere Ohr und versuche, den Traum dort anzuknüpfen, wo er abgerissen worden. Oft gelingt's. Vor kurzem sah ich im Traume aus Dämmerungen tauchend eine Gestalt auf mich zukommen, sie war mit einem weißen Tuche verhüllt und grauenhaft anzusehen. Und da fiel es mir ein: denke nicht, daß es ein böser Geist ist, sonst ist's auf der Stelle einer, denke, daß es dein heiterer Sohn sei, der dich necken will. In demselben Augenblick warf die Gestalt das Tuch ab, und mein Sohn lachte mich an. — Und so, meine ich, liegt es teilweise in unserer Macht, Träume nach Belieben zu gestalten. Unser Wille, wenn es ein starker ist, hat auch noch im Schlaf einige Macht.

Es gibt Traumgruppen. So wie beim alten Kohlenrabler neben dem Königtum das Sauerkraut mit Speck stand, so gibt es in meinen Träumen selten ein Gewitter, in welchem neben dem Wege nicht ein weißgekleidetes Knäblein steht, das ein schwarzes Priesterbarett auf dem Kopf trägt. Zu den wenigen meiner beklemmenden Träume zählt jener, in welchem die Scheunen meines Geburtshauses brennen. Die Flammen gebärden sich gerade nicht heftig, greifen aber immer näher heran gegen das Wohnhaus. Und nun kommt mir der wohl aus Erfahrung früherer Träume geschöpfte Gedanke: Wache rasch auf, sonst brennt das Wohnhaus nieder! Und ich werde wach. Dann trachte ich wieder einzuschlummern, den Traum weiterzuspinnen und eine ungefährliche Feuersbrunst zu beobachten. Auch existieren in meiner Traumwelt drei rote Katzen, die immer am Brette nagen, auf dem ich stehe. Dieses Nagen tut mir sehr wohl, ich fühle es wie ein Streicheln auf meinem Haar. Nun weiß ich aber während dieses Gefühls, daß, wenn das Brett durchgenagt ist, ich in eine unendliche Tiefe stürze. Daher trachte ich beizeiten, sobald die roten Katzen auftauchen, sie mit einem Schrei zu verjagen. Dadurch erwache ich, der Schrei gellt aber noch lange unheimlich in mir nach, und ich darf eine Weile nicht einschlummern, sonst sind die Katzen auf der Stelle wieder da.

Mein alter Kohlenrabler ist beim Tage Kohlenrabler und bei Nacht König. Schon seit Jahren, wie er mir vertraut. Er soll sich in sein Königtum so sehr hineingelebt haben, daß er den Kohlenrabler für die Traumgestalt hält. Und recht hat er. Wissen wir anderen es denn besser? Traum dies, Traum das, Traum hier, Traum dort. Glückselig der, welcher entweder so oder so zu seinem Sauerkraut mit Speck kommt.

Das Kreuz an der Stiegel

Mancher Mensch weiß nicht, was er alles im Kopfe hat. Es steht in irgendeinem Winkel ein Trühelein mit Großvaters oder Urgroßvaters Hausrat. Es ist, als ob wir das Gehirn des Großvaters in unserem Kopfe hätten, nur daß es sorgfältig gewaschen und ausgebügelt worden. Trotzdem ist hie und da ein ganz blasses Mal, ein ganz feines Fältchen zurückgeblieben von den Eindrücken längst vergangener Zeiten. Es ist wunderlich beschaffen mit dem Inhalte eines Menschenhauptes.

Ich erzähle aus eigenem Erinnern. Wahr wird's wohl sein, denn wie könnte ich's aus dem Kopfe herausschreiben, wenn's nicht drinnen wäre!

In den ersten Jahren meines Lebens bin ich natürlich viel auf dem grünen Anger, wo die Maßliebchen stehen, herumgesprungen oder habe zu den Fenstern des Vaterhauses hinausgeguckt. Die starrenden Fichtenbäume und die weiten Berge, die ringsum standen, habe ich zwar nicht gesehen, wohl aber die Meisen und die Finken, die auf den Wipfeln waren, und die weißen Kühe und die schwarzen Schafe, die an den Hängen herumstiegen. Dann habe ich auch noch gesehen eine alte graubemooste Torsäule, die drüben am Angertor stand, durch das der Weg ins Tal führte. Diese Torsäule stand etwas schief, war schon so verwittert, daß der Kopf nur mehr in stumpfen Splittern aufragte. Wenn ich sie sah, mußte ich immer an die Ahnel (meines Vaters Mutter) denken oder an einen heißen Sommernachmittag mit aufsteigenden Wetterwolken. Warum gerade diese Vorstellungen damit verbunden waren, weiß ich nicht. Dann sah ich am oberen Rande des Angers, neben dem Zaun, das Bildstöckel, wir nannten es »das Kreuz«, weil im Holzkästlein an der Säule das Bild des gekreuzigten Heilandes war. Letzteres eine bunte Glasmalerei: auf kanarigelbem Grunde das rote Kreuz, an beiden Seiten oben Rosen und am unteren Rande die Stadt Jerusalem. Für mich hatte dieses Bildnis schon auch deshalb einen geheimnisvollen Reiz, weil mein Kinderleiblein nicht hinaufragte, um es ordentlich betrachten zu können; und als ich nach und nach so hoch emporgewachsen war, daß meine Nase über die untere Kante des Holzkästleins ging, da war das Bild in Scherben, das rückwärtige Holz starrte hervor, nur in den Rahmenecken stak noch manches Stück Glas mit einem Kreuzarm oder einem roten Zwiebelturm der Jerusalemstadt.

Und endlich sah ich in jenen fernen Tagen ein zweites großes Kreuzbild. Dasselbe stand am unteren Zaunrande des Hausangers, neben der »Stiegel«, wo man vermittels eines durchgezogenen Brettes über den Zaun steigen konnte, wenn man das unweit stehende schwere und widerspenstige Tor nicht aufmachen wollte. Jeder, der des Steiges kam und über die Stiegel stieg, schlug vor dem großen Holzkreuz ein kleines Kreuz über sein Gesicht, wie es der Brauch war bei mir daheim. Vom Stubenfenster aus war das Kreuz sehr gut zu sehen, das unten, etwa zehn Klafter vom Hause entfernt, an der Zaunstiegel stand. Es war so hoch wie etwa zwei Männer übereinander, hatte ein zweiflügeliges Bretterdach und rückwärts eine Verschalung, die bis zur Mitte der Säule herabging und die mich ihrer Form halber immer an den »Meßrock« eines Priesters erinnerte. Oft bin ich vor dieser Bildsäule gestanden. Auf dem Kreuze war ein fast lebensgroßer weißer Christus, über dessen Haupt die nach einer Seite ausgezackte Tafel mit der Inschrift I. N. R. I. und an dessen Fuß ein schwerer roter Eisennagel, der an einem Kettlein hing. Der Christus hatte das Haupt nach der rechten Seite gesenkt, er schloß halb die Augen, und seine Gesichtszüge mit den dick hingemalten Augenbrauen, mit dem schwarzen Kinnbart, der sich kipfelförmig über die Mundwinkel hinaufschlang, erinnerten mich an meinen Taufpaten Patritz Königshofer, der im Graben unten sein Haus hatte und auch so ähnlich aussah.

Das Kreuz hatte vor sich eine Betbank und stand so, daß es dem Hause fast abgewendet war und sich gegen den Torweg hin kehrte; vom Stubenfenster aus sah man nur die hervorstehenden Knie des Heilandes.

Dieses Kreuz nun vor unserem Hause hatte ich in meiner Kindheit gerne angeschaut. Gewöhnlich stand es im silbernen Schimmer der Morgensonne, auf dem Anger ringsum der Tau und die Blümlein, und voller Vogelsang war die Welt.

Etwa im elften oder zwölften Lebensjahre mochte es gewesen sein, daß ich meinen Vater fragte, warum er denn das große Kreuz habe niederreißen lassen, das unten an der Zaunstiegel gestanden. Der Vater antwortete, er wisse nicht, was für ein Kreuz ich meine, wenn nicht das Bildstöckl, welches hinter dem Hause am oberen Angerzaun stehe. Das sehe man ja, sagte ich, aber jenes Kreuz täte ich meinen, welches *vor* dem Hause am *unteren* Angerzaun gestanden mit dem großen geschnitzten Christus und mit dem eisernen Nagel am Kettlein! Der Vater schüttelte das Haupt — was ich denn da zusammenrede, am *unteren* Angerzaun sei sein Lebtag nie ein Kreuz gestanden. Hierauf nahm ich ihn an der Hand, führte ihn hinab zur Stiegel und zeigte neben dem Zaune genau den Platz, wo das Kreuz gewesen ist. Jetzt wuchs wildes Gekräute dort, auch Distelwerk darunter. Mein Vater wiederholte, daß seines Gedenkens an dieser Stelle niemals eine Kreuzsäule gestanden, ja, daß auch sein Vater von einer solchen nie gesprochen hätte. Darauf gab ich mich zufrieden und dachte: So wird's halt gewesen sein, als ich das frühere Mal auf der Welt gewesen bin.

Aus dem Kopfe ist's mir aber nicht gegangen. Sooft ich als Ochsenführer, als Hirt oder sonstwie an der Stelle vorbeikam, dachte ich ans Kreuz, und heute noch sehe ich es in allen seinen Einzelheiten so klar und deutlich vor mir, wie man in der Erinnerung nur etwas sehen kann. Mein Vaterhaus, die Bäume davor, der Brunnentrog, die heute dort noch sind, sie stehen nicht lebhafter vor mir als das Kreuz an der Stiegel, das gar nie vorhanden gewesen sein soll. — Damals hatte ich dann das innere Gesicht allmählich aus den Augen verloren. Ich wuchs auf, dem Begehren, dem Streiten des Lebens zu. Rößlein gibt es zum Reiten und Dirnlein zum Necken, da hat der Knab nicht Zeit, ans Kreuz zu denken. Zudem war ein ganz anderes Kreuz aufgestanden. Wir hatten abgehaust, und eines Tages mußten, wie noch erzählt werden soll, Vater und Mutter fort aus dem Heimathause. Ich war zur Zeit daheim auf Ferien. Die Werkzeuge, die Axt und das Spinnrad wurden zusammengepackt, die alten Kästen wurden aus ihren Winkeln gerückt, wo sie länger als ein Jahrhundert gestanden, um sie nun auf den Karren zu laden und ins Ausgedinghäusel hinabzuführen. Und als wir so den großen braunen Kasten mit den altväterischen Gesimsverzierungen von der Wand rückten und dabei hinten ein Geflocke von Spinnweben aufdeckten, da bemerkte der Vater zwei Brettlein, die zwischen Wand und Kasten aneinandergelehnt waren. Wir taten sie auseinander, und da fand sich, daß auf der Innenseite des einen mit Kohlen etwas geschrieben stand. Die Buchstaben waren unbeholfen, aber sorgfältig gezogen, und als ich den Staub weggeblasen, stand da deutlich zu lesen: »Das Geld ist beim unteren Kreutze vergraben.«

»Was für ein Geld?« war der erste Ausruf des Vaters. Niemand wußte etwas davon. Sollte das Brettel aus alten Zeiten stammen? Vom Ahnen ging immer die Mär, daß er reich gewesen, soll ja nach seinem Tode auch einmal altes Silbergeld gefunden worden sein. Aber nicht beim unteren Kreuz. Wo ist denn das? Es gibt kein unteres Kreuz! »Geld vergraben! Von wem! Für wen? Der Ähndl Ignaz (des Vaters Vater) hat gar nicht schreiben können. Das wird ein anderer gewesen sein, ein Leutfopper.« So meinte mein Vater und wollte das Brettlein wieder in den Winkel werfen. Ich nahm es ihm aus der Hand und war der festen Meinung, daß die hölzerne Urkunde etwas zu bedeuten haben müsse. Beim unteren Kreuz sei gewiß ein Schatz vergraben, und das untere Kreuz sei gewiß dort gestanden, wo ich es in Kindeszeiten so oft gesehen.

Den alten Kasten ließen wir stehen querüber in der Kammer, wie wir ihn eben zum Aufladen gerückt hatten; die Ochsen, die schon draußen am Karren standen, ließ der Vater wieder ausspannen. — Geld vergraben! Wenn wir es fänden! Wenn wir damit die Schulden bezahlen und nachher wieder auf unserem lieben alten Hofe bleiben könnten! Ganz heiß wurde uns unter dem Brustfleck. — Ich nahm den Spaten vom Karren und sagte zum Vater, er solle desgleichen tun und mit mir kommen. So langte er nach der Schaufel, und wir gingen über den Anger hinab gegen die Zaunstiegel.

»Wie wirst denn du das Kreuz finden — wo nie eins gestanden ist?« murmelte mein Vater.

Ich hub an, neben der Stiegel das Gestrüpp wegzuhauen und in den Boden zu graben. Die Erde war schwarz, ich stieß auf moderiges Holz. »Da schauts her«, sagte ich zum Vater, »der Kreuzstock ist noch da. Man kennt's, es ist rotes Lärchenholz.«

Er schüttelte den Kopf. Es war tatsächlich der Rest einer eingetriebenen viereckigen Säule.

»Jetzt werden wir auch den Schatz bald haben«, sagte ich, spuckte in die Hände und grub emsig weiter. Der Vater schaufelte mit großer Rüstigkeit die Erde seitab. Die Mutter schwankte auf ihrem Stocke vom Hause zur Stiegel herab und wieder zurück, und wieder herab und sah, wie das Loch immer breiter und tiefer wurde. »Schwitzen tut ihr«, sprach sie dann, »soviel schwitzen tut ihr.«

Vom Nachbarsweg herüber humpelte unter seinem Rückenkorb ein alter abgehauster Bauer, der Zirl genannt. Im Korbe hatte er sein Bett, mit dem ging er von Haus zu Haus und sammelte milde Gaben. Und wo es Abend wurde, dort blieb er, richtete in der Scheune oder im Holzschuppen sein Bett auf und schlief darin wie ein König. Aber wie einer, der im Reiche Frieden hat. Diesem Alten humpelte die Mutter jetzt entgegen und fragte ihn, ob er heute seinen Hunger noch im Magen habe, denn das war sonst des alten Zirls Sprüchlein: er habe noch den gestrigen Hunger im Magen. Diesmal war der Alte verblüfft über die Frage und sagte mit einiger Bösartigkeit: »Was fragst meinem Hunger nach, Waldbäuerin, wenn du ihn doch nicht füttern kannst. Hast ja selber nichts. Gehst ja selber just vom Haus wie die Dirn vom Tanz. Jetzt können wir miteinander gehen.«

Ein hoffnungsreiches Herz ist stark, daher entgegnete ihm die Mutter ganz gelassen: »So schlimm wird's etwa doch nicht sein, wenn's Gottes Willen ist. Vielleicht kann ich auch deinem Weib wieder einmal ein Bröckel schicken. Wie geht's ihr denn?«

»Dank dir Gott, sie hat alleweil guten Appetit.«

»Gesegne Gott, sie wird schon was kriegen.«

»Aber Bäuerin, ich höre doch, daß ihr absiedelt.«

»Muß sich erst weisen. Es kommt immer einmal eine Veränderung. Ein Eiersüppel, wenn du magst!«

»Ein Eiersüppel mag ich schon«, meinte der Alte. »Jeßtl, Jeßtl, wenn ich nur meinen Depp bei mir hätt, der tut auch gerne Eiersüppel essen.«

»Tust ihn halt ein andersmal mitbringen, deinen Buben«, sagte meine Mutter. Denn der Bub war ein armes Taubstummerl. Und so hatte sie die ganze Zirlfamilie zu sich ins Haus geladen, bevor sie wußte, ob wir selber drinnen bleiben werden.

Mittlerweile waren wir mit unserem Schatzgraben ziemlich tief gekommen. Nun lehnte ich den Spaten an den Zaun und ging ins Haus, um noch einmal genau zu lesen, was auf dem Brettel stand. »Das Geld ist beim unteren Kreutze vergraben.« — Es mußte doch stimmen. Ich ging wieder hinab, um weiter zu arbeiten. Da rief mir der Vater schon entgegen: »Du, geh her! Geschwind geh her! Da drinnen, schau einmal!«

Er zeigte in das Loch. Da drinnen war, noch halb mit Erde bedeckt, etwas wie die bauchige Wand eines eisernen Topfes. Rasch faßte ich den Spaten, Gott, wie ist das Arbeiten lustig, wenn man den Topf schon sieht! Endlich war das Ding bloßgelegt. Es war ein großer Eisentopf, aber der Rost hatte stellenweise Löcher hineingefressen. Darinnen war nichts als Erde und der schlappige Fetzen eines härenen Stoffes, der auseinanderfiel, als wir ihn anfaßten.

Lange haben wir noch herumgewühlt in der Erde, haben den Topf herausgehoben, ihn beguckt von allen Seiten. Dann hat mich der Vater mit länglichem Gesicht angeschaut und ganz leise gesagt: »Die Ochsen können wir wieder einspannen.«

Als die Mutter von dem Ausgang unserer Schatzgräberei gehört, sprach sie zum alten Zirl: »Nur sauber ausessen, das Eiersüppel. Wird wohl eh das letztemal sein, daß ich dir was kann zukommen lassen.«

Dann machte sich der Alte mit vieler Umständlichkeit auf den Weg. Er kann zum Aufladen seines Bettelkorbes eine halbe Stunde brauchen, wer sagt ihm was dagegen? Er ist sein eigener Herr. Als der Zirl dann zur Stiegel hinabkam und die Grube sah, blieb er stehen, schaute eine Weile hinein und rief mit seiner kreischenden Stimme zum Karren herauf, wo wir gerade den Kasten festbanden: »Was willst denn da einsetzen, Waldbauer? Leicht wieder ein Kreuz?«

Gingen wir etliche Schritte gegen ihn hinab.

»Du redest auch von einem Kreuz?« fragte ihn der Vater.

»Ja«, sagte der Alte, »weil da einmal ein Kreuz gestanden ist. Eh vor Zeiten einmal. Hab's selber sehen liegen, wie es der Wettersturm hat umgeworfen. Du wirst selm noch nicht auf der Welt gewesen sein, Lenzel.«

Meine Eltern sind abgesiedelt, vom großen Bauernhof ins kümmerliche Häusel. Über das vergrabene Geld haben wir noch Mutmaßungen angestellt, aber diese waren so wenig einträglich, als früher das Graben gewesen. So ließen wir es endlich auch sein. Länger hat uns das Kreuz beschäftigt, das noch vor der Geburt meines Vaters umgefallen war, und das ich in meiner Kindheit im Morgensonnenschein so oft habe stehen gesehen.

Wie soll ich das nach unserem grobkörnigen Erkennen anders sagen, als daß das Kreuz mit allen seinen Einzelheiten zufällig im Gehirn drinnen noch gesteckt ist, das ich von meinem Großvater geerbt habe. — Und wenn es sich mit diesem Kreuze an der Zaunstiegel so verhält, dann kann ich nicht gutstehen für anderes, was ich gesehen, gehört und erfahren. Es mag manches in unserem Kopfe sein, was nicht wir, sondern die Ahnen hineingetan haben.

Der Waldheimat letzter Tag

Das war am 16. Januar 1872. — In der Stadt Graz war der lustige Karneval. An den Abenden ein tolles Gedränge auf den Gassen, ein fast betäubendes Rasseln der Wagen, ein Johlen und Schreien, ein Flimmern und Leuchten aus den Gewölben und Auslagen und von den Laternen und den Spiegeln der Fenster. Gold und Silber, Seide und Damast funkelten aus den Glaskästen, Gesichtsmasken in allen Farben und Formen grinsten daneben. Ich eilte durch das Gedränge. Die Uhr am Schloßberge tat sechs Schläge, so hell — sie überklangen alles Geräusch, sie widerhallten von den hohen, lichtdurchbrochenen Mauern der Häuser. — Ich ging nach Hause in meine Stube und begab mich bald zur Ruhe.

Des anderen Morgens lag das Winterglühen der Sonne auf den schneeigen Dächern, ich schrieb eben das Märchen auf von dem verlorenen Kinde am Gansstein — als es an meiner Tür klopfte. Ein Mann trat herein und brachte mir folgendes Telegramm:

»Lieber Sohn, gestern abend um sechs Uhr ist unsere
liebe Mutter verschieden. Komme zu uns, wir erwarten
Dich in Trübsal. Dein Vater.«

Gestern abend, als ich durch das Weltleben schritt, war es geschehen in der armen Hütte. Und zur sechsten Stunde.

Am anderen Tage in der Morgenfrühe war ich im Pfarrdorfe. Allein trat ich den Weg an, über schneefunkelnde Höhen und durch große Wälder, weit hinein in das Gebirgstal. Unzählige Male war ich den Weg gewandelt, immer hatte ich mich ergötzt an dem Glitzern des Schnees, an den funkelnden Eiszapfen, an den Schneemänteln der Baumäste oder, wenn es Sommerzeit war, an dem Grünen und Blühen und Duften, an dem Vogelsang, an den Tropfen des Lichtes, die niedersickerten zwischen den Ästen, an der Ruhe und tiefen Einsamkeit. Wie oft war ich hier mit der Mutter gegangen, als sie noch gesund und blühend gewesen, und später, als sie durch Krankheit gebeugt an meinem Arm einherwankte. — Und ich dachte auf diesem Waldweg an den Lebenslauf meiner Eltern.

Nach Stunden stand ich vor dem kleinen Haus im Engtal, dem »Gasthäusel«, in das meine Eltern hatten ziehen müssen, und wo die letzte Krankheit meiner Mutter angefangen hat.

Mein Vater sah mich zuerst, er kam mir entgegen. »Mußt dich in den Willen Gottes geben«, sagte er und führte mich in das Haus. In der Vorlauben hinter der Bodenstiege lag sie aufgebahrt, arm und schmucklos.

Ihre Kinder daheim hatten geschlafen in der Sterbenacht. Erst als das Morgenrot durch die Fensterchen leuchtete, ging der Vater zu ihnen in die Kammer und sagte: »Tut die Augen auf und schaut, über den Wechsel steigt schon die Sonne herauf, und unsere liebe Frau tut drin sitzen mit dem Christkind, und auf dem Schemel zu ihren Füßen sitzt eure Mutter und tut aus einem Rocken das himmlische Kleid spinnen.«

Da wußten sie's gleich, es war die Mutter gestorben.

Dann war noch eine Nacht und dann der letzte Waldheimattag. Zwei Männer stellten den Sarg auf die Trage und huben ihn auf und trugen ihn aus der armen Menschenwohnung im Walde, und davon über die Heiden und durch hohe Wälder — ein langer, betender Leichenzug.

Und ringsum war die Winternacht, und über allem stand der Sternenhimmel.

Und nun lag die Waldhütte da in der Dunkelheit und in der tiefsten Stille, ohne Schmerz und ohne Freud. Das Leben war fort, der Tod war fort — eine größere Einsamkeit kann nicht sein.

Man hörte das Summen der Betenden, man sah das Flimmern der wenigen Laternen zwischen den Baumstämmen. Die Träger gingen mit schnellem Schritte. Ich war mit dem kleinen Bruder zurückgeblieben, der Knabe konnte so schnell nicht vorwärts. — Im Leben hätte uns die Mutter nie so zurückgelassen, da hätte sie gewartet, ein wenig lächelnd und ein wenig grollend, und den Kleinen an der Hand geführt. Jetzt verlangte ihr schon nach der Rast in der Erde.

Vor dem Pfarrdorfe am Wege steht ein Kreuz mit dem Bilde des Heilands. Hier setzten sie den Sarg zu Boden und warteten auf den Arzt, der aus dem Dorfe kam zur Totenbeschau. Als wir zwei Zurückgebliebenen nachkamen, da war der Sargdeckel bereits wieder festgehämmert.

Im Dämmerlichte der Morgenröte zogen sie zur Pfarrkirche ein.

Die Glocken klangen hell zusammen. Mitten in der dunklen Kirche war ein hoher Sarkophag aufgerichtet, es strahlten Lichter, und es begann ein feierlicher Trauergottesdienst. Der Pfarrer des Ortes, ein alter, blinder Mann mit schneeweißen Haaren, eine ehrwürdige Gestalt, umgeben von Priestern in reichem Ornat, hielt das Requiem. Seine Stimme war hell und feierlich, ein Sängerchor antwortete, und Trompeten und Posaunen tönten durch die Kirche.

Ich sah den Vater an, er mich, wir wußten nicht, wer das alles so angeordnet hatte. Heute weiß ich, daß es meine Freunde in Krieglach gewesen.

Als der Trauergottesdienst vorüber war, wurde der Sarkophag weggeräumt, wurden am Hochaltar alle Festkerzen angezündet, und drei Priester, nicht mehr in Farben der Trauer, sondern in rosigem, golddurchwirktem Meßgewande, traten an die Stufen des Altares, und es wurde ein Hochamt mit hellem Glockenschall und fröhlichem Musikklange aufgeführt. »Weil sie erlöst ist von dem Leide«, sagte ich zu dem Knaben.

Endlich schwankte der Sarg, nun reich geziert, von der Pfarrkirche, in welcher die Waldbäuerin voreinst getauft und getraut worden war, dem Friedhofe zu. Die Priester und der Sängerchor sangen das Requiem, die Glocken klangen über das Dorf weit hin in die Wälder, und die Lichter flackerten im Sonnenschein. Ein langer Zug von Menschen bewegte sich durch die breite Dorfgasse. Wir gingen hinter dem Sarge, hielten brennende Kerzen in den Händen.

Draußen zwischen den Äckern und Wiesen auf einer sanften Anhöhe liegt der Friedhof. Er ist nicht klein, denn die Pfarre erstreckt sich weit über Berg und Tal. Er ist eingefriedet mit einem Bretterzaun, viele Kerzen von Holz und verrostetem Eisen stehen darin, und mitten ragt hoch das Bildnis des Gekreuzigten.

Vor diesem Bilde, zur rechten Hand, war das tiefe Grab.

Hier ließen die Träger den Sarg zu Boden, entkleideten ihn aller Zier, und arm, wie er gekommen war aus der Waldhütte, rollte er hinab in die Grube.

»Heut ist's an dir, morgen an mir; so bin ich schon zufrieden«, murmelte mein Vater. Aber noch vierundzwanzig Jahre hat er warten müssen, bis sie ihn zu ihr hinabgelegt haben.

Die Leute warfen jetzt Erdschollen ins Grab und gingen davon. Gingen dem Wirtshause zu, genossen Wein und Brot und redeten von täglichen Dingen. — Als die zwölfte Stunde war und nach der

Sitte die Kirchenglocken noch einmal anhuben zu läuten, der Bestatteten zum letzten Gruß, machten sich die Waldbewohner auf den Weg gegen ihr Hochtal.

Wir Zusammengehörigen saßen noch eine Weile beisammen und sprachen traurig von der Zeit, die nun kommen mußte und wie sie einzurichten sei. Dann nahmen wir Abschied, Vater und Geschwister gingen heim in die Waldhütte. Ich mußte wieder fort zu meinen Arbeiten in der Stadt.

In der letzten Stunde vor der Abreise ging ich durch ein Nebengäßchen auf den Friedhof. Das Grab war noch offen, und still stand unten der weiße Sarg. — Die Sonne deines letzten Tages geht jetzt unter, und dereinst werden die Zeiten nimmer zu messen sein, vor denen du das irdische Licht hast gesehen.

Über den Bergen der Waldheimat lag ein fremder Schatten.

Das Büscherl auf dem Hut

Und nun zu gutem Ende noch einen Blick auf ihn.

Ungefähr wie ein jugendlicher Landpfarrer. Ein schwarztuchener Gehrock, der ziemlich schwerfaltig um die Knie pendelte und oben einen hochaufgebauten Kragen hatte. Schwarze Hose, die an den Knien in hohen Stiefeln staken, deren Röhren glänzend gewichst waren. Die Weste ebenfalls dunkel, aber mit rotbräunlichen Sternchen durchsetzt und mit einer Reihe schwarzer Hornknöpfe. Der breit übergelegte weiße Hemdkragen vorne mit einem kirschroten Seidentuche lose zusammengehalten. Der schwarze Filzhut fast zylinderartig hoch und mit breiten, gerade ausstehenden Krempen. Es war ein »Hasenhaarener«, und seine wolligen Flächen waren weich wie Seide und hatten einen zarten Glanz. Im schwarzen Hutband linkerseits stak ein buntes »Büscherl«. Wenn der Mann an einem Bildstöckel vorüberkam, da lüpfte er den Hut und da sah man schon das rötliche Rundgesicht mit dem falben Haar, das über die halbe Stirn herabgekämmt lag, sah den offenen, freundlichen Blick der runden grauen Augen, sah die munter hervorspringende, nicht zu lange Nase, sah unter den Ohren die blonden Bartschöpfchen und auf der Oberlippe den leichten Schnurrbart, der sich von der Hautfarbe so wenig unterschied, daß man den Mann von gewisser Entfernung wirklich für einen bartlosen Pfarrer halten konnte — der er aber durchaus nicht gewesen ist. Die Bräutigamstracht und Art war's, nach damaliger Sitte.

Ich war nicht dabei, als mein Vater von seiner Hochzeit heimkam; aber so ungefähr mußte er ausgesehen haben, als er in sein Waldbauernhaus das junge Weib einführte, das nachher meine Mutter geworden ist. Denn zehn Jahre später hat er an hohen Festtagen noch genau dasselbe Gewand getragen. Ja, der feierlich lange Bräutigamsrock und der würdige schwarze Hut mit dem »Büscherl« ist noch nach zwanzig Jahren und länger in Ehren gestanden.

Bauersleute halten nicht viel auf Schmuck mit natürlichen Blumen. Solche wachsen auf der Wiese und sind für die Kinder zu Kurzweil und fürs liebe Vieh. Und selbst wenn es Gartenblumen sind, was ist viel dran, sie wachsen ja selber. Es müßte nur des Duftes wegen sein, wie bei der Nelke oder bei der Resede oder beim Kohlröserl, dann steckt man sich wohl einmal auch etwas »Frisches« auf den Hut. Für die Hochzeit jedoch waren zu jener Zeit natürliche Blumen und Rosen viel zu »ordinär«! Die Hochzeitsgäste und der Altar waren geschmückt mit Blumen aus roter oder weißer oder blauer Leinwand. Die grünen, fein gekerbten, glänzend lackierten Blätter waren aus Papier, zierlich gezähnt. »Gewachsen« waren sie beim Dorfkrämer in großen Schachteln. Dorthin war denn auch das schwarzhaarige Dirndl gegangen und hatte für seinen Bräutigam ein »Büscherl« ausgesucht. »Es soll gar nit groß sein, aber schön rot und grün und gut schmecken soll's.« Gut schmecken (riechen) eine gemachte Blume? »Gewiß, du liebherzige Braut, wir haben schon auch schmeckende!« Und der Krämer nestelte ihr aus der Schachtel ein niedliches »Büscherl« hervor; wie ein volles Heckenröslein war es anzuschauen, und auf den Blättern, deuchte ihr, zuckten Tautropfen, und am Stengel lauerten zwei Dörnlein und stachen sie zärtlich in den Finger. Und wie sie das halbentfaltete hellrote Leinwandröslein an die Nase hebt, da duftet es wie Nelken. Denn dort drinnen im Blumenherzlein, wo sonst die Staubgefäße sind und das Fruchtknötlein, steckt ein braunes »Gewürznagerl« und gibt würzigen Hauch der Nase, so oft sie davon haben will. — Und so kam es, daß auch ich es noch habe erfahren können nach vielen Jahren, wie schön rot das Brautbüscherl war und wie gut es »schmeckte«.

Selbst zur Zeit, als der Jungbub schon anfing, nach schönen »Büscherln« auszulugen, um jemandem damit heimlich den Busen zu schmücken, hat Vaters Bräutigamsbüscherl immer noch geblüht, freilich schon recht blaß und blind, aber immer noch stak es am schwarzen, weichwolligen Hut, und immer noch dünkte den Vater, es sei völlig neu und leuchte und rieche so wie einst am Hochzeitstage. Daher verwahrte er — wenn er von einem »heiligen Tage« heimkam — den Hut mit großer Fürsorge in seinem Kasten, hing ihn ganz an den obersten Nagel, daß ja keines von dem kleinen Gezücht über sein Büscherl komme. Die Mutter hatte an jenem weit verwichenen Hochzeitstage den Rosmarinkranz bekommen, aber der fand sich schon lange nicht mehr. Dem dritten Kinde hatte sie ihn um seine weiße Totenstirne geschlungen.

Der Vater hatte bei diesem Leichenbegängnisse und bei späteren und bei Hochzeiten und bei Kindstaufen und bei Osterbeichten seinen schwarzen Rock getragen und seinen Hut mit dem Büscherl. Ob inwendig Trauer war oder Freude oder Übermut oder Andacht — auswendig blieb er gleich, im Gewande und im Betragen, und das bunte Büscherl auf dem schwarzen »Hasenhaarenen« war wie ein Sträußchen Gleichmut und Ergebung in allen Wandel. Nur alljährlich, wenn vor Ostern die »schwarze Woche« kam, und in der Kirche alle Kränze und Fahnen abgenommen und alle Bildnisse mit blauen Tüchern verhüllt wurden, da hielt der Vater den Hut mit dem roten Büschel im Verborgenen des Kastens und trug eine schwarze Kappe. Am Ostersonntag hingegen bürstete er die weichen glänzenden Hasenhaare glatt, blies mit gebauchten Wangen heftig in das Büscherl hinein, um den Staub auszujagen, und dann ging der Mann mit dem roten Flämmchen auf dem Haupte gemessenen Schrittes kirchwärts.

Der große Hut hatte aber auch noch inwendig seine Geheimnisse. Am unteren Rande war er mit einem drei Finger breiten Lederstreifen besetzt. Weiter in der Huthöhlung war ein rotseidenes Futter, das am oberen Rande mittels eines Schnürchens in Falten so zusammengezogen werden konnte, daß es sich der Kopfform anpaßte. Hinter diesem zusammengezogenen Seidenfutter war dann ein leerer Raum, in welchem der Vater manchmal sein Sacktuch barg oder eine Semmel, die er uns Kindern mit heimbrachte, oder eine »Herrschaftsschrift«, wenn er beim Amte zu tun hatte, oder wohl gar die Brieftasche mit Geld. Im Gewande hatte er ja seine Säcke, aber das Obergeschoß dünkte ihn am sichersten, zumal der Hut, außer wenn man an der Wegsäule dem Herrgott begegnete, nicht von der Stelle gerückt wurde.

Für die gewöhnliche Zeit hatte der Vater ja sein graues Lodengewand, in den besten Jahren die Knielederhose mit blauen Strümpfen und starkbenagelten Bundschuhen getragen, einen roten

Brustfleck auch, darüber den grünen Hosenträger, und mancherlei Gattung von Hauben und Hüten. Aber Blumen oder Sträuße trug er keine dran, weder gewachsene noch gemachte. Er verschmähte an den Jacken die grünen Aufschläge, er trug nie einen grünen Steirerhut mit Hahnenfedern und Gamsbart. Ich weiß auch nicht, ob er immer eine Taschenuhr gehabt hat oder einen Fingerring oder sonst ein Behängsel. Dünkte es ihn wie Hoffart? Oder hatte sein rosiges, freundliches Gesicht mit den hellen Rundäuglein alle weitere Zier überflüssig machen sollen? Dieses ernstfrohe Antlitz mit den noch in späten Zeiten goldigschimmernden Blondhaaren, mir war es freilich wohl lieber gewesen als Gesträuß und Geschmeide. Es veränderte sich auch kaum. Während der langen Jahre, als ich ihn kannte, war er aus einem jugendlichen schlanken Manne zu einem runzeligen Greislein zusammengeschrumpft, aber dieses stand noch ziemlich gerade aufrecht und hatte immer noch das rosige Rundgesichtlein.

Dann kam jener Tag, als sie ihm sein Weib forttrugen aus dem Waldhause. Er ging fröstelnd hinter dem Sarge drein, faltete die Hände und betete. Da stieß meine ältere Schwester mich am Ellbogen und flüsterte: »Wir müssen uns frei schämen, was der Vater heut für ein Gewand anhat! Hab's in der Früh nicht beachtet, so hätte ich ihn nicht mit der Mutter gehen lassen.« Er war zwar ganz in Schwarz. Oder vielmehr, diese verschabte Hose, dieser faltige Gehrock, dieser Hut waren einmal schwarz gewesen. Jetzt waren alle Fäden bloßgebürstet, und der »Hasenhaarene«, der sonst eine so zarte Wolle gehabt, hatte das letzte Härchen längst verloren. Aber im halbzerfransten Bande stak das Büscherl. Das verknitterte, schier farblos gewordene Büscherl.

»Vater, Ihr hättet doch Euer besseres Lodengewand anlegen sollen.«

Er schaute drein. Was war denn da nicht in Ordnung? In diesem gleichen Festgewande war er doch auch vor just dreißig Jahren mit der Mutter in die Kirche gegangen? Für wen soll er den schönen Rock und den guten Hut noch viel aufsparen?

Den schönen Rock und den guten Hut? Ja, so waren im Hause diese Kleidungsstücke genannt worden seit dreißig Jahren. Das treue Herz hat trotz schwerer Zeiten nicht gefühlt, daß es selbst alt geworden, und hat also auch das alte Gewand noch immer in seiner einstigen Pracht gesehen. Und als unten vor der Dorfkapelle der Totenbeschau wegen die Truhe noch einmal geöffnet wurde, stand der Vater daneben und schaute auf ihr weißes Gesicht. Er lächelte ein wenig, dieweilen die Augen voll Wasser standen, und sagte leise vor sich hin: »Meine Mirzel! Daß du mir so jungerheit hast sterben müssen!«

Und nachher auf dem Heimweg an demselbigen Abend, da schritt er den anderen voraus und setzte den Stecken bedächtig auf den Erdboden und schaute nicht rechts und nicht links. Die schwammigen Falten des Rockes pendelten ein wenig um die Knie, der große Hut saß fest auf dem Kopfe.

Und das Büscherl? Das Büscherl ist nicht mehr dran gewesen. Ich weiß nicht, wohin es auf einmal geraten sein konnte, vermute aber, daß es ihm — in ihr Grab hinabgefallen war.